미국 연방대법원의 사법심사제

서 창 열 저

홍 익 출 판 사

서 문

우리가 대학에서 공부하던 시절, 나뿐만 아니라 대부분의 우리가 그러했겠지만 좀 더 깊이 있는 공부를 하고 싶은 열망은 있었지만 우리를 둘러싼 여건은 그렇지 않았다. 아무것도 준비되지 않았지만 사랑하는 사람이 있었고 한 가정을 책임져야 할 가장이 되고 싶었기에 바로 사회에 뛰어들 수밖에 없었다. 열심히 하면 성공할 수 있는 신념에 의지하여 앞만 보고 달려온 지가 20년이 지나 버렸다.

그동안 미루어왔던 학문에 대한 소망을 이루기 위해 몇 번의 시도가 있었으나 자의반 타의반 실천에 옮기지 못했다. 시작하지 않으면 결과가 있을 수 없는 것이 세상 만물의 이치이고 시작이 반이라는 생각으로 그동안 조금씩 준비를 하였다. 복잡하고 긴박한 세상살이 속에서 더 이상 지체할 할 경우 앞으로는 지금과 같은 고민의 여유조차도 찾지 못할 것 같아 결단을 하여 대학원에 진학하게 되었다.

본서는 2011년 2월 국립 창원대학교 대학원에서 "미국 연방대법원의 사법심사제에 관한 연구"라는 제목으로 취득한 박사학위 논문을 책 형식으로 출판한 것이다. 미국 연방헌법에서 연방대법원의 성립과정을 보면, 1787년 새로운 헌법을 만들기 위해 13개 주 대표가 필라델피아에 모였으며, 여기에서 많은 새로운 시도들이 있었다. 각 주의 이해관계에 의해서, 때로는 전체를 위한 신념에 의해 제시된 안건들은 토론과 타협을 통해 다듬어져 많은 부분이 미국 헌법에 반영되었다. 그러한 새로운 시도들 중 하나가 연방제도이며, 이를 유지하고 지탱하는 역할을 하는 것이 연방대법원이다.

미국법은 연방대법원이 1803년 Marbury v. Madison 사건을 통해서 의회에서 제정된 제정법이 상위법인 헌법규정에 위반되면 이의 적용을 거부하는 사법심사제(Judicial review)를 만들어 냄으로써 같은 영미법계인 영국법과 차별화 되고 있다. 국민의 기본권 보장에 탁월한 기능을 발휘하는 것으로 평가받는 이 제도는 이후 전 세계 많은 나라에서 위헌심사제의 귀감이 되고 있다.

미국 연방대법원의 사법심사제가 주목받는 이유는 미국사회의 기본질서를 규정할 뿐만 아니라 나아갈 방향을 제시해주는 역할을 하고 있기 때문이다. 미국 헌법의 이념인 자유민주주의적 가치질서를 구현하고 미국 국민의 기본권 보장에 중추적 역할을 담당하고 있다. 한 시대의 지배적인 가치체계와 헌법에 담겨져 있는 여러 가지 기본적 원칙들을 서로 연결시킴으로서 사법심사가 본래의 재판으로서 의미 이상의 영향을 미치고 있다. 따라서 미국 연방대법원이 성립과 전개과정, 사법심사관련 판례를 통해 제시되는 구체적 기준은 앞으로 우리 헌법재판소가 나아갈 방향뿐만 아니라 구체적 사건해결에서 보다 합리적인 기준 정립에 긍정적 역할을 할 것으로 기대된다.

본서의 내용은 평소 관심을 가지고 있는 미국 연방대법원의 사법심사제에 대해서 박사과정을 거치면서 공부하고 정리한 결과물이다. 특히, 미국의 법 구조와 사법시스템 연방헌법에서 연방대법원의 성립과정에 관한 많은 부분들은 지도교수님이신 박남규 총장님의 번역서와 미출판 번역물에 근거를 하였다. 남부끄럽지 않은 결과물을 내놓기 위해 최선의 노력을 하였으나 본인의 능력상 한계로 그렇지 못해 부끄러울 뿐이다. 다시 가다듬고 보정할 기회가 주어지기를 희망한다.

그리고 논문의 준비와 심사과정에서 많은 분들의 도움이 있었다. 먼저 학문의 길로 인도해주신 지도교수님이신 박남규 총장님께 감사를 드립니다. 삶의 중요한 결정의 순간에서 조언을 아끼지 않고 인생의 이정표가 되어주고 있으며, 인생의 중반기를 넘어서고 있는 지금 총장님과 인연을 함께 할 수 있어 큰 행운이라고 생각하고 있습니다.

심사위원을 맡아 논문이 완성될 수 있게 해주신 김현태 총장님, 강기정 학장님, 김명용 교수님의 은혜에도 머리 숙여 감사드립니다. 심사과정에서 보여주신 학문적 가르침과 애정과 열정은 또 하나의 큰 배움이었습니다. 학내·외의 바쁜 일정에도 불구하고 기꺼이 심사위원을 맡아 귀중한 자료까지 보내주신 동아대학교 정만희 부총장님께도 감사를 드립니다. 그리고 원고정리와 교정 작업에 많은 도움을 준 창원지방검찰청의 박해영 박사에게도 진심으로 감사를 드립니다. 이 분들의 소중한 도움이 있었기에 논문이 완성될 수 있었습니다.

빈번한 출장과 논문작업으로 가정에 소홀한 남편에게 한번쯤은 투정을 부리기도 할만 했음에도 불구하고 묵묵히 믿고 따라준 아내와 사랑하는 두 아들과 이 논문이 출판되는 기쁨을 함께하고자 한다.

2011년 5월

합포만의 푸른 물결이 보이는 창가에서

서 창 열 씀.

목 차

제1장 서 론

Ⅰ. 연구의 목적 ······ 13

Ⅱ. 연구의 범위와 방법 ······ 17

제2장 미국 연방대법원의 구성과 전개과정

Ⅰ. 연방대법원의 구성 ······ 21

1. 법원의 조직 ······ 21

(1) 연방법원 ······ 21

(2) 주 법원 ······ 32

2. 법관의 임명 ······ 37

(1) 법관임명의 유형 ······ 37

(2) 연방대법관 ······ 47

(3) 주 법원의 법관 ······ 62

Ⅱ. 연방대법원의 전개과정 ······ 64

1. 초기의 연방대법원 ······ 64

(1) 연방대법원의 성립 ······ 64

(2) 마샬(John Marshall) 대법원(1801–1835) ······ 67
(3) 테니((Roger Taney) 대법원(1836–1864) ······ 69
(4) 체이스(Salmon Chase) 대법원(1864–1873)과
웨이트(Morrison R. Waite) 대법원(1874–1888) ······ 70

2. 근대의 연방대법원 ······ 72

3. 현대의 연방대법원 ······ 74
(1) 루스벨트(Franklin D. Roosevelt)시대의 대법원 ······ 74
(2) 워런(Earl Warren) 대법원(1953–1969) ······ 78

4. 연방대법원의 보수주의로의 회귀 ······ 79
(1) 버거(Warren E. Burger) 대법원(1969–1986) ······ 79
(2) 렌키스트(William H. Rehnquist) 대법원(1986–2005) ······ 82
(3) 존 로버츠(John Glover Roberts, Jr) 대법원(2005–현재) ······ 83

제3장 미국 연방대법원의 지위와 사법심사권

Ⅰ. 연방대법원의 지위 ······ 85
1. 최고의 사법기관 ······ 85
2. 사법심사권을 가진 최고 정책수립기관 ······ 86
3. 최고의 헌법해석기관 ······ 87

Ⅱ. 연방대법원의 권한 ······ 89
1. 권한 ······ 89
(1) 상고심관할권 ······ 89

(2) 사법심사권 …… 92

2. 권한행사방법(certiorari) …… 92

3. 권한행사에 대한 규제 …… 94

(1) 권한의 제한 …… 94

(2) 제한의 한계 …… 94

4. 재판권 행사의 적법요건 …… 102

(1) 사건성 …… 102

(2) 권고적 의견(advisory opinion) …… 104

(3) 쟁송성 결여(mootness) …… 104

(4) 성숙성(ripeness) …… 105

(5) 당사자 적격(standing) …… 106

(6) 정치문제(political question) …… 107

(7) 연방법원의 판단유보 …… 111

Ⅲ. 사법심사권의 행사 …… 112

1. 사법심사권의 성립과정 …… 112

(1) 사법심사권의 의의 …… 112

(2) 사법심사권의 성립배경 …… 113

2. 사법심사권에 관한 찬·반 논의 …… 123

(1) 논의의 배경 …… 123

(2) 사법심사권의 민주적 정당성 …… 126

(3) 소결 …… 157

3. 사법심사와 헌법해석 …… 159

(1) 사법심사의 헌법해석 문제 …… 159

(2) 헌법해석 ······ 164

4. 사법심사권의 내용과 효력 ······ 175

(1) 개설 ······ 175

(2) 사법심사의 대상 ······ 177

(3) 사법심사의 효력 ······ 189

5. 사법심사 기준 ······ 207

(1) 의의 ······ 207

(2) 사법심사 기준 ······ 208

(3) 사법심사 기준의 변화와 최근의 경향 ······ 222

(4) 소결 ······ 226

제4장 미국 연방대법원의 사법심사제가 한국 헌법에 미친 영향

Ⅰ. 미국 헌법이 한국 헌법의 제정에 미친 영향 ······ 231

1. 한국 헌법의 제정과 변천 ······ 231

(1) 제헌헌법 ······ 232

(2) 제1공화국 헌법 ······ 234

(3) 제2공화국 헌법 ······ 236

(4) 제3공화국 헌법 ······ 237

(5) 제4공화국 헌법 ······ 238

(6) 제5공화국 헌법 ······ 239

(7) 제6공화국 헌법 ······ 239

2. 미국 헌법의 수용 ······ 241

3. 미국식 사법심사제의 논의 ···· 242

Ⅱ. 연방대법원과 헌법재판소의 헌법소송 비교 ···· 244
1. 개관 ···· 244
2. 헌법소송의 제기형태 ···· 244
(1) 연방대법원의 사법심사 ···· 246
(2) 헌법재판소의 헌법재판 ···· 251
3. 위헌결정의 유형 ···· 253
(1) 연방대법원의 위헌결정유형 ···· 254
(2) 헌법재판소의 위헌결정유형 ···· 255
4. 위헌결정의 효력 ···· 257
(1) 연방대법원의 위헌결정효력 ···· 257
(2) 헌법재판소의 위헌결정효력 ···· 258

Ⅲ. 미국 연방대법원의 사법심사제가 헌법재판소에 미친 영향 ···· 261
1. 헌법재판제도에 미친 영향 ···· 261
2. 판례에 미친 영향 ···· 263
(1) 형사절차의 원리 ···· 263
(2) 법 앞의 평등 ···· 265
(3) 종교·양심의 자유 ···· 267
(4) 사생활의 자유 ···· 270
(5) 언론·출판의 자유 ···· 272
(6) 사법권의 한계 ···· 275
3. 소결 ···· 277

第5장 결 론

❖ 참고문헌 ········ 287
❖ Abstract ········ 299
❖ 부록
1. 버지니아권리장전(1776) ········ 303
2. 미국독립선언(1776) ········ 307
3. 미합중국헌법 ········ 309

제1장 서 론

Ⅰ. 연구의 목적

미국 헌법의 제정 과정을 보면 1787년 새로운 헌법을 만들기 위해 13개주 대표가 필라델피아에 모였으며, 여기에서 많은 새로운 시도들이 있었다. 각 주의 이해관계에 의해서 때로는 전체를 위한 신념에 의해 제시된 안건들은 토론과 타협을 통해 다듬어져 많은 부분이 미국 헌법에 반영되었다. 그러한 새로운 시도들 중 하나가 연방제도이며, 이를 유지하고 지탱하는 역할을 연방대법원이 하고 있다. 법원의 조직에 관하여 연방 헌법은 제3조 제1항에서 "연방 사법권은 1개의 최고법원(Supreme Court)과 연방의회가 수시로 제정하여 설치하는 하급법원(Inferior Court)에 속하며, 최고법원과 하급법원의 판사는 선량한 행위를 하고(during good Behavior) 그 지위를 보유하며, 그들의 역무(service)에 대하여 정해진 시기에 보수를 받고, 그 액은 재직 중 감액되지 않는다."고 규정하고 있다. 그 이후 연방의회는 1789년 법원조직법(Judiciary Act)을 제정하여 최고법원인 대법원의 조직 및 하급법원으로서 연방항소법원과 연방지방법원을 설치하기 위한 규정을 두게 되었다. 이와 같이 연방헌법 제3조에 의하여 설치된 법원을 헌법법원이라고 하며 그 중심에는 미국연방대법원이 자리하고 있다.

미국의 법은 대륙법계와는 달리 실용성을 중시하는 영국의 판례법에서 유래한다. 하지만 식민지배과정에서 영국에 대한 반감, 특히 막강한 권한을 가진 영국의 의회에 대한 불만이 높았다. 이러한 반감과 불신은 그들의 대표를 통해서 성문헌법인 미합중국 헌법을 제정하게 되었다. 이 과감한 시도가 오늘의 미국 연방대법원을 탄생시킨 원인이다. 만일 미국이 영국처럼 성문헌법을 제정하지 않았다면 사법부에 의한 사법심사제도가 존재하지 않았을 것이다. 그러했다면 연방대법원의 모습은 지금과는 상당히 달랐을 것이다. 성문헌법을 제정한 헌법제정자들은 그들만의 특수한 정치이념, 주민의 인종적·종교적·문화적 다양성, 넓은 국토, 놀랄만한 사회적·경제적 발전 등에 의하여 미국의 법체계는 독특한 각종 방법론을 동원하여 독자적인 영역을 구축하였다. 특히 미국의 법은 연방대법원이 1803년 Marbury v. Madison 사건을 통해서 의회에서 제정된 제정법이 상위법인 헌법규정에 위반되면 이의 적용을 거부하는 사법심사제(Judicial review)를 만들어 냄으로써 영국법과 차별화 되었다.[1] 국민의 기본권 보장에 탁월한 기능을 발휘하는 것으로 평가받는 이 제도는 이후 전 세계 많은 나라로 수출되어 여러 나라에 위헌심사제의 귀감이 되고 있다.

미국 연방대법원의 사법심사는 미국사회의 기본질서를 규정할 뿐만 안라 나아가는 방향을 제시해주는 역할을 하고 있다. 미국 헌법의

---

1) Sotirios A. Barber, The Constitution of Judicial Power, Baltimore: The Johns Hopkins University Press, 1993, pp. 26-38; Henry J. Abraham, The Judiciary, New York: New York University Press, 1996, pp. 69-88.

이념인 자유민주주의적 가치질서를 구현하고 미국 국민의 기본권 보장에 중추적 역할을 담당하고 있다. 뿐만 아니라 한 시대의 지배적인 가치체계와 헌법에 담겨져 있는 여러 가지 기본적 원칙들을 서로 연결시킴으로서 사법심사가 본래적인 재판으로서 의미 이상의 영향을 미치고 있다. 빅켈(Bickel) 교수의 표현을 빌리면 사법심사는 첫째, 제정법의 위헌을 선언하여 그 법률을 무효화 하고, 둘째, 제정법의 합헌을 선언함으로써 그 제정법의 정당성을 대변하고, 셋째, 그 어느 것도 하지 않는 경우가 있다.[2] 이러한 과정에서 주로 연방이나 주 의회의 입법 작용이나 정부의 행정작용으로 나타나는 국가의 행위가 제한받기도 하지만 그 행위가 더욱 촉진되기도 한다.

연방대법원의 기능과 역할이 사법심사에만 한정되진 않는다. 일상적인 사법권의 행사에도 사건이송명령과 같은 특수한 기능을 행함으로써 연방제도를 굳건히 유지하고 있고, 판례법체계인 보통법체계를 유지하면서 입법적 기능을 하고 있다. 미국 연방대법원의 위와 같은 기능과 역할은 현재의 미국을 유지시키고 발전시키는 요소로 평가되고 있다.

이러한 연방대법원의 역할에 대해 논란이 없는 것은 아니다. 특히 사법심사제가 오늘날의 모습으로 성립되고 발전된 과정은 순탄하지 않았다. 오늘날의 사법심사제는 역사적 산물로서 법원, 의회, 대통령 간의 갈등과 조정을 거치고 수많은 시련을 겪으며 긴 역사를 통해 확립·발전된 것이다. 미국 연방헌법에 사법심사에 관한 명문의 규정이 없기 때문에 사법심사가 과연 민주적 정당성을 갖는가 하는 그

---

2) Alexander M. Bickel, The Least Dangerous Branch: the Supreme Court at the Bar of Politics, Indianapolis: Bobbs-Merrill Educational Publishing, 1962, p. 69.

정통성의 문제에 대해서는 지금까지도 끊임없는 논쟁이 이어지고 있다. 국민의 대표기관인 의회가 제정한 법률에 대해 선거에 의하지도 않고 종신의 임기에 임명되는 판사가 무효화하는 것은 대의민주주의 원칙에 위반되지 않는가 하는 민주적 정당성 문제를 야기하고 있다.

이러한 논란과 성문헌법에 근거하지 않고 판례로써 확립된 연방대법원의 사법심사제는 200년 넘게 계속되어 오면서 더욱더 역할이 강화되고 있다. 사법심사제는 미국 연방대법원의 판례와 함께 대내적으로는 대통령과 의회, 하급법원, 주와 지방정부 그리고 여론형성에 큰 영향을 주고 있으며, 대외적으로는 제2차 세계대전 이후 유럽뿐만 아니라 우리나라를 포함한 아시아의 여러 나라에 많은 영향을 주고 있다.

우리나라에서 헌법재판기관은 1948년 제헌헌법에서 구체적 규범통제 형식의 헌법위원회가 설치되었다. 1690년 제2공화국에서는 추상적 규범통제제도에 입각한 헌법재판소가 도입되었으나 5·16으로 실제적으로 헌법재판소가 구성되지 못했다. 이후 1962년 제3공화국에서는 대법원이 헌법재판기관으로서의 역할을 담당하였으나 활성화 되지 못하였으며, 1980년 제5공화국 헌법에서도 헌법위원회가 존재하였으나 명목상의 기관에 불과하였다. 현재의 헌법재판소는 1987년 헌법개정을 통해 설치되었다. 구체적 규범통제 형식을 취하고 있으며, 위헌법률심판, 탄핵심판, 정당해산심판, 권한쟁의심판 및 헌법소원심판을 통해 헌법의 실효성 제고 및 인권보호의 마지막 보류로서 기능을 수행하고 있다.

설치 후 20년이 넘지 않은 비교적 짧은 기간에도 불구하고 헌법재판소는 위헌법률심판과 헌법소원심판을 통해 국민의 권리보호와 인권신장에 큰 기여를 해오고 있다. 기본권 뿐만 아니라 정치 분야에서 보였던 헌법재판소의 역할은 기대이상 이었다. 그렇지만 현재의 헌법재판소도 개선과 변화가 필요하다. 정치관련 사건이나 사회적 이슈화가 된 사건의 처리함에 있어 논리적 법 이론과 정립된 기준에 의해서가 아니라 여론에 떠밀리거나 정치적인 판단을 하였다는 비판을 받는 경우가 많다. 헌법재판이 가지는 정치·사회적 영향력을 감안할 때 일관성 있는 원칙 확립과 구성에서 이에 맞는 위상 정립이 필요하다.

미국 연방대법원이 성립과 전개과정을 통해 현재의 지위 확보와 권한을 행사하는 과정과 사법심사에서 판례를 통해 제시되는 구체적 기준은 앞으로 우리 헌법재판소가 나아갈 방향뿐만 아니라 구체적 사건해결에서 보다 합리적인 기준 정립에 긍정적 역할을 할 것으로 기대된다. 이것이 미국 연방대법원의 사법심사제에 대해 논하는 본 연구의 목적이다.

Ⅱ. 연구의 범위와 방법

본 서의 주요 연구대상은 미국 연방대법원이다. 따라서 연구의 범위도 미국 연방대법원에 관련된 문제에 한정하였다. 먼저 연방대법원의 지위와 권한을 살펴보기 위해 미국 사법시스템에 대한 이해가 필요하다고 생각하여 미국 사법부의 조직과 구성에 대해 검토해 보았다. 특히 이원적 법원조직을 가진 미국의 특성에 맞게 연방법원과 주

법원으로 나누어 조직과 인적구성을 살펴보았다. 미국 사법부의 정점에 위치하고 있는 연방대법원이 어떻게 발전되어 왔는지 변천과정을 통한 각 법원별 특징을 살펴보았다.

연방대법원의 헌법적 지위도 살펴보았다. 즉 최고사법기관으로서의 지위, 최고정책수립기관으로서의 지위, 최고헌법해석기관으로서의 지위를 구체적으로 검토해 봄으로써 한국 헌법재판소의 헌법적 위상 재정립에 기여하고자 하였다.

제3장에서는 연방대법원의 사법심사권 대해 살펴보았다. 먼저 권한일반론에 있어서는 사건성, 당사자 적격, 정치적 문제의 법리, 연방법원의 판단유보의 문제를 검토하였다. 연방대법원의 핵심적 권한이라 할 수 있는 사법심사권에 관하여 그 구성 및 전개과정뿐만 아니라 사법심사권의 이론상 딜레마라고 할 수 있는 민주적 정당성 문제를 살펴보았다. 그리고 사법심사권의 내용 및 심사기준의 구체적 유형을 판례를 중심으로 검토하였다. 여기서는 연방대법원 판례를 통해 형성된 사법심사의 기준이 어떻게 변천·발전되어 왔는지 그 흐름도 분석하였다.

제4장에서는 제2장 및 제3장에서 논한 내용을 바탕으로 그것이 우리 헌법재판소에 주는 시사점, 즉 교훈이 무엇인가에 대하여 살펴보았다. 헌법법원형인 우리의 헌법재판제도를 개관하면서 일반법원형인 미국의 사법심사제와 비교·검토를 하였다. 제도상의 차이 때문에 단순비교는 불가능하였고 판례를 중심으로 사안별 결정유형과 효력 등 기능적·실질적인 면을 중심으로 하였다. 비교결과를 통해 미국 연방대법원의 사법심사제도 등이 우리나라 헌법재판소에 주는 시사점을 정리하였다.

제5장 결론에서는 제3장 미국 연방대법원의 사법심사권, 제4장에서 검토하였던 시사점 등을 재정리하였다. 우리 헌법재판소가 현재의 정치기관으로서의 속성보다는 사법기관으로서의 속성을 견지함으로써 헌법적 지위 및 위상을 제고할 수 있는 방법을 모색하고자 하였다.

사회과학의 연구방법 내지 접근방법은 여러 가지가 있다. 미국 연방대법원의 지위와 권한에 관한 연구에도 특별한 방법론이 있는 것이 아니며, 일반적인 사회과학의 연구방법론이 적용된다. 이러한 방법론은 학자에 따라 다양하게 분류되고도 하나, 여기서는 역사적 연구방법, 이론적 연구방법을 중심으로 하였으며, 그 특징은 다음과 같다.

첫째, 역사적인 연구방법은 특정제도나 정치형태의 변화와 발전과정을 역사적인 관점에서 비교·분석에 유용하다. 특정 국가에 있어서 특정 제도의 발전과정이라는 독특한 현상을 분석하는 데에 장점이 있으나, 그 결과를 일반화하기 어렵다는 단점이 있다. 개별국가의 독특한 현상에 관한 연구만으로는 의미가 없으므로 자연히 외국과의 비교법적인 연구가 가미된다. 법학연구에서 일정한 제도의 승계과정이 될 수 있으며, 개별국가에서의 특정제도의 발전사 내지 변천과정의 흐름이 될 수 있다. 미국 연방대법원의 설립과 이후 사법심사권의 확립 및 발전과정에 관한 연구가 여기에 해당된다.

둘째, 이론적인 연구방법이다. 전통적 접근방법으로서 제도와 기구 및 학설을 분석하고 검토하는 것을 주요 내용으로 한다. 연방대법원의 권한 일반론에서 사법심사권에 찬·반에 관한 논의에서 각 주장과 이에 대한 논거에 관한 연구가 여기에 해당한다. 이 방법도 역사적인 연구와 비교법적인 연구와 관련이 많다. 연구의 대상은 제도 이외에 학설·판례가 주류를 이룬다. 연구방법의 특성상 실익 없는 이론적 형식논쟁에 빠질 위험이 있다.

본 연구는 위의 연구방법을 바탕으로 미국 연방대법원의 지위와 권한에서 사법심사권의 확립에 관해서는 역사적 및 이론적 연구방법을, 헌법재판제도의 미국과 우리나라의 비교·대조에는 비교법적 연구방법을, 미국 연방대법원이 우리 헌법재판소에 시사점 연구에는 이론적 연구방법, 비교법적 연구방법 및 사회학적 연구방법을 가미한 종합적 연구방법을 사용하였다.

제2장 미국 연방대법원의 구성과 전개과정

Ⅰ. 연방대법원의 구성

1. 법원의 조직

(1) 연방법원

연방정부의 사법권을 규정하고 있는 미국 헌법 제3조 제1항은 미합중국의 사법권은 하나의 대법원(Supreme Court)과 그 밖에 의회가 수시로 제정된 법률에 의하여 설립된 하급법원(Inferior Courts)에 속하도록 하였다. 또 연방사법부를 구성하는 법관에게는 부당한 압력으로부터 굴복하지 않도록 독립성을 철저하게 보장하기 위해서 임기가 없는 종신직으로 하였다.[3] 그리고 재임기간 중에는 봉급의 감축도 할 수 없도록 하는 규정까지 두었다. 연방사법부의 조직과 운용 등에 관해서는 1789년에 제정된 '법원조직법'(Judiciary Act)에서 구체적으

---

3) 해밀턴(Alexander Hamilton)은 임기를 종신으로 하는 것이 법관의 독립성을 확실히 보장할 수 있는 제도적인 장치로 보았다. Charles A. Beard, An Economic Interpretation of the Constitution of United States, 1935, 양재열·정성일 역, 미국헌법의 경제적 해석, 신서원, 1997, 178면.

로 규정하고 있으며, 이 법률의 규정에 의하여 1심법원인 '지방법원'(District Court)과 '순회항소법원'(Circuit Court of Appeals)라고 불리는 2심법원인 항소법원을 설립함으로써 대법원과 더불어 3심 제도를 확립하였다.[4)]

그 후 연방사법부의 재판업무가 증가함에 따라 연방의회는 헌법 제3조의 규정에 의한 법원과는 별도로, 헌법 제1조 제8항 제9호[5)]에 규정된 '그 밖의 법원'을 설립할 수 있는 위임규정에 따라서 연방의회의 법률로써 여러 종류의 특별법원을 설립하였다. 이 특별법원은 헌법상의 법원(Article Ⅲ Court)과 구분하여 의회가 제정한 법률의 규정에 의하여 설립하는 비헌법상의 법원(Non-Article Ⅲ Court)라고 부른다. 비헌법상의 법원에서 법관은 종신임기의 혜택을 받지 못하고 의회에서 그 임기를 정하거나 제한할 수 있는 점이 헌법상 법원의 법관과는 다른 법률적 지위를 지니게 된다.

의회가 제정한 법률의 규정에 의하여 설립하는 비헌법상의 법원에는 다음과 같은 특별법원이 있다.

① Court of Federal Claims(연방정부에 대한 민사청구권을 심판함)

② Court of International Trade(국제무역쟁의에 대한 심판권 행사)

③ Court of Appeals for the Armed Services(군법회의로부터의 항고사건 취급)

④ Tax Court(연방정부의 조세에 대한 쟁송을 취급함)

⑤ Court of Veterans Appeals(군복무 후의 혜택에 관한 소송을 담

---

4) Henry J. Abraham, op. cit., p. 8.

5) 미국 연방헌법 Art. I §8⑨, To constitute Tribunals inferior to the supreme Court.

당함)

⑥ Immigration Court(외국인의 미국입국과 이민에 관한 쟁의를 판결함)

⑦ Bankruptcy Court(파산신청한 개인 및 법인에 관한 처리를 담당함)

⑧ Magistrate Court(형사피의자의 권리가 제대로 보장되는지 감시하는 역할)[6]

미국은 연방제를 시행하고 있는 나라로서 사법구제는 3심제를 기본으로 하고 있지만, 행정사건의 경우에는 사법심사를 청구하기에 앞서 어떤 법원이 자기의 권리구제를 함에 있어서 가장 적합한 법원(forum)인가를 먼저 결정해야 한다. 연방행정절차법 제703조에서 "사법심사를 구하는 소송은 법률에서 규정된 법원에서 담당한다."고 규정하고 있으므로 행정사건에 관한 첫 번째 유형의 소송절차는 특별법의 규정에 의한 소송이 될 수 있다. 사회보장법(Social Security Act)은 관할 법원을 특별히 연방지방법원을 제1심 법원으로 규정하고 있지만 최근에는 연방항소법원을 제1심 법원으로 하고 있는 추세이다.

특별법원 중에서 가장 대표적인 법원은 국제무역법원(Court of International Trade)과 조세법원(Tax Court)이다. 1914년 연방무역위원회법(Federal Trade Committee Act)의 규정에 의하여 설립된 국제무역법원은 국제무역분쟁을 심판하기 위한 법원이며, 조세법원은 1926년 연방내국세법(Internal Revenue Code)의 규정[7]에 의하여 설

6) Henry J. Abraham, op. cit., pp. 11-12.
7) Internal Revenue Code(이하 "I. R. C."라 한다) §7441.

립되었으며 연방조세사건만을 전담하는 법원이다. 법원구성은 조세법원의 경우, 대통령이 임명한 19명의 법관으로 구성하며,[8] 심리하는 사건은 미국 국세청에서 행정심판절차를 거친 사건으로 한정된다.[9][10] 이 법원의 판결에 대한 항소법원은 지방법원의 경우와 같이 연방순회항소법원이 된다.

그러나 일반적으로 사법권을 논할 때에 가장 중요한 법원은 미국 사법부의 본산을 이루는 헌법상의 법원이며, 그 법원의 체계는 다음과 같다.

① 제1심법원(trial court)을 District Court(연방지방법원)라고 칭한다.

② 항소법원을 U. S. Circuit Court of Appeals(연방순회항소법원)라고 칭한다.

③ 최종심법원을 U. S. Supreme Court(연방대법원)이라고 부른다.

---

8) I. R. C. §7443(a)(b).

9) I. R. C. §7442.

10) 조세법원은 조세사건만을 관할하는 법원이지만 모든 조세사건을 전속적으로 관할하는 법원은 아니다. 납세자가 신고해야 할 세액에 미달하게 신고하여 그 미달된 세액을 부과하는 과정 즉, 세액이 확정되기 전 그 조세채무의 존부 또는 범위를 심리하며 그 소송절차가 종료하면 그 판결에 따라 부과할 세액이 확정된다. 그러나 이미 납부한 세액에 대하여는 조세법원에서 관할권이 없고, 과오납금 또는 부당이득금반환의 청구소송으로서 연방지방법원 또는 연방청구법원(Court of Federal Claims)에 소를 제기할 수 있다. 조세소송에서는 이처럼 다양하게 법원을 선택할 수 있지만, 각급 법원마다 소송절차를 달리하고 있을 뿐만 아니라(조세법원과 청구법원의 경우에는 배심이 없다), 소송사건에 적용되는 선례가 다를 수 있고, 또한 법관의 전문성에 상당한 차이를 보이고 있어서 법원의 선택문제는 소송의 결과를 달리하게 될 정도로 매우 중요한 문제다. 유일언, "미국 연방조세법원의 헌법상의 지위와 관할권에 관한 고찰", 미국헌법연구 제13호, 미국헌법학회, 2002, 111면 이하 참조.

1) 연방지방법원(United States District Court)

미국의 연방지방법원은 모든 주에서 설치한다. 인구수에 따라 가장 적게는 1개 주에 1개의 지방법원만을 설치하지만, 인구수가 많은 주에서는 4개까지 지방법원을 설립할 수 있다. 각 지방법원에는 법관이 최소 2명 이상이 배치되고, 관할이 넓은 지역에서는 30명 정도의 법관이 배치된다. 현재 연방지방법원의 수는 95곳에 이른다. 각 주에 골고루 분산해 설치되어 있으며, 자치령인 푸에르토리코(Puerto Rico), 버진아일랜드(Virgin Islands), 괌(Guam) 및 북마리아나제도(Northern Mariana Islands)에도 각각 1개의 지방법원이 설치되어 있다.

예컨대, 와이오밍(Wyoming)주에는 지방법원 하나에 법관 2명이 배치되어 있지만, 인구가 많은 텍사스(Texas) 주의 경우에는 District Court for Northern District of Texas(Dallas 소재), Southern District(Houston 소재), Eastern District(Tyler 소재), Western District(San Antonio 소재) 등 4개소에서 30명 정도의 법관으로 구성된 지방법원이 설치되어 있다. 현재 미국 전역에서 근무하는 연방지방법원의 법관은 약 649명쯤 된다.[11)]

연방지방법원에 접수된 수많은 사건 중 민사사건의 대부분은 중재와 조정(Settlement, Mediation, Arbitration)으로 해결되고 형사사건의 대부분은 유죄협상(Plea Bargain)으로 끝나기 때문에 실제로 재판에까지 이르는 사건은 처음 접수된 사건들의 5% 내외 밖에 되지 않는다. 재판에 이르는 사건은 원칙적으로 '배심재판'[12)]에 의해 진행되지만 극소수의 경우에는 '법관에 의한 재판'(bench trial)으로 진행되

11) Henry J. Abraham, op. cit., p. 16.
12) 최문기 · 김형남, 미국법 강의, 세종, 2001, 16-24면.

기도 한다. 연방지방법원에 속하는 재판권 중 중요한 것은 '인신구속적부심'(writ of habeas corpus)이다.

인신구속적부심은 억울하게 체포·구속되어 있다고 생각하는 당사자가 그가 구속되어 있는 유치소장이나, 경찰서장, 보안관, 교도소장 등을 상대로 하는 소송으로서 신청인(petitioner)이 불법으로 감금되어 있으니 즉시 구금상태를 풀어 달라고 법관에게 청구하는 소송이다. 이 청구는 미합중국 헌법 제1조 제9항 제2호[13]에 규정된 기본권으로서, 인권옹호의 근간을 이루는 중요한 소송제도이다. 연방지방법원의 법관들을 보조하기 위해서 연방의회는 파산법정 법관과 보조법관(Magistrate judges) 등 법률의 규정에 의한 법원소속법관을 임명해 이들로 하여금 재판을 보좌하게 하고 있다.

2) 연방항소법원(United States Circuit Court of Appeals)

연방의 항소법원을 U. S. Circuit Court of Appeals이라 부르는데 대부분 사건에서 재판은 여기에서 종결된다.[14] 법적으로 3심제도이지만 실제로는 연방대법원에서 상고를 받아주는 경우가 연간 120건 정도밖에 되지 않기 때문이다. 미국 전체를 12개 지역으로 나누고 한 지역에 하나씩 항소법원을 설치한다. 그렇게 구분된 각 지역을 순회지구(Circuit)라 하는데 그것은 원래 항소법원 법관들이 자기 관할구역 내의 각 지역을 말을 타고 '순회'하는 여행을 하면서 재판을 하였

---

13) The Constitution of U. S., Article Ⅰ Section 9 Clause 2: The Privilege of the Writ of Habeas Corpus shall not be suspended, unless when in Cases of Rebellion or Invasion the public Safety may require it.

14) Lawrence M. Friedman, American Law, New York: W. W. Norton and Company, 1984, pp. 75-78.

기 때문에 생긴 호칭이다. 이러한 12개 지역 전체를 통틀어 항소법원 법관의 수는 약 180명 정도 된다.

연방항소법원은 자기 순회지구에 위치한 지방법원으로부터 올라오는 모든 민사 및 형사재판의 항소사건들을 심리한다. 항소심만 다루는 이들 연방항소법원에서는 법관 3인으로 구성된 합의부로 심판하는데, 사실문제는 심리하지 않고, 법률문제만 다루게 된다. 증인이 다시 출석할 필요가 없으며, 사실에 관한 증거를 청취하지도 않는다. 다만 제1심의 재판기록과 변호사가 제출한 항소이유서(Brief)를 검토하고, 각 15분에 걸친 양쪽 변호사로부터 구두변론만 청취하는 것으로 심리절차를 모두 종료하게 된다.

제1심 법관이 법적인 오류를 범한 것이 있는지에 대해서만 심리하며 3인 법관의 과반수로써 판결한다. 하급법원의 사실판단은 물론이고 가능하면 하급법원의 법률적용을 존중하는 경향이 있기 때문에 '명백히 잘못된' 판결이 아니면 하급심의 결정을 번복하는 경우는 거의 없다.

연방항소법원의 판결은 자기 순회지구 안에 있는 모든 연방지방법원을 구속한다.[15)]

3) 연방대법원(United States Supreme Court)

미국 연방대법원은 연방법원의 최고 법원으로서 대법관 9인으로 구성한다.[16)] 미국의 수도 워싱턴에 소재하고 있다. 재판은 항상 전원 합의체로 심판하며, 그 합의체가 개의하려면 6명 이상의 대법관이 참

---

15) Ibid., pp. 73-75.

16) 28 U. S. C. §1.

석을 해야 한다. 판결은 그 중 재판관 과반수의 찬성으로 한다.

빅켈 교수가 그의 저서에서 미국의 연방대법원은 '정부의 3부 중 가장 약하고 제일 위험하지 않는 조직'(the weakest and least dangerous of the three branches of the government)이라고 했을[17] 정도로 그 권위가 미미하였지만, 어느 조직보다 청렴한 조직으로 평가받고 있다. 연방대법원의 청렴도는 지금도 여전하면서, 그 권위만큼은 행정부나 의회의 그것을 넘어설 정도로 대단하다.

연방대법원은 상고심 사건을 심리하는 복심법원이지만, 그 외에 연방대법원의 1심관할로 되어 있는 사건도 동시에 담당한다. 사건 당사자는 연방항소법원의 판결에 불복하거나 혹은 주 대법원이 판결한 사건 중 연방헌법이나 연방법률에 관련되는 법적 문제가 있는 경우에 연방대법원에 상고할 수 있다. 상고허가를 사건이송명령(Certiorari)라고 하는데[18] 실제로 연방대법원에서 상고신청이 받아지기 위해서는 적어도 4명의 대법관이 찬성해야 하기 때문에 이를 4인 찬성제(Rule of Four)라고 부르기도 한다.

가. 대법원장(Chief Justice)과 대법관(Justices)

대법원에서는 대법관 8인과 대법원장 1인으로 재판부를 구성한다. 대법원장은 명실상부한 미합중국 사법부의 수장이다. 대통령이 지명하며 상원의 인준을 거쳐 대통령이 임명한다(연방헌법 제2조 제2항 제2호). 정치적인 임명과정이라고 할 수 있다. 대법관도 같은 임명절

17) Alexander M. Bickel, op. cit., p. 1.
18) Certiorari의 사전적 의미는 "to be more fully informed"이다. 최문기 · 김형남, 앞의 책, 66면.

차를 거치게 된다. 대법관과 대법원장이 이렇게 그 임명과정에서 정치적 영향을 많이 받는 것은 사실이지만 종신직으로 신분이 보장되기 때문에 소신 있게 재판에 임하게 된다.

대법관 중에서 최선임인 대법원장은 모든 재판과정과 각종 회의에서 의장으로서 회의를 주재하며,[19] 또 판결문을 작성하는 과정에서는 판결문을 작성할 대법관을 선임하거나, 직접 판결문을 작성하기도 한다. 사법부의 규칙을 제정하는 위원회의 위원을 선임하며, 그 외에 실무적인 업무로서는 모든 회의 자료를 작성하고 보관할 권한과 책임을 지는 명실 공히 사법부의 수장으로서 역할을 담당하고 있다.

연방대법원의 대법관 정원은 1789년의 법원조직법의 규정에 따라 설립초기에는 6명으로 출발하였으나, 이후 몇 차례의 변경을 거쳐[20] 1869년 이후에는 대법원장을 합쳐 지금과 같이 9명을 계속 유지하고 있다.

나. 보조기구

(가) 재판보조연구관(Law Clerk)

재판보조연구관은 법원에 소속되어 있으면서 대법관의 재판업무를 직접적으로 보좌하는 직원이며, 현재 그 수는 약 30명에 이른다.[21] 1875년의 매사추세츠(Massachusetts) 주 대법원 그레이(Horace Gray)

---

19) Lawrence Baum, The Supreme Court, Washington D. C.: Congressional Quarterly Press, 1981, p. 137.

20) 1789년 6명, 1801년 5명, 1807년 7명, 1837년 9명, 1863년 10명, 1866 7명 그리고 1869년 9명이다. 문홍주, 미국헌법과 기본적 인권, 예풍출판사, 2002, 92면 참조. 미국 연방대법원의 대법관 정원은 28 U. S. C. §1 참조.

21) 김형남, "미국헌법상 연방대법원의 지위와 역할", 실보김영수교수화갑기념논문집, 헌법상의 제문제, 학문사, 2000, 584면.

법원장이 개인비용으로 하버드 로스쿨(Harvard Law School)을 졸업한 자 중에서 성적이 가장 우수한 자를 재판보조연구관으로 채용한 것이 그 효시였다.[22] 이후 재판보조연구관제도의 효율성이 인정되어 1886년 연방의회가 국가의 예산으로 대법관들에게 1명의 속기서기(stenographic clerk)를 고용할 수 있도록 하는 규정(Sundry civil Act of August 4, 1886)을 제정함으로써 이후 모든 법관이 재판보조연구관을 공식적으로 둘 수 있게 됐다. 이러한 재판보조연구관제도는 연방대법원에 그치지 않고 각급 지방법원에 이르기까지 널리 파급됐고, 현재는 법원조직에 있어서 빼 놓을 수 없는 중요한 위치를 차지하는 제도로 변모하였다.[23]

1960년대 이후 연방대법원에 사건이 폭주하면서 재판보조연구관의 수를 증원하지 않을 수 없었다. 1978년에 이르러서는 대법관은 필요에 따라 4명의 재판보조연구관(대법원장은 5명)과 2명의 비서(secretary) 및 보조비서(assistant secretary)를 둘 수 있게 되었다.[24] 이렇게 재판보조연구관이 상당히 증원이 됐지만 여전히 그 채용여부는 각 대법관의 재량에 따라 결정된다. 그 채용방법에 있어서도 정형

---

22) 양삼승, "헌법연구관제도의 개선방안", 헌법논총 제3집, 헌법재판소, 1992, 224면; 전종익, "미국 Law Clerk제도 - 연방대법원을 중심으로 -", 헌법논총 제3집, 헌법재판소 2003, 362면.

23) 이는 우리 헌법재판소의 재판연구관과 재판연구원의 기능을 행하는 자를 뜻하며 모두 다 변호사자격을 갖추고 있다. 이러한 미국 연방대법원 재판연구원들에 관해서는 Bob Woodward and Scott Armstrong, The Brethren: Inside the Supreme Court, New York: Simon and Schuster, 1979, 안경환 역, 판사가 나라를 잡는다 - 연방대법원비사 -, 철학과 현실사, 1995, 351면 이하 참조.

24) Federal Judicial Center, Chambers Handbook for Judges' Law Clerks and Secretaries, Washington D. C.: The Center, 1994, p. 3.

화된 것이 없고, 전적으로 대법관 각자가 정한 방법에 의한다. 일반적으로 유명한 로스쿨을 가장 우수한 성적으로 졸업한 사람들 중에서 연고에 의하여 선발하는 방식을 선호한다. 채용기간이 1-2년 정도로 매우 짧은 것이 특징이다.[25)]

재판보조연구관의 채용여부가 대법관의 재량에 달려 있으므로 그들의 업무 역시 법이나 규정에서 특별히 규정된 것이 없고, 대법관의 성향에 따라서 업무의 성질과 양이 정해진다. 재판보조연구관의 일상적인 업무는 각 대법관의 취향에 따라 달라 질 수밖에 없겠지만, 일반적으로 그들의 업무가 대법관을 보좌하는 업무이므로 대체적으로 재판에 관련된 업무인 연구조사(legal research),[26)] 변론보고서(bench memo)[27)] 및 판결문의 초안 작성(drafting opinions), 작성된 판결문의 보완・수정을 하는 업무가 주류를 이룬다. 그러나 이 밖에도 종종 도서의 관리나 서류처리, 대법관의 잡무도 그 업무에 포함돼 있을 정도로 그 업무영역은 넓고 다양한 것으로 알려져 있다.[28)]

---

25) 재판보조연구관의 재직기간이 짧으면 그 만큼 재판에 미치는 영향력에 대한 우려가 적어지는 반면에 업무파악에 시간이 걸리고 숙련도가 떨어지므로 사건처리의 효율성은 그리 높지 않는 결점이 있다. 전종익, 앞의 논문, 397면.

26) 이송명령보고서(Cert Memo)가 대표적인 것이다. 개별적인 이송명령신청사건의 심사에는 많은 시간이 소요되기 때문에 심사할 사건이 많아진 요즈음은 대법관이 사건기록을 일일이 검토하는 것은 사실상 불가능하고 재판보조연구관의 검토한 보고서에 의존하여 사건을 접하고 판단을 하고 있으므로 재판보조연구관은 재판에 상당한 영향을 미치는 것으로 보아야 할 것이다.

27) 연방대법원에서 본안 판결을 하는 경우에는 변론을 거치기 때문에 이에 대한 준비가 필요하다.

28) Federal Judicial Center, op. cit., p. 1.

(나) 기타 사무직원

연방대법원에는 약 300명의 직원을 두고 있다. 이중에서 가장 많은 수를 이루고 있는 것이 바로 대법원의 사법경찰과 관리업무를 맡고 있는 법정(경위)(the Marshal of the Court)이다. 또한 그 일부는 기록원(reporter)으로서 미국 정부에서 발행하는 연방대법원의 공식 판례집 'the United States Reports'에 수록될 판결문들을 기록하고 정리한다. 그리고 각 대법관에게는 재판보조연구관 외에도 비서와 사무직원이 배정되어 대법관의 행정사무를 보조하도록 하고 있다.[29]

(다) 사법협의기구

미국의 복잡한 사법체계 속에서도 사법운영의 효율성과 사법작용의 일관성을 유지하기 위해 협의기구와 법원행정기구가 설치되었다. 1922년에 연방 의회가 제정한 법률에 의해 설치된 연방사법협의회(The Judicial Conference of the U. S.)와 1939년에 설치된 연방법원 행정처(The Administrative Office of the U. S. Courts)가 그것이다. 협의회는 1년에 2번 연방대법원에서 비공개회의를 가진다. 연방법원 행정처는 사실상 사법협의회의 집행기구로서 활동하고 있는데 주로 연방대법원장의 지시에 따라 움직인다.

(2) 주 법원

1) 주 1심법원(Trial Courts)

원래 독립적인 주권을 가졌던 주 정부는 연방제도[30]에 의하여, 국

29) 김형남, 앞의 논문, 585면.
30) Henry J. Abraham, op. cit., p. 3.

방, 외교, 화폐발행권 등 그들의 권한 중 일부를 양도하여 연방정부를 수립하였지만, 양도하지 아니한 대부분의 권한은 지금도 주 정부의 고유권한에 속한다. 각 주 정부마다 행정부와 의회는 물론, 고유의 사법제도를 가지고 자기 주 안에서 일어나는 모든 형사사건과 민사사건에 대하여 재판권을 행사한다. 50개 주 모두가 고유의 사법제도를 두고 이를 운용하고 있기 때문에 획일적인 사법제도란 상상할 수도 없는 일이다. 예를 들면 현재 텍사스(Texas)를 비롯한 37개 주에서는 사형제도를 유지하고 있는 반면, 매사추세츠(Massachusetts) 등 나머지 13개 주에서는 아예 사형제도를 폐지했다는 점에서 각 주의 사법제도의 차이를 잘 보여 주고 있다.

각 주의 사법제도는 다양성에도 불구하고 대체로 다음과 같은 공통점을 가진다. 연방법원제도와 마찬가지로 주 정부 역시 1심법원(trial court)과 항소심제도를 채택함으로써 사법판단의 신중성을 보장하고 있다. 대체로 3심 제도를 택하고 있지만, 2심 제도를 채택한 주도 적지 않다. 1심법원은 모든 형사사건과 민사사건의 첫 재판을 관할하는 법원이고, 제1심 재판에 불복하는 소송당사자는 항소법원으로 항소할 수 있고, 거기서도 승복할 수 없으면 최고법원으로 상고할 수 있는 제도로 운용하고 있다.

1심법원은 관할권의 제한을 받는지 여부에 따라 '제한적 관할권'(limited jurisdiction)을 가진 법원과 '일반적 관할권'(general jurisdiction)을 가진 법원으로 분류할 수 있다. 제한적 관할권을 가진 1심법원은 민사사건의 경우 소가가 일정 액수(예를 들면 100,000달러) 이하인 사건만 취급하고, 형사사건의 경우는 1년 이하의 징역 또는 2,000달러 이하의 벌금에 처해지는 경범죄(misdemeanor)만 취급하는 법원을 말한다. 청소년법원, 가정법원, 유산상속법원, 교통법원, 시법원, 카운티법원, 소액재판법원 등은 그러한 제한적 관할권을 가진 법원으로 분류할 수 있다.

일반적 관할권을 가진 1심법원은 민사사건의 경우 소가에 제한 없이 아무리 큰 사건이라도 재판할 수 있고, 형사사건의 경우는 1년 이상의 징역에 처해지는 중범죄를 재판할 수 있는 법원을 말한다. 이들은 대개 '지방법원'(district court) 혹은 '상급법원'(superior court)[31]이라고 불린다.

1심법원에서의 소송절차는 거의가 비슷하다. 민사사건에서는 원고와 피고사이의 개인적 분쟁을 해결하고 필요하면 피해보상금을 지불하도록 명령한다. 형사사건의 경우에는 피고의 유죄 혹은 무죄를 가린 다음 유죄일 경우에는 그 형량을 결정하게 된다.

1심법원은 어떤 사건을 판결함에 있어서 먼저 사실 판단을 하고 그 다음 그 사실들에 어느 법률을 적용할 것인가 하는 결정을 내린다. 항소법원이나 최고법원에서는 사실에 대한 판결을 하는 것이 아니고, 다만 1심법원에서의 소송절차와 법관의 결정에 법적인 과오가 있지 않았는가 하는 법률문제만 심사하는데, 이것은 연방법원에서의 경우와 마찬가지이다.

1심법원은 군(County) 혹은 시(City)에 설치하는데 인구가 많은 카운티는 형사법원과 민사법원을 분리하고, 인구수에 따라 하나 혹은 둘 이상의 법원을 설치할 수 있고, 인구가 적은 카운티의 경우에는 둘 혹은 그 이상의 카운티가 합하여 하나의 1심법원을 설치할 수도

31) 최문기 · 김형남, 앞의 책, 37면.

있다. 이들 법원의 법관은 일정 연령 이상의 변호사 경력을 가진 자 중에서 임명 또는 선거로 선출한다.[32)]

재판은 배심재판을 원칙으로 하지만, 소송당사자의 요구에 따라서 원한다면 법관에 의한 재판으로 진행할 수도 있다. 무수하게 접수되는 모든 사건이 전부 재판에 이르지 않고 해결되는 것은 '재판 전 증거상호교환'(discovery)제도의 덕택이다. 연방법원에서와 마찬가지로 민사사건의 경우는 화해(settlement), 중재(mediation) 혹은 조정(arbitration)에 의하여, 형사사건의 경우에는 유죄협상(plea bargain)에 의하여 대부분의 사건이 해결된다. 민·형사 모든 소송은 공개재판을 원칙으로 한다. 1심 재판의 법관은 언제나 단독심이며 합의부는 존재하지 아니한다.[33)]

2) 주 항소법원(Court of Appeals)

미국의 39개 주에서는 제1심에 불복하는 소송당사자들의 항소를 받아주는 법원을 Court of Appeals라고 부른다. 즉 주 전체를 지역적으로 구분하여 그 지역 내에 위치한 모든 1심법원으로부터의 항소를 심판한다. 항소사건은 법관 3인의 합의제로 판결하는 것이 보통이다. 예컨대 한 항소법원에 15명의 법관이 있을 수 있지만 그 중 3인의 법관만 한 사건에 배당하여 합의부를 구성하며, 예외적으로는 법관 과반수가 찬성하는 경우에는 항소법원 법관 전원이 참석하는 '전원합의체'(court en banc)[34)]에서 심판하기도 한다.

---

32) Henry J. Abraham, op. cit., p. 110.
33) Ibid., p. 111.
34) 최문기·김형남, 앞의 책, 35면 참조.

항소법원은 1심법원에서 결정한 사실에 관한 문제들은 그대로 받아들이고 오직 법률문제만 심사한다. 증인이 출두하여 증언할 필요는 없고 1심 재판에서 제출한 재판기록과 변호사의 항소이유서만 검토한 다음 15분간의 구두변론(oral argument)을 청취한 후 판결을 내리는 것은 연방법원에 있어서와 마찬가지이다.

형사사건에서는 제1심에서 피고가 무죄로 판결이 났을 경우 검사가 그 사건을 항소할 수 없는 것도 연방법원에서와 마찬가지이다. 항소법원의 법관은 각기 한 두 사람 정도의 재판보조연구관(law clerk)을 채용하는데, 그 지역 로스쿨 출신 중 가장 성적 좋은 신임 변호사들을 선발하는 것은 연방법원의 경우와 동일하다.

3) 주 대법원(Court of last resort, 혹은 Supreme Court)

주마다 대법원을 설치하여 소송당사자들의 최종적 상고사건을 심판함과 동시에 주 정부의 중대한 법률문제 혹은 주 전체에 큰 영향을 주는 사회정책들을 결정하게 된다. 항소법원과는 달리 대법원은 그 재량에 의하여 상고사건을 선택적으로 접수하고 판결한다. 다만 사형을 받은 피고의 경우는 대법원이 의무적으로 상고를 받아주도록 되어 있다.

주의 대법원은 대개 9명의 대법관으로 구성되며, 그들은 언제나 전원합의체로 사건을 심판하는 것은 연방대법원과 같다. 상고사건의 진행절차와 과정은 항소법원에 있어서와 유사하다. 다만 11개 주에는 제2심에 해당되는 항소법원이 없으므로 1심법원에서 직접 대법원으로 항소하게 되어 있고, 따라서 이것은 2심 제도에 해당된다.

연방대법원과 마찬가지로 주의 대법원은 주 헌법을 해석하고 주

법률이 주 헌법에 위반되는지 여부를 심사할 수 있으며, 판결문을 통하여 법률해석의 이론적 근거와 사회정책의 방향을 제시할 수 있다. 미국 헌법 제6조 제2항의 연방법 우월성의 원칙에 의하여 주 법원들은 연방헌법과 연방법률을 준수하여 재판하지만, 만약 주 헌법이 연방헌법보다 더 많은 권리와 자유를 주민에게 부여한다면 주 헌법에 따라 주민의 권리를 더 인정하는 판결을 할 수도 있다.[35)]

2. 법관의 임명

(1) 법관임명의 유형[36)]

1) 법관임명에 관한 일반론

사법권의 기타 기관으로부터의 완전독립이라는 의미에서, 법관의 선임방법은 많은 의의를 가진다. 임명된 자는 임명권자로부터 은혜를 입고 있다는 일반 사회심리학적 경험은 사법부의 독립성에 부정적인 영향을 미칠 수 있다. 특히 그 선임이 정치적 고려에 의하여 좌우될 때에는 그 정치적 은혜를 입은 사람은 더욱 자기의 부채를 취임 후의 직무수행에 있어서 보답하려는 일반적인 인간의 심정에 좌우되게 될 것이다. 역사가 발전함에 따라 법관선임방법이 발전하게 되었는데, 그 중에서 주요방법을 열거하면 나음과 같다.

---

35) Lawrence Baum, The Supreme Court, Washington D. C.: Congressional Quarterly Press, 1981, pp. 38-42.

36) Karl Loewenstein, Political Power and the Government Process, 1959, 김기범 역, 현대헌법론, 교문사, 1976, 244-250면.

가. 프랑스혁명 이전시대에서는 법관직은 매매되었다. 상류계급의 사회적·경제적·기초라고 볼 수 있는 재력은 문화적 엘리트 형성의 전제조건으로 생각되었고, 또 문화적 엘리트는 다시 공평한 재판의 보장책이라고 생각되었다. 그러므로 파를르망(Parlement)을 구성하는 상층 법관들은 기득권, 더욱 나아가서 세습적 특권을 가지는 법복귀족(noblesse de la robe)으로 발전하게 되었다. 파를르망은 왕의 절대주의에 대한 극히 수가 적었던 기관간 통제 중의 하나로서 기능하였을 뿐만 아니라, 구체제의 가장 나쁜 업적이라 볼 수 없었던 사법제도를 프랑스에 부여할 수 있었다. 역사는 시간이 경과함에 따라서 혁명의 가혹한 판결을 완화시켰다. 법관직의 매매가 반드시 개개 법관의 매수를 의미하지는 않았다.

나. 민주주의이론에 기초할 경우 법관의 임명은 민선제가 적합하다. 그러나 프랑스 혁명 초기에 법관의 민선제에서 좋지 못한 경험은 정부가 법관을 임명하는 방법을 선택하게 하였다. 오늘날에 있어서는 법관의 민선제는 미국의 일부 주와 일부 스위스의 칸톤에서, 또 구소련권의 여러 국가에서 실시되었다. 그러나 이러한 종류의 선임방법이 일반적이고 긍정적인 성과만을 거둔 것은 아니다. 법관의 민선제가 짧은 임기제와 결합될 때에 그것은 그 본질상의 한계로 사법권의 독립과 조화되기 어렵다. 그 이유는 재선을 노리는 법관은 선거민과 그를 지지해 주는 정치인의 눈치를 보지 않을 수 없기 때문이다. 미국에 있어서의 여러 개선책—양당일치의 지명제, 법조인협회에 의한, 추천, 임기연장—은 정치적 편견의 의미에 있어서의 이 제도에 부수되는 폐해를 완전히 해소하지는 못하였다.

다. 여러 국가에서 법관은 의회에서 선출된다. 가장 중요한 예는 스위스이다. 즉 헌법에 의하면[37](로잔에 있는) 연방법원의 법관은 연방의회합동회의에서[38] 임기 6년으로 선출된다. 재선은 가능하고, 본인이 희망만 하면 대부분 재선되는 것이 관례로 되어 있다. 최초의 임명은 연방의회에 의해 이루어지기 때문에, 정치적 영향을 받은 셈이 된다. 그럼에도 불구하고 이 제도로 인하여 스위스는 전문가로서 조금도 나무랄 데가 없고, 정치적으로 편견이 없는 최고급의 법관제도를 가질 수 있었다. 한편으로 의회에 의한 법관선거제는 정치적 남용과 정치적 간섭을 완전히 탈피할 수 없다. 구 소련에서 제1심법원 이상의 모든 법관은 입법부에서 선출되었다. 실질적인 사법권의 독립이 문제되지 않을 수 없다. 그 이유는 첫째, 법관후보자는 정치적으로나 이데올로기적으로나 정치체제를 신봉하여야 한다는 불가결의 전제 때문이고, 둘째, 의회에 의한 임명제도의 논리적 보완책이라고 볼 수 있다. 즉, 법관직보유자가 공식적인 노선을 벗어나려고 할 때에는 의회에 의한 소환의 가능성이 항상 존재하기 때문이다. 서독 헌법재판소의 법관도 의회에 의하여 선출 된다. 그 구성원의 반수는 연방의회에 있어서 정치적 고려를 최소한도로 제한하려고 노력하는 매우 복잡한 절차에 의하여 선출되고[39], 그 밖의 반수는 연방참의원에 의하여 3분의 2의 다수결로 직접 선출된다. 지금까지의 운영경험으로 보아서, 이 절차는 후보자지명과 그 선거에 있어서 정치적 고려에 대해서 완전한 면역제가 되지는 못하였지만, 그것으로 말미암아 재판의

37) 스위스 헌법 제107조.
38) 스위스 헌법 제92조.
39) 독일 헌법 제94조.

공정성이 손상되었다고는 말할 수 없는 것이다.

라. 미국은 법관임명권을 정부와 입법부에 나누고 있는 가장 대표적인 예이다. 대통령은 후보자를 추천하고(지명), 상원이 그것을 승인하며(비준), 추후에 대통령이 정식으로 임명한다(임명). 때때로 강력한 반항을 불러일으키기도 하지만 상원에 의한 비준의 거부는 매우 이례적이기 때문에 보통은 대통령의 추천이 절대적인 역할을 한다. 그럼에도 불구하고 법관임명절차에 상원이 관여한다는 사실은 정부에 대하여 중요한 기관 간 통제를 하게 된다. 정부와 의회가 협동하여 법관을 임명하는 유사한 제도는 본기본법[40]에서 상급 연방재판소의 법관임명에 도입되고 있다. 법관임명은 연방법무대신이 지방의 사법대신과 그것과 같은 수의 연방의회가 선출하는 수의 위원으로 구성되는 법관선거위원회와 협의하여 결정한다. 정부에 의한 법관임명제도가 선출된 정치적 기관과 사법부 자체의 관여가 결합되어 있는 유사한 훌륭한 것으로 평가되고 있는 제도가 벨기에에서[41] 채용되고 있다. 국왕, 즉 정부는 2개 부류의 법관을 제외한 모든 법관은 단독으로 임명한다. 상고법원의 법관과 제1심재판권을 가지는 법원의 원장과 부원장은 2개의 후보자명부로부터 선출된다. 이 두 명부중 하나의 명부는 법원 자체에 의하여 제출되고, 또한 명부는 현의회(縣議會)로부터 제출된다.

마. 법관임명의 전통적이고 가장 널리 사용되고 있는 방법은 정부가 임명하는 방법이다. 영국과 그 자치령, 대다수의 라틴아메리카의

---

40) 독일 헌법 제95조 제3항, 제96조 제2항.
41) 벨기에 헌법 제99조.

여러 나라와 프랑스의 모형을 따르는 로마법적 기초를 가지고 있는 유럽대륙의 국가에서 일반적으로 실시되고 있다. 최근에 이 제도는 그것을 특히 하급법관직으로부터 상급법관직으로 승진하는 데 있어서 법관인사위원회와 같은 단체가 임명절차에 참가하게 하는 일종의 부내자치의 보충제도와 결합시킴으로써 개량되었다.

2) 정부에 의한 임명

여기서는 법관과 변호사를 일원화 할 것인가 또는 이원화 할 것인가에 따라서 2개의 완전히 다른 체계가 존재하게 된다.[42] 영미법계의 법 영역에서는, 법관과 변호사(bench and bar)는 통일적인 법적 직능의 단순한 두 종류에 불과하다. 법관은 가장 탁월한 변호사 중에서 임명된다(영국과 영국의 자치령). 미국에서는 법관임명은 저명한 실무변호사에 국한하지 않고, 정부고급공무원, 법학교수 또는 정치적 업적이 큰 인사(연방의회의원 또는 주지사도 임명 대상이 된다. 이와 반대로 유럽의 대륙법계국가에서는 법관직과 변호사직은 엄격히 분리되어 있다. 처음부터 법관의 직업과 변호사의 직업은 구별되고, 취임 후에도 그 구별은 오랫동안 계속된다. 한 법조직으로 부터 다른 법조직으로 전직은 매우 드물다. 바이마르 헌법시대에 저명한 변호사가 함부르크의 법원장으로 임명되었다 하여 논란을 일으킨 일이 있

42) 유럽의 사정에 관한 개실은, R. K. C. Ensor, Courts and Judges in France, England and Germany, London, 1933 이 제공하고 있다. 또 Arthur von Mehren, "The Judicial Process: A Comparative Analysis", The American Journal of Comparative Law Vol. 5 No. 2, 1956, p. 167. 그 밖의 비교법적 자료는, E. Blythe Stason, "Judicial Selection around the World", Journal of the American Judicature Society, Bd. 41, 1958, p. 134 이하 참조.

다. 법관에 임명되려면 변호사지망자가 치르지 않으면 시험에 합격하여야 하는데, 이 시험에서 획득한 성적점수가 결정적인 역할을 한다. 이와 반대로, 영미법계 국가에서는 그 성적 여하를 불문하고 변호사 자격 시험에 합격만 하면 된다. 미국의 경우 연방헌법상에는 이러한 요건도 규정되어 있지 않다.

대륙법계국가에서 매우 중요한 하급법원으로부터 상급법원으로의 승진문제도 영미법계 국가에서는 그러하지 않다. 그 이유는 일정법관직에 임명되면 보통은 종신까지 재임하게 되고, 상급법원으로의 승진은 때때로 있기는 하지만 보통은 기대도 하지 않고, 또 그것을 얻으려고 노력도 하지 않는다. 더욱이 영미법계 국가에서는 하급법원과 상급법원에 있어서의 법관의 보수는 상당히 높고, 또 법원의 상・하급을 고려하지 않고 비교적 평등하다. 그러나 유럽대륙과 라틴 아메리카에 있어서는, 사법부의 상위 계층은 전문가로서의 능력과 인격이라고 평가를 받는 점에서 법관위계제에 있어서의 상위계층의 지위에 취임할 능력이 있다고 자타가 공인할 정도로 인정을 받는 법관에 한해서만 올라갈 수 있다. 또 유럽대륙국가에 있어서는, 인구수에 비례해서 미국 또는 영국에서보다 더 법관수가 많다는 사실과 영미에 있어서 법관은 최고의 사회적 명성을 차지하고 있는 데 반해서, 유럽대륙 여러 국가에 있어서는 행정관리도 최소한 법관과 유사한 사회적 존경을 받고 있다는 사실에 유의하여야 한다.

영미법계에서나 대륙법계를 막론하고 법관임명에 있어서 정치적 영향은 완전히 배제될 수는 없고, 더욱이 하급법원으로부터 상급법원으로의 승진에 있어서는 그 정도가 더욱 심하다. 그러나 영국과 그 대다수의 자치령에 있어서는, 의회의 아무 관여 없이 국왕, 즉 내각에 의해서 법관을 임명하는 제도도 사법의 정치화를 초래했다던가, 또는 법관임명에 있어서의 선심책으로 사용되는 일이 거의 없었다. 그러나 법관임명에 있어서 정부가 관여할 때에는 거의 어디서든지 정치적 고려는 존재하였는데, 법관임명에 정부가 관여할 때의 정치적 고려는 미국에서는 그것이 정치무대 뒤에서 전개되는 대륙법계국가에서보다 아마 더 공공연하게 나타나고 또 용인된다. 그것은 법관임명에 있어서의 정치적 고려는 불가피하게 취임 후의 직무수행에 영향을 주지 않을 수 없다. 각각의 법관이 그것을 의식하지 못할 때에도 그러하다. 법관이 다른 직업의 사람들보다 더 보수적이라는 것은 생활경험으로부터도 알 수 있다. 그 이유는 법자체가 보수적이고, 또 불가피하게 그것이 개정될 때까지는 정적인 상태를 지속할 수밖에 없기 때문이다. 최소한 오늘날에 있어서 미국의 연방법관들은 대체적으로 정치적 중립을 지키고 있지만, 그것은 법관임명방법에 그 원인이 있다고 하기보다 법관직에 있는 사람의 인격으로부터 기인한다고 볼 수 있다. 때때로 예외가 존재했고 때로는 그 예외가 매우 존경할 만한 것일 때도 있었지만, 지금까지의 경험에 비추어 보면, 법관임명에 있어서 공화당 대통령은 공화당원을, 민주당 대통령은 민주당원을 택한다는 것을 알 수 있다. 더욱이 정부에 대한 종속성은 때로는 최고법원에 대하여 전체투표와 개별투표에서 나타난다. 계급적·이데올로기적 영향을 받은 선입관에 사로잡혔다는 비난을 받기도 하지만, 결코 미국의 연방법관들의 일반적인 특징이라고는 볼 수 없다.

다른면에 있어서, 대륙법계에 있어서는 오랫동안 처음 임명시에나 또 상급직으로의 승진시에나 모두 정치적 고려를 완전히 면할 수 없었고, 또 그러했던 때가 오랜 과거의 일도 아니었다. 몇 개의 국가에 있어서는 법관은 국가공무원이라고 생각되고 있다. 유럽 대륙의 대다수의 법률질서에서 그러한 바와 같이, 법관이 법관·검사, 기타 행정관료로 차례로 전보할 수 있을 때에는, 결코 정부로부터 독립되기 어려울 것이다. 법관은 법관직에 있을 때에도 그 승진과 자기가 희망하는 보직으로의 전보를 조직의 장의 호의에 기대할 수밖에 없는 공무원으로 남게 된다. 정부는 임명권을 행사함으로써 법관들이 계급적으로 동질성을 가지고, 사회학적으로 폐쇄적 존재로서 있게 하여, 정부시책에 호의를 가질 수 있게 배려할 수 있다. 과거 프로이센에서는 1918년에 이르기까지 하급층 출신의 법관은 그들의 시험성적이 우수해서 임명을 거절할 수 없을 때에는 승진에 있어서 지배계급 출신의 희망자보다 많이 불리하였다. 사회주의자들에게는 처음의 임명마저 거부되었다. 그러나 이러한 차별의 대부분은 정치적 민주화로 자취를 감추었다.

3) 자치적 선출

최근에 와서 임명절차와 승진절차의 정치적 중립 확보를 위한 많은 노력이 행해져 새로운 임명방법이 발전하게 되었다. 즉 그것은 정부에 의한 임명방법대신에 의회의 협조를 필요로 하는 법관의 내부 자치의 선임과 자기 보충의 방법에 의하여 대치되게 되었다. 그 예로서 1958년의 드골헌법에서도 계속 유지된 바 있는 1946년의 프랑스헌법상의 최고사법회의(Conseil Superieur de la Magistrature)와 이탈리아헌법상의 최고사법회의(Consiglio Superiore della Magistratura)를 들 수 있다. 이 회의는 가능한 정부의 영향력을 중립화시키려고 노력하고 있다. 공정성과 객관성을 확보하기 위하여 법관들도 임명절차에 관여할 수 있게 하였다. 이 회의체는, 그 일부는 의회에 의하여, 그 일부는 법관들 자체에서 선출되어 구성된다. 이탈리아 헌법규정에 의하면 법관들은 구성원의 3분의 2를 선출하는 데 반하여, 의회는 단지 3분의 1만을 선출한다. 동 의회는 사법공무원의 복무규율감시와 사법행정에 대한 복무감독을 하는 외에 법관의 승진에 대한 결정권도 가진다.

오늘날 실시되고 있는 모든 법관임명방법 중에서 가장 완전한 것은 프랑스에서 콩세이유 데타에 적용되고 있는 법관임명방법이다. 그것은 사법부 내부의 자치적 선임방법의 요구에 완전히 부합되는 제도로서, 그 제도에서는 법관의 임명에 있어서나 법관의 승진에 있어서 정치적 간섭을 완전히 배제하려고 노력하고 있다. 프랑스의 법관 중에서 가장 유명한 이 법관의 구성원은 법정직책을 수행함에 있어서 정부의 영향력을 받지 않는 직업적 엘리트로 통용되고 있다. 그 독립성은, 그 구성원이 때때로 콩세이유 데타로 부터 다른 행정관청으로 차출될 수 있는데, 이러한 현상으로 말미암아 본래의 행정관청과 최고헌법재판소간의 계속적인 상호 수정관계를 초래시킬 수 있다는 점을 생각하면, 더욱 주목할 가치가 있다. 법관직에 취임하려면 개성적·직업적 자격에 관하여 특별한 훈련과 매우 엄격한 선발과정을 거쳐야 한다. 승진은 업적에 따라서 결정되는데. 이에 관해서는 그 법원의 인사권을 가진 수장이 결정한다.[43]

법관임명절차의 평가에서 이상적 가치기준은 다음과 같은 두 관점에 기초를 두지 않을 수 없다. 첫째, 어떠한 정치적 영향력도 배제되

---

43) 개개의 사례에 관해서는, George Langrod, "The French Council of State", American Political Science Review XLIX, 1955, p. 683 이하 참조.

지 않으면 안 되고, 둘째, 직업적 업적과 고결한 인격으로 보아서 최선의 재능을 가진 사람만이 법관직에 취임할 수 있게 하는 절대적 확실성이 확보되지 않으면 안 된다. 그러나 그와 같은 이상적 절차는 아직도 발견되지 못하였다. 여러 방법 중 어느 방법도 장점과 단점을 가지고 있다. 그중 어느 방법도 모든 법질서에 일반적으로 적용될 수 있다고 말할 수는 없다. 그 모든 방법은 전통의 영향을 받고 있고, 또 사법기능의 수행에는 심각한 역행적 작용을 주지 않을 수 없다. 이의가 제기될 위험성은 있지만, 극히 단순화하여 말한다면 다음과 같이 말할 수 있을 것이다. 즉 의회의 관여가 있건 없건 간에 정부에 의한 법관임명이 최선의 방법이며, 이와 반대로 법관의 민선제는 만족스럽지 못한 결과를 나타낸다.

그러나 기관간통제의 관점에서 보면 2개의 부정적 관점이 있다는 것을 주의하지 않으면 안 된다. 첫째, 정치적 고려는 법관의 임명에 있어서나 또는 승진에 있어서나 언제든지 완전히 중립화시킬 수는 없고, 특히 의회가 법관임명에 관여할 때에는 정치적 고려를 완전히 배제할 수 없다. 둘째, 정부에 의한 법관임명은 최소한 대륙법계 법관제도에 있어서는 법관과 변호사가 통일적인 법조직의 두 부분으로 고려되고 있는 영미법계 국가에 있어서보다, 법관들이 더 정부에 호의적이고 특권층의 이익을 옹호할 가능성을 가진다. 대륙국가의 법관들은 변호사 실무를 하면서 정부에 대립할 기회를 취임 전에는 전연 가지지 못하기 때문에, 그들은 법관직책을 행사함에 있어서, 정의와 자부심이 강한 독립적인 보유자라고 하기보다도 국가공무원이라는 관념을 더 가질 가능성이 높다. 다른 면에 있어서 부내 자치적 선임과 보충의 방법은 쉽사리 계급의식으로 타락할 가능성을 가지는 단체적 법관의식을 가져오게 한다. 단체적 법관의식은 법관을 변호사들로부터 선임하는 영미법계 국가에서도 물론 완전히 회피할 수는 없는 것이다.

(2) 연방대법관

1) 상원의 권고와 동의

미국 연방대법원의 대법관임명절차를 분석하기 위해서는 일단 이와 관련된 미국헌법규정을 살펴볼 필요가 있다. 먼저 미국헌법 제3조 제1항은 합중국의 사법권은 1개의 대법원(Supreme Court) 및 연방의회가 수시로 제정·설치하는 하급법원들에게 속한다고 규정하고 있다. 제2조 제2항은 대통령은 상원의 권고와 동의(advice and consent)를 얻어 연방대법원 대법관을 임명한다고 규정하고 있다. 이 중 주목되는 부분은 제2조 제2항이다. 여기서 연방대법원 대법관임명과 관련한 상원의 두 가지 권한이 발견된다. 첫 번째는 대통령의 지명 후에 행사되는 임명동의권이다. 상원의 임명동의 여부는 대법관임명절차에서 종종 미국 국민들의 뜨거운 관심을 불러일으켜왔다. 두 번째는 대통령의 지명전에 행사되는 권고권이다. 권고권에는 상원의 권고권과 대통령의 지명권의 관계가 문제된다. 이것은 상원의 지나친 권고권행사는 대통령의 지명권을 침해할 수도 있다는 것을 의미한다. 그렇다면 상원의 권고권은 정확히 무엇을 의미하는가? 여기에 대해서는 다음과 같은 세 가지 해석이 가능하다. 첫째, 구체적으로 후보자들을 추천할 수 있다. 둘째, 대통령에 의해 작성된 후보자명부를 심사할 수 있다. 셋째, 후보자가 아닌 후보자가 갖추어야 할 자질을 제시할 수 있다.

그러나 미국의 헌정사에서 상원이 권고권을 강력하게 행사한 경우는 거의 찾아볼 수 없다는 점에서 이러한 논의의 실익은 그다지 크지 않다. 다만 현재로서 한 가지 추정할 수 있는 사실은 상원이 권고권을 적극적으로 주장한다면 임명동의절차에서 대통령과 상원이 충돌할 여지는 크게 좁아진다는 것이다.44)

2) 대통령의 지명과 상원의 임명동의

가. 대통령의 지명 기준

(가) 개관

1789년부터 1994년까지 미국대통령들이 대법관후보자 지명에서 고려했던 여러 가지 기준들을 살펴보면 George W. Bush 대통령 이전까지 총 42인의 대통령 중 불과 4인(Jimmy Carter, W. H. Harrison, Zachary Taylor, Andrew Johnson)만이 대법관을 임명하지 못했다. 임기 중 대법관을 가장 많이 임명한 대통령은 George Washington(11인), 그 다음이 Franklin D. Roosevelt(9인), William H. Taft(6인), Dwight D. Eisenhower(5인) 순이다. John Tyler 대통령은 여섯 차례나 대법관후보자를 지명했으나 상원의 임명동의를 얻은 것은 단 한 차례에 불과했다.

2005년 이전까지 총 148회의 대법관·대법원장후보자 지명이 있었다. 이 과정에서 미국대통령들은 다음과 두 가지 요소를 고려해온 것으로 보인다. 첫째, 대법관후보자의 능력·연령·건강상태이다. 이것

44) Ruth Bader Ginsburg, "Confirming Supreme Court Justices: Thoughts on the Second Opinion Rendered by the Senate", University of Illinois Law Review Vol. 101, 1988, pp. 101-117.

은 공직후보자로서 갖추어야 할 일반적인 요건이라고 할 수 있다. 둘째, 당시의 여러 가지 정치적 상황이다. 대법관으로서의 자질을 갖춘 법조인이나 법학교수는 결코 드물지 않다는 점을 감안한다면, 오히려 두 번째 기준이 대법관후보자 지명에서 보다 결정적인 요인으로 작용해온 것으로 보인다. 당대의 여러 가지 정치적인 상황은 대체적으로 다음과 같은 몇 가지로 정리될 수 있다.

(나) 특정인의 지명이 선거에 유리한지 여부

첫째, 특정인의 지명조건은 소속정당이 선거에서 유리한가 여부이다. 예컨대 Eisenhower 대통령은 1954년에 Earl Warren을 대법원장후보자로 지명하면서 이 점을 일차적으로 고려하였다. 이것은 캘리포니아주에서의 득표율을 제고하기 위한 것이었다. 알려진 대로 캘리포니아주는 Warren의 고향이지 그가 주지사로 재임한 지역이었다. 또한 주지사로서 Warren은 캘리포니아 주민들의 압도적인 지지를 얻었다. Eisenhower 대통령은 1957년에 William Brennan을 대법관후보자로 지명할 때에도 이 점을 우선적으로 고려하였다. 이것은 Brennan의 종교(천주교)를 감안한 것으로, 천주교신자가 많은 뉴저지주에서의 득표율을 위한 것이었다.

(다) 대법관후보자의 사법철학과 이념적 성향

둘째, 대법관후보자의 사법철학과 이념적 성향이다. 이것은 대통령이 기존 연방대법원의 사법철학이나 이념적 성향을 형성·강화·변경하기 위한 것으로 볼 수 있다. 대법관후보자의 사법철학과 이념적 성향은 다음과 같은 기준에 의해 구체화될 수 있다. 첫째, 보수주의

자인가 진보주의자인가. 둘째, 개인의 권리를 옹호하는지 아니면 정부의 권한을 옹호하는가. 셋째, 연방우월주의자인지 아니면 주권옹호론자인가. 넷째, 정부의 권한은 헌법에 명시된 것으로 제한되어야 한다고 보는지 아니면 헌법에 명시되지 않은 것까지 확대되어야 한다고 보는가. 다섯째, 헌법해석의 일차적인 기준은 헌법문언이어야 한다고 보는지 아니면 시대적 배경이어야 한다고 보는가이다.

(라) 대통령에 대한 대법관후보자의 충성도

셋째, 대통령에 대한 대법관후보자의 충성도이다. 종래에 미국대통령들은 자신의 측근들 중 대법관후보자를 물색해왔다. 그러나 대통령과 대법관후보자와의 친밀한 관계는 때때로 상원의 임명동의과정에서 문제가 되기도 하였다. 예컨대 1965년, Lyndon B. Johnson 대통령은 자신의 친구이자 당시 대법관으로 재임하고 있었던 Abe Fortas에 대한 대법원장임명동의안을 상원은 부결시켰다.

(마) 대법관임명에 관한 선거공약이 있었는지 여부

넷째, 대법관임명에 대한 선거공약이 있었는지 여부이다. 1980년 대통령선거에서 Ronald Reagan 공화당후보는 여성을 연방대법원 대법관으로 임명하겠다는 공약을 하였다. 그에 따라 그는 대통령으로 취임한 후, 1981년에 Sandra Day O'Connor를 대법관후보자로 지명하였다.

(바) 대통령이 지지하는 입법에 대해 합헌의견을 가지고 있는지 여부

다섯째, 대통령이 지지하는 입법에 대해 합헌의견을 가지고 있는지 여부이다. 예컨대 1864년, Abraham Lincoln 대통령은 Salmon

Chase를 대법원장후보로 지명하였다. 이것은 당시 그가 국가경제에 안정을 위해 중요하다고 보았던 재정관련 법률에 대해 Chase가 합헌의견을 제시하리라는 기대에 따른 것이었다. 이와 유사한 취지에서 Franklin D. Roosevelt 대통령은 뉴딜입법에 대해 합헌의견을 가지고 있는 대법관후보자들을 지명하였다. 나아가 그는 자신이 원하는 결정을 이끌어내기 위하여 대법관의 정원을 증원하려고까지 하였다(이른바 Court-packing plan). Lyndon B. Johnson 대통령 역시 이러한 취지에서 1967년에 Thurgood Marshall을 대법관후보자로 지명하였다. 이것은 대법관의 인종별 다양성을 확보함과 동시에 그가 추진하던 인권관련 법률의 합헌결정을 담보하겠다는 것으로 풀이될 수 있다.

(사) 대법관 인적 구정의 다양성

여섯째, 대법관 인적 구성의 다양성이다. 대표적으로 Eisenhower, Lyndon B. Johnson, Reagan , George H. Bush, Bill Clinton 대통령은 대법관 인적 구성의 다양성을 위하여 대법관후보자의 인종·종교·성별을 고려하였다.

(아) 대법관후보자의 출신지역

마지막으로 대법관후보자의 출신지역이다. 종래에 미국대통령들은 대법관후보자를 지명함에 있어서 출신지역을 중요한 요인으로 고려해왔다. 그러나 근래에 들어서는 출신지역이 그다지 크게 고려되지 않고 있는 것으로 보인다. 예컨대 Burger 대법원과 Rehnquist 대법원의 경우, 거의 절반의 대법관이 미네소타주와 아리조나주 출신이었다.

(자) 소결

미국의 대통령은 대법관임명권을 통하여 연방대법원의 향후 운영에 대해 일정한 영향력을 행사할 수 있다. 예컨대 Reagan 대통령과 George H. Bush 대통령은 1981년부터 1992년까지 보수적 성향의 인사들을 잇달아 대법관으로 임명하였고, 그 결과 이들의 희망대로 전례가 없을 정도로 매우 보수작인 연방대법원이 출현하였다. 그러나 대통령의 이러한 정치적 목적이 항상 성공을 거둔다고 보기는 힘들다. 이것은 대통령에 의해 임명된 대법관이 임명된 후에 대통령의 기대와는 다르게 행동할 수 있다는 점에 직접적으로 기인한다. 실제로 종래의 미국의 여러 대법관들은 판결을 통하여 자신을 임명한 대통령의 정치적 목적에 어긋나는 견해를 제시해왔다. 예컨대 Holmes 대법관은 Roosevelt 대통령이 지지하던 독점금지법을 위헌으로 보았다. 또한 Clark 대법관은 Harry S. Truman 대통령이 한국전쟁 중에 취한 제철소강제인수조치를 위헌으로 보았다. 이러한 상황은 대통령이 대법관후보자의 정치적 성향이나 헌법관에 대해 잘못 판단하거나 대법관후보자의 이러한 기본적 성향이 임명된 후에 변화되는 경우, 또는 대통령이 임명당시에는 전혀 예상할 수 없었던 새로운 사정이 생긴 경우에 발생한다. 그러나 아무리 스스로 임명했다 하더라도 임명후에 자신의 기대와 어긋나게 행동하는 대법관에 대해 대통령이 취할 수 있는 조치는 아무 것도 없다.[45)]

45) Henry J. Abraham, op. cit., pp. 63-69.

나. 상원의 임명동의 기준

(가) 개관

앞에서 종래에 미국대통령들이 대법관후보자의 지명에서 고려해왔던 여러 가지 기준을 살펴보았다. 이하에서는 1789년부터 1994년까지 상원이 대법관후보자에 대한 임명동의과정에서 고려해왔던 여러 가지 기준을 살펴본다. 참고로 대법관후보자에 대한 상원 법사위원회의 인사청문회는 비교적 근래에 정례화 되었다. 예컨대 1789년부터 1924년까지는 대법관후보자에 대한 인사청문회가 전혀 실시되지 않았다. 1925년에 이르러 상원 법사위원회는 처음으로 인사청문회를 실시하였으나, 1929년까지는 비공개로 실시하였다. 그로부터 약 10년 동안은 다시 실시되지 않다가 1939년에 재개되었다. 당시 대법관후보자로 지명된 자는 Felix Frankfurter였다. 그는 인사청문회에서 인맥관계·해외에서 출생한 이유·종교적 신안 등에 대한 질문을 받았다. 그러나 이 과정에서 별 다른 논란은 발생하지 않았고, 그에 대한 임명동의안은 무난히 통과되었다. 대법관후보자에 대한 상원의 인사청문회는 1955년에 이르러 비로소 정례화 되었다. 오늘날 대법관후보자에 대한 상원의 인사청문회는 매우 열띤 논쟁을 야기하는 것으로 알려져 있다. 그러나 1960년대까지만 하더라도 비교적 차분한 분위기에서 진행된 것으로 보인다. 예컨대 1962년에 실시된 대법관후보자 Byron White에 대한 인사청문회의 경우, 상원 법사위원회는 8가지 사항만을 질문하였으며 그에 따라 인사청문회는 약 15분 만에 종료되었다.

2005년 이전까지 총 148회의 대법관·대법원장후보자 지명이 있었다. 이들 중 25인은 상원의 임명동의를 얻지 못했다. 이 과정에서 상원은 후보자의 연령·건강상태와 같은 일반적 요건 외에 여러 가지 다양한 사항들을 고려해왔다. 이들은 대체적으로 다음과 같은 네 가지로 분류될 수 있다.

(나) 상원과 대통령과의 정치적 관계

첫 번째는 대통령과의 정치적 관계이다. 이것은 다음과 같은 네 가지로 세분화 할 수 있다. 첫째, 상원의원이 대통령이나 대통령소속정당에 대해 충성 또는 반대하는 정도이다. 만일 상원의원이 대통령이나 대통령소속정당에 대해 충성하고 있다면, 자질이 평범한 대법관후보자에 대해서도 긍정적인 평가를 내릴 것이다. 둘째, 다가오는 대통령선거나 상원의원선거에서 예상되는 결과이다. 만일 대통령이나 상원 다수당이 교체될 것으로 예상된다면 상원의 임명동의는 결코 쉽게 이루어지지 않을 것이다. 셋째, 근래에 들어 상원과 대통령 간에 정치적으로 대립한 바가 있었는지 여부이다. 만일 양자간의 정치적 대립이 있었다면, 상원은 임명동의안을 부결시키지는 않더라도 임명동의절차를 상당히 지연시킬 것이다. 넷째, 유력한 상원의원이 대통령에 대하여 상원의원에 대한 예우(Senatorial Courtesy)를 주장하고 있는지 여부이다. 예컨대 1893년과 1894년에 Grover Cleveland 대통령은 뉴욕주 출신의 대법관후보자 2인을 잇달아 지명하였다. 그러나 당시 뉴욕주 상원의원이었던 David Hill은 이러한 Cleveland 대통령의 대법관후보자 지명에 강력히 반대하였다. 이것은 결국 Hill 의원이 상원의원에 대한 예우를 주장하는 것으로 해석되었고, 그에 따라 상원도 대법관후보자 지명에 대한 지지의사를 철회하였다. 마지막으로 대통령의 정치력이다. 만일 대통령의 정치적 지도력이 부족하다면,

그 만큼 상원으로부터 내법관후보자 지명에 대한 임명동의를 얻기가 어려울 것이다. 바로 이러한 이유에서 여러 차례 대법관후보자를 지명했음에도 불구하고 끝내 상원의 임명동의를 얻어내지 못한 대통령이 John Tyler, Millard Fillmore 대통령이다. 이들이 대통령으로서의 정치적 지도력이 부족했던 것은 현직대통령의 사망에 의해 부통령으로서 대통령직을 승계했다는 점에 직접적으로 기인한다.

(다) 기존 연방대법원의 이념적 성향

두 번째는 기존 연방대법원의 이념적 성향이다. 이것은 다음의 두 가지로 세분화 할 수 있다. 첫째, 대법관후보자의 사법철학과 이념적 성향이다. 이것은 앞에서 살펴본 바와 같이 대통령이 대법관후보자를 지명할 때에도 크게 고려되는 요인이다. 따라서 상원이 이러한 요인을 고려하는 것 역시 기존 연방대법원의 사법철학이나 이념적 성향을 형성·강화·변경하기 위한 것으로 볼 수 있다. 대법관후보자의 사법철학과 이념적 성향을 판단하는 구체적인 기준은 이미 앞에서 언급하였다. 둘째, 근래에 연방대법원이 논쟁적인 판결을 선고했는지 여부이다. 예컨대 1959년, 대법관후보자 Potter Stewart에 대한 인사청문회에서 여러 남부주 출신 상원의원들은 그 무렵 연방대법원이 선고하였던 기본권 관련 판결을 집중적으로 비판하였다. 최근에는 공용수용(taking)과 관련한 Kelo판결[46]이 논쟁의 대상이 되고 있다.

46) Kelo v. City of New London, 543 U. S. 113(2005). 사건에서 연방대법원은 시가 지역의 경제개발을 위하여 개인주택을 수용한 것을 합헌으로 결정하였다.

(라) 상원의원의 개인적 이해관계

세 번째는 상원의원의 개인적 이해관계이다. 이것은 다음과 같은 세 가지로 세분화 할 수 있다. 첫째, 상원의원 자신이 연방대법원 대법관직을 염두하고 있는 경우이다. 예컨대 1876년, 자신이 대법관후보자로 지명되기를 원했던 두 명의 상원의원은 당시 Rutherford B. Hayes 대통령에 의해 대법관후보자로 지명된 John Harlan에 대한 임명동의절차를 고의적으로 지연시켰다. 그럼에도 불구하고 John Harlan에 대한 임명동의안은 결국 가결되었다. 둘째, 상원의원이 대법관후보자에 대한 임명동의와 이와 전혀 무관한 문제를 결부시키는 경우이다. 만일 이러한 "거래"가 성립한다면 해당 상원의원은 임명동의에 대한 표결에서 찬성표를 던질 것이다. 셋째, 대법관후보자의 출신지역이다. 이것은 상원의원의 주 대표성과 직접적인 관계가 있다. 예컨대 1953년, 노스다코타주 출신의 William Langer 상원의원은 노스다코타주 출신의 인사가 대법관후보자로 지명될 때까지 모든 공직자에 대한 임명동의 표결에서 반대표를 던질 것이라고 하였다. 참고적으로 노스다코타주는 현재까지도 단 한명의 대법관을 배출하지 못했다. 그러나 근래에 들어서는 대통령의 지명뿐만 아니라 상원의 임명동의과정에서도 출신지역은 큰 영향을 미치지 못하고 있다.

(마) 대법관후보자의 자질과 배경

네 번째는 대법관후보자의 자질과 배경이다. 이것은 다음과 같은 다섯 가지로 세분화할 수 있다. 첫째, 대법관후보자가 논쟁적인 문제에 관여했는지 여부이다. 대법관후보자의 자질과 배경에서 상원의 임명동의 여부를 가장 결정적으로 좌우하는 항목을 꼽으라면 바로 이것을 들 수 있을 것이다. 예컨대 1795년, George Washington 대통령은 John Rutledge를 대법원장후보자로 지명하였다. 그러나 상원은 Rutledge가 제이조약(Jay Treaty)에 적극적으로 반대하였다는 것을 문제 삼아 그에 대한 임명동의안을 부결시켰다. 당시 대통령직과 상원은 모두 연방당이 장악하고 있었다는 점, 그리고 Rutledge는 연방대법원 대법관과 주대법원장을 지낸 인사였다는 점을 감안한다면 이것은 매우 주목할 만한 사건이었다. 둘째, 대법관후보자가 대통령과 친밀한 정도이다. 예컨대 Johnson 대통령의 친구였던 Abe Fortas 대법관은 재임 중에도 Johnson 대통령에 대해 정치적 조언을 아끼지 않았다. 이 사실이 드러나자 Fortas 대법관은 결국 대법관직을 사임할 수밖에 없었다. 나아가 이후 상원은 이들 간의 친밀한 관계를 문제 삼아 Fortas에 대한 대법원장임명동의안까지 부결시켰다. 셋째, 대법관후보자의 전문성이다. 이론적으로만 본다면 대법관후보자의 전문성은 상원의 임명동의과정에서 가장 크게 고려되어야 할 항목이다. 그러나 현실적으로 대법관후보자의 전문성에 따라 상원의 임명동의 여부가 좌우된 경우는 거의 찾아보기 어렵다. 다만 상원은 형식적인 차원에서 대법관후보자가 단순히 적격자인지 여부, 또는 최적격자 중의 한 명인지 여부를 심사하고 있다. 넷째, 대법관후보자에 대한 이익단체의 평가이다. 상원은 1916년, 보스톤시 출신의 변호사 Louis Brandeis에 대한 대법관후보자 임명동의과정에서 처음으로 이익단체의 압력을 경험하였다. 당시 미국변호사협회(American Bar Association)·일부 전직대통령·보스톤시의 일부 기업과 학자들은 Brandeis에 대한 임명동의에 반대하였다. 반면 노동조합·하버드대학교 법학교수·유대인 인권운동가들은 이를 찬성하였다. 이러한 상황에서 상원은 Brandeis에 대한 임명동의안을 가결하였다.

하지만 이를 계기로 이익단체가 상원의 인사청문회를 통해 특정한 이슈에 대한 자신의 입장을 밝히는 관행이 확립되었다. 마지막으로 대법관후보자의 도덕성이다. 예컨대 1991년, George H. Bush 대통령에 의해 대법관후보자로 지명된 Clarence Thomas는 성추행혐의를 받고 있었다. 이 문제는 상원의 인사청문회에서 큰 논란을 불러일으켰다. 종래에 상원은 대법관후보자의 도덕성이 문제된 경우에 그것이 단순한 루머에 불과한 것인지, 아니면 의도적인 범죄에 해당되는지는 구별하기 위해 노력해왔다.

다. 상원의 임명동의 거부에 관한 구체적 사례

상원이 대법관이나 대법원장후보자에 대해 임명동의를 거부한 사례를 살펴보기로 한다. 앞에서 언급한 바와 같이 2005년 이전까지 총 148회의 대법관·대법원장후보자 지명이 있었다. 이들 중 상원의 임명동의를 얻지 못한 후보자는 25인이다. 즉 대법관·대법원장후보자에 대한 상원의 임명동의 거부율은 약 17%에 이른다. 이러한 수치는 같은 기간에 행정부고위공직자에 대한 상원의 임명동의 거부율이 약 2%에 불과했다는 점을 감안한다면 매우 놀랄 만하다고 할 수 있다. 상원이 임명동의 거부는 대체적으로 다음과 같은 네 가지 방식으로 이루어져 왔다(괄호 안은 해당방식으로 임명동의를 얻지 못한 후보자의 숫자를 나타낸다). 첫째, 임명동의안을 본회의에서 부결시키는 것이다(12인). 둘째, 대통령에게 지명철회를 강력하게 요구하고 대통령이 이를 수용하는 것이다(6인). 셋째, 임명동의안에 대한 처리를 무기한 연기하는 것이다(2인). 넷째, 대통령의 지명에도 불구하고 임명동의절차를 전혀 진행시키지 않는 것이다(5인). 특히 본회의의 표결을 통해 임명동의가 거부된 12인의 후보자들 경우, 대체적으로 다음과 같은 공통점이 발견된다. 첫째, 대법관이나 대법원장에게 요구되는 전문성은 나름대로 훌륭했던 인사들이었다. 둘째, 이들 중 상당수는 대통령소속정당이 상원 다수당이었음에도 불구하고 임명동의를 거부당했다. 셋째, 이들에 대한 임명동의안 표결에서 표차는 비교적 근소하였다. 아래의 표는 미국헌정사에서 상원이 임명동의를 거부한 사례들 중에 주요한 것들을 정리한 것이다.

《상원에서 임명동의 거부 예》

연도	후보자 (지명된직위)	지명대통령 (소속정당)	상원의 다수당	거부방식 (표결결과)	임명동의의 거부이유
1795	John Rutledge (대법원장)	George Washington (연방당)	연방당	본회의 표결 (10:14)	· 제이조약에 대한 적극적 반대
1811	Alexander Wolcott (대법관)	James Madison (민주공화당)	민주공화당	본회의 표결 (9:24)	· 법관직에 대한 경력부족 · 과격한 성품
1844	John Spencer (대법관)	John Tyler (휘그당)	휘그당	본회의 표결 (21:26)	· 법관후보자 지명과 관련한 대통령의 부도덕성[47]
1845	George Woodward (대법관)	James Polk (민주당)	민주당	본회의 표결 (20:29)	· 이주정책에 대한 후보자의 소신

1861	Jeremiah Black (대법관)	James Buchanan (민주당)	민주당	본회의 표결 (25:26)	· 법무 및 국무장관 시절에 연방정부의 권한을 극단적으로 옹호48)
1869	Ebenezer Hoar (대법관)	Ulysses Grant (공화당)	공화당	본회의 표결 (24:33)	· 과격한 성품49)
1869	William Hornblower (대법관)	Grover Cleveland (민주당)	민주당	본회의 표결 (24:30)	· 정실인사
1894	Wheeler Peckham (대법관)	Grover Cleveland (민주당)	민주당	본회의 표결 (32:41)	· 정실인사
1930	John Parker (대법관)	Herbert Hoover (공화당)	공화당	본회의 표결 (39:41)	· 과거에 노동자와 소수인종에 대해 비우호적인 판결을 선고
1968	Abe Fortas (대법원장)	Lyndon Johnson (민주당)	민주당	후보자의 요청에 따른 대통령의 지명철회	· 대통령과의 친밀한 관계50) · 사립대학에 출강하여 대법관 급여의 약 40%에 해당하는 금액을 강의료로 수령

1969	Clement Haynsworth (대법관)	Richard Nixon (공화당)	민주당	본회의 표결 (45:55)	· 과거에 재정적 이해관계가 있었던 사건들을 자신에게 유리하게 선고 · 과거 노동조합과 민권운동단체들에 대해 비우호적인 판결을 선고
1970	Harold Carswell (대법관)	Richard Nixon (공화당)	민주당	본회의 표결 (45:51)	· 인종차별적 성향 · 평범한 자질
1987	Robert Bork (대법관)	Ronald Reagan (공화당)	민주당	본회의 표결 (42:58)	· 극단적으로 보수적인 헌법관
1987	Douglas Ginsburg (대법관)	Ronald Reagan (공화당)	민주당	대통령의 지명철회	· 마리화나 흡연 전력

47) Tyler 대통령은 처음에 민주당의 유력한 대통령후보(Martin Van Buren)를 대법관후보자로 지명하였다. 이것은 명백히 대통령 본인의 정치적 목적을 감안한 지명이었다. 이에 대해 휘그당 소속 상원의원들이 노골적으로 반발하자 Tyler 대통령은 Spencer를 새로운 내법관후보사로 지명하였다. 그러나 여전히 불쾌감이 가시지 않았던 휘그당소속 상원의원들은 Spencer에 대한 임명동의안을 부결시켰다.

48) 구체적으로 Black은 법무장관 시절에 남부의 여러 주가 연방으로부터 탈퇴했음에도 불구하고 여기에 소재한 연방정부의 재산은 보호되어야 하며, 무장반란세력을 진압하기 위한 조치가 취해져야 한다고 주장하였다. 또한 국무장관 시절에

(3) 주 법원의 법관

미국 각 주는 연방법원과는 다른 개개의 주에 맞은 고유의 법관 임용제도를 마련하고 운용하고 있기 때문에 일률적으로 그 임용제도를 설명하기는 어렵다. 그러나 법관 역시 공직인 이상 일반적인 공무원의 선발절차와 유사한 절차로서 임용된다. 앞에서 설명한 바와 같이 법관선임방법의 주요유형을 기본으로 하고 있으며 이를 다음의 3가지 유형으로 나누어 볼 수 있다. ① 선거에 의하여 선발하는 선거형, ② 주지사가 임용하는 임용형, ③ 선거와 임용을 혼합한 혼합형이 있다.

법관의 선임방법으로서 선거제를 지지하는 찬성론자는 민주주의의 책임원리상 법관도 선거를 통하여 선출함으로써 국민에게 정치적인 책임을 지며 또한 정기적으로 정치적인 평가를 받아야 한다고 주장한다.[51] 법관의 임무에 비추어 볼 때 법관은 재판절차를 통하여 중요한 국가정책을 결정하고 있으며, 또한 국민의 생명, 자유, 재산에 대하여 중대한 결정을 내리는 지위에 있기 때문에 국민에게 정치적인 책임을 져야 한다는 것이 주된 논거다.

이와는 반대로 법관선거 반대론자들의 주장은 법관을 선거에 의하

는 연방정부는 연방탈퇴를 방지하기 위한 강력한 조치를 취해야 한다고 주장하였다.

49) 구체적으로 Hoar는 법무장관 시절에 법관임명절차에서 상원 의원을 예우(Senatorial Courtesy) 하던 관행을 철폐할 것을 주장하였다.

50) 예컨대 Fortas는 대법관 시절에 백악관회의에 정기적으로 참석하였다. 여기에서 그는 연방대법원에서 심리 중인 사항을 대통령에게 보고하였다. 또한 대통령을 위하여 월남전에 반대하는 상원의원들에게 압력을 가하기도 하였다.

51) Lawrence Baum, The Supreme Court, Washington D. C.: Congressional Quarterly Press, 1981, pp. 48-50.

여 선출하게 되면 임용하는 경우와는 달리 법률에 관한 지식과 양심에 따라 정치권력으로부터 독립하여 재판하기 보다는 국민으로부터 정치적 평가를 받는 것을 더 중요시 여긴다는 것이다. 즉, 선거에 의하여 법관을 선출하면, 정치적인 분위기에 휩싸여 법률과 양심에 따라 재판을 하기 보다는, 차기에 신임을 얻기 위해서 국민의 정서와 사회의 여론의 영향을 받게 되어, 결국 재판활동이 왜곡된다는 주장이다.

법관을 임용방법만으로 선임하는 제도에 있어서는 법관의 관료화로 인한 폐해가 최대의 단점이라고 할 수 있고, 선거형의 경우에는 선거로 인한 재판의 왜곡 가능성이 가장 큰 단점이라고 할 수 있다. 법관을 선거하는 주에 있어서도 초임 법관만큼은 대부분 전임법관의 잔여 임기를 채우기 위한 법관으로 주지사에 의하여 임명되었다가 다음 선거부터 선출직 법관으로 나가는 것이 일반적인 선임방식이다.

법관임명제의 장점은 무엇보다 정치적인 외풍을 막고 능력 있는 법관을 임명할 수 있다는 점이다. 그러나 법관을 임명제로 한다는 사실만으로는 정치적 외풍을 완전히 막을 수 있는 보장책이라고 할 수 없다. 주지사가 자기의 정당에 속하고 중요한 법률문제에 있어서 자기와 견해를 같이 하는 사람을 법관으로 임명할 것이기 때문이다.[52] 주지사가 법관을 임명하기 전에 반드시 법관 추천위원회의 추천을 받고 임명을 한다고 해도 주지사의 정치적 영향력을 막을 수 있는 길은 사실상 없다.[53] 아무튼 법관임명제의 커다란 장점은 이 제도를

52) 카터(Carter) 대통령은 대통령으로 재임하는 동안 법관지명의 86%를 민주당원 중에서 지명하였다. 대한변호사협회 편, 미국연방법원판사임명에 있어서의 ABA의 역할, 대한변호사협회, 1988. 5, 37면.

통하여 인종적으로 혹은 성별로 다양하고 능력 있는 법관들을 임명할 수 있다는 점이다.

법관들이 국민의 정치적 평가를 받도록 선거제를 이용하는 것과 법관들의 사법적 독립을 보장하기 위하여 임명제를 이용하는 것 중, 과연 어느 쪽이 더 타당한 제도인가는 결코 쉽게 결론이 날 성질의 것이 아닌 것으로 보인다. 역사적, 문화적 환경과 사회적 성숙도에 따라 그 장단점이 다를 것이기 때문이다.

Ⅱ. 연방대법원의 전개과정

1. 초기의 연방대법원

(1) 연방대법원의 성립

미국 연방 헌법 제3조 제1항의 규정에 의하면 미합중국의 사법권은 하나의 대법원과 연방의회가 수시로 창설하는 하급법원에 귀속하는 것으로 규정함으로써 연방대법원만 헌법에서 직접 규정하고 나머지 연방 하급법원들의 창설에 관여하는 미합중국 의회에 재량권을 부여하였다. 연방헌법에서는 연방의회나 대통령에 관한 규정은 비교적 상세하게 기술하고 있는 것에 비하여 연방대법원을 포함한 법원에 대해서는 아주 간단히 기술하였다. 이는 연방의회로 하여금 완전

53) 대한변호사협회 편, 위의 책, 203-204면.

하고도 주 법원과는 분리된 연방법원제도를 만들기 위함이었다.[54]

또 미합중국 헌법 제3조에서는 연방대법원의 제1심 관할권(original jurisdiction)을 직접 규정하였지만 항소심관할권(appellate jurisdiction)에 관하여는 미합중국의회의 제정법률에 의하도록 위임하였다. 그리고 연방대법원의 대법관을 비롯한 연방법원의 법관의 임기에 관해서는 종신직으로 하도록 하는 규정을 별도로 두었지만, 그 밖에 연방대법원의 체계상의 지위나 정책결정에 있어서의 역할에 관한 사항에 대하여는 아무런 규정도 하지 않았다.

그리하여 1789년에 제정된 법원조직법(Judiciary Act)에서 헌법에서 규정되지 않은 사항을 구체적으로 규정하였다. 연방법원의 조직을 규정하는 한편, 미합중국 헌법의 근거에 의해 설립된 연방대법원의 관할권을 비교적 광범위하게 규정하였다. 그리고 연방대법원은 주의 각급 법원뿐만 아니라. 연방하급법원으로부터 올라온 사건을 복심법원으로서 광범위하게 심리할 수 있으며, 어떤 경우에 있어서는 연방법원의 법관들이나 연방공무원들에게 특정한 행위를 지시할 수 있는 권한까지 부여하였다.

미국의 연방대법원은 위 헌법의 규정에 따라 1790년 2월에 설립되었다. 대법관은 상원의 인준을 받아 대통령이 임명하며, 헌법에 규정된 대로 적정한 직무집행관계(during good behaviour)를 유지하고 있는 한 계속 그 직을 유지할 수 있고, 또 부정행위(misbehaviour)로 인한 상원의 탄핵판결에 의하지 않고서는 해직할 수도 없다. 대법관의 정원은 헌법사항이 아니기 때문에 법률로 변경할 수 있지만 대체

54) C. Herman Pritchett, The American Constitution System, 양승두・최량수 역, 미국헌법제도론, 박영사, 1975, 141면.

적으로 6명에서 10명 사이였으며, 1877년 이후 9명이 계속 유지되고 있다.[55]

초기 연방대법원은 존 제이(John Jay) 대법원장을 비롯해서 6인의 대법관으로 구성하였다. 미국의 법원사를 살펴보면, 처음으로 출발한 연방대법원은 활동실적이 저조하여[56] 개점 휴업상태였다.[57] 연방대법원의 활동이 저조한 상태가 지나쳐 존 제이(John Jay) 초대 대법원장이 대법원의 직무에 혐오감을 느낀 나머지 영국과의 조약을 맺으려 외교사절로 영국으로 이주하였다가 1795년에 뉴욕주의 주지사에 당선되자 기꺼이 연방대법원장직을 사임하였고, 러트릿지(Rutledge) 대법관과 해리슨(Harrison) 대법관도 연방대법관직을 버리고 주 법원의 법관으로 이직까지 할 정도였다.[58]

연방대법원이 출발하고 나서 일부 대법관으로부터 연방법원에서 사법심사권을 행사해야 한다고 주장이 나오기는 하였으나 현실적으로 사법심사가 이루어지지는 않았고, 국가정책결정에도 연방대법원이 적극적으로 참여하지 못했다. 초기 연방대법원의 활동이 이렇다 보니 1790년부터 1799년까지의 10년 동안 연방대법원이 판결을 내린 사건은 겨우 50개 정도밖에 되지 않았다. 주목할 만한 사건도 몇 개 없었

---

55) Russell W. Galloway, Justice For All?: the rich and poor in Supreme Court history 1790-1990, 안경환 역, 법은 누구편인가, 교육과학사, 1995, 3면.

56) Lawrence Baum, op. cit., p. 18.

57) 초기 연방대법원이 개점휴업상태였던 것은 사건이 연방 법원제도를 거쳐 대법원에 이르는데 상당한 시일이 소요된 점도 중요한 이유 중 하나였다. Russel W. Galloway, op. cit., p. 34.

58) 존 제이는 1801년에는 대법원장의 제의를 거절하였으며, 헨리(Patrick Henry), 커싱(William Cushing) 및 해밀턴(Alexander Hamilton)은 처음부터 대법원장직의 수락을 거부하였다. 배상오, "미국헌법상의 사법적 위헌심사에 관한 연구", 법학연구 제3권 제1호, 충남대학교 법학연구소, 1992, 45면.

다. 그 중에서 특별하게 주목되는 사건을 든다면 1793년의 Chisholm v. Georgia 사건[59]과 1796년의 Ware v. Hilton 사건[60] 정도라고 할 수 있다.

Chisholm v. Georgia 사건의 경우에는 연방대법원이 재판의 선결문제로서 청구적격인 사건성(cases and controversies)의 범위를 지나치게 넓힌 것이 문제였다. 이 판결에 의하면 각 주는 다른 주의 주민을 상대로, 주민은 다른 주를 상대로 연방법원에 소를 제기할 수 있는 것으로 판결하였다. 대법원에서 이같이 헌법의 취지를 잘못 해석하자 각 주에서 맹렬히 반발하였다. 그리하여 연방의회에서 미합중국 헌법 증보 제11조를 발의하여 연방사법권이 미치는 범위를 제한함으로써 이 판결을 번복하는 대응조치를 취하였다.[61] Ware v. Hilton 사건의 쟁점은 영국인에게 진 채무를 상환하는 문제였다. 당시 많은 주에서 이러한 부채가 정치적인 이슈가 되었고, 자연히 그 부채를 무효로 하거나 평가절하 된 신권화폐로 지불할 수 있도록 하는 법률을 제정하였다. 이 사건에 대하여 대법원은 상고심으로서 그러한 법률은 영국과 맺은 조약에 위반되고 따라서 영국의 부채는 상환해야 하는 것으로 판시하였다.[62]

(2) 마샬(John Marshall) 대법원(1801-1835)

존 마샬(John Marshall)은 1801년 미 연방대법원의 원장으로 취임

---

59) 2 U. S.(2 Dall) 419(1793).
60) 2 U. S.(3 Dall) 199(1796).
61) 양승두 · 최량수 역, 앞의 책, 145-146면
62) Russell W. Galloway, op. cit., p. 34.

하였다. 그가 대법원장으로 취임할 무렵에는 미국의 독립초기 연방주의파로서 집권하였던 조지 워싱턴(George Washington) 대통령에 이어 존 애덤스(John Adams) 대통령이 물러나고, 반대파로서 새로운 집권세력인 공화주의파인 토마스 제퍼슨(Thomas Jefferson)이 대통령으로 새로이 취임하는 시기였다.[63] 그러나 연방주의자는 그의 지지기반을 확고히 다지기 위해서 법관을 자파일색으로 임명함으로서 법원에서 두터운 보수세력을 형성하고 있었고 마샬(John Marshall) 대법원장 역시 보수세력으로서 퇴임하는 존 애덤스 대통령에 의해 임명되었다. 이렇게 법원에서는 이미 보수세력이 확고히 자리를 굳힌 후 제퍼슨 대통령이 취임함으로써 정치적으로 행정부와 법원은 긴장하지 않을 수 없었던 시기에 마샬(John Marshall)은 연방대법원장으로 취임했던 것이다.

이러한 정치적 격변의 속에서 법원사에서 길이 남을 획기적인 사건이 발생하였다. 다름 아닌 위헌심사에 관한 Marbury사건이었다. 헌법에서는 법원의 위헌심사권에 관하여 특별한 규정을 두지 않았지만 대법원에서는 이 사건을 통하여 위헌심사권을 확립하였고 미국법체계에 반석에 올려놓았기 때문이었다. 미국 법조인들에게 미국 법원 역사상 가장 중요한 인물 하나를 고르라면 압도적인 표차이로 마샬(John Marshall)을 선택할 것이 분명하다는 주장도 바로 그러한 업적 때문이었다. 보잘 것 없는 용모에 정식 법률교육을 제대로 받지 못했

63) 미국의 정당은 모두가 중산층을 지향하고 있음에도 불구하고 대체로 연방주의당, 휘그당 및 링컨 이후에의 공화당은 부유층과 손을 잡은 보수주의자이고, 그 반대의 진보성향인 제퍼슨주의 공화당, 잭슨주의 민주당 및 현재의 민주당은 빈곤층과 가깝다. Ibid., pp. 11-12.

지만, 겸손, 친절한 그는 재직기간 35년 동안 대부분 동료들의 존경을 받았다. 그는 열악한 정치환경속에서 '최후의 연방주의'라는 별명이 말해주듯이 미국주의 보수경제철학을 한 치의 양보도 없는 고집으로 놀랍게도 성공적으로 구현시켰다.[64)]

(3) 테니((Roger Taney) 대법원(1836-1864)

마샬 대법원장이 당시 잭슨 대통령과의 관계가 원만하지 않았다는 것은 잭슨 대통령의 "마샬이 판결하였으니 그가 직접 집행도 하라고 그래!"라는 말이 전해질 정도였다.[65)] 이러한 연방체계 내에서의 사법부와 행정부간의 반목도 문제였지만, 사우스캐롤라이나(South Carolina) 주가 1832년에 벌인 '연방탈퇴운동'(Ununification Movement)은 더 큰 골칫거리였다. 그 운동의 지도자인 존 칼훈(John Calhoun)의 영향력 때문에 연방탈퇴운동이 급속도로 번져 나갔으나 잭슨 대통령의 중재로 일단락되기도 하였다.

이러한 분위기 속에서 1835년 마샬 대법원장이 사망하자 잭슨 대통령[66)]은 그 후 대법원장으로 로저 테니(Roger Taney)[67)]를 임명하였다. 테니 대법원장은 잭슨주의에 따라 계약조약에 의한 기득권을 부정한 Charles River Bridge v. Warren Bridge 사건,[68)] 켄터키 주

64) Ibid., p. 35.

65) Robert G. Scigliano, The Supreme Court and the Presidency, New York: Free Press, 1971, pp. 36-39.

66) 잭슨주의의 기본노선은 국가와 경제에 대한 연방주의자와 철학을 부정하고 국가의 의무는 경제적 약자에 대한 강자의 위협을 제재하는 것이었다.

67) 대법원장으로 임명되기 전에는 불변의 민주주의자로서 법무장관직과 잭슨대통령의 참모역할을 수행하였다.

68) 36 U. S.(11 Pet.) 419(1837).

립은행의 '신용증권'(bills of credit)의 발행을 허용한 Briscose v. Bank of Kentucky 사건,[69] 주의 입법에 의한 주간통상규제를 허용한 Mayor of New York City v. Miln 사건[70] 등 일련의 진보적인 판결을 내 놓았다.

테니 대법원장은 잭슨 대통령의 예상과는 달리 자신의 정치적 견해를 전폭적으로 까지 지지하고 나선 것은 아니었다.[71] 그러나 1800년대 중반에 접어들면서 보수와 진보의 구별자체가 모호해 지고 민주당이 노예제도를 찬성하는 등 남부와 북부의 첨예한 대립 속에서 미국 연방대법원 역사상 최악의 판결이라는 혹평[72]을 현재까지 듣고 있는 Dred Scott 사건[73]의 판결문을 작성한 것을 계기로 최악의 대법원장으로 오르내리고 있다.

(4) 체이스(Salmon Chase) 대법원(1864-1873)과 웨이트(Morrison R. Waite) 대법원(1874-1888)

1) Chase 대법원

1864년 링컨 대통령은 테니의 후임으로 체이스(Salmon Chase)를 대법원장에 임명하였다. 체이스는 원래 공화당에서 주요 당직을 맡았

69) 36 U. S.(11 Pet.) 257(1837).

70) 36 U. S.(11 Pet.) 102(1837).

71) 대표적인 보수성향의 판결로서는 일리노이 주가 제정한 채무자구제법을 헌법상 계약조항의 위반이라고 한 Bronson v. Kinsie 42 U. S.(1 How) 311(1843) 사건을 들 수 있다.

72) Geoffrey R. Stone, Cass K. Sunstein, Louis M. Seidman, Mark V. Tushnet, Pamela S. Karlan, Constitutional Law, Boston: Aspen Publishers, Inc., 1991, p. 480.

73) Dred Scott v. Sandford, 60 U. S. 393(1857).

으며, 1860년부터는 재부성 장관을 역임하였다.[74] 체이스 대법원은 생각보다는 사법적극주의적인 태도를 보이면서 10년 동안 무려 10개에 달하는 연방법률을 위헌이라고 판시하였다. 이 시기에 내려진 주요 판결 중 하나가 1873년의 Slaughterhouse Cases 사건[75]이다. 이 판결은 뉴올리언즈 시 전체의 도살업을 일개 회사에 독점을 허가한 주 법의 위헌여부를 가리는 것이었는데, Chase 대법원은 이 사건에서 그 위헌심사의 준거로서 적법절차를 절차적 적법절차로 좁게 해석함으로써 경제개혁입법을 원활하게 진행할 수 있게 하였다. 그래서 일부 학자들은 체이스 대법원 시대부터 연방대법원이 헌법체제 하에서 최종중재자로서의 역할을 시작하였다는 평가한다.[76]

2) Waite 대법원

1874년 그랜트(Grant) 대통령은 체이스 대법원장의 후임으로 회사관계소송 전문 변호사인 웨이트(Morrison R. Waite)를 임명하였다. 이 시기에는 연방헌법 증보 제14조의 기능이 사법적으로 무기력하게 변했다고 말할 수 있다. 즉 연방대법원에 따르면 증보 제14조는 주에 의한 차별을 금지한다는 뜻이지 사인의 사인에 대한 차별은 규제대상이 아니라는 것이었다. 또한 이때에는 동부의 대규모 철도회사에 대항하여 벌였던 중서부의 '농민운동'(Granger Movement)[77]으로 국

---

74) Leon Friedman and Fred L. Israel, The justices of the United States Supreme Court, New York: Chelsea House, 1969, p. 1118
75) 83 U. S.(16 Wall.) 36(1873).
76) Alfred H. Kelly and Winfred A. Harbison, The American Constitution New York: W. W. Norton and Company, 1970, p. 485.
77) 1867년 시작된 농민운동은 철도회사의 경제적 남용을 견제하기 위하여 중서부 농민이 벌인 운동이었으며, 이 운동의 결과 많은 경제개혁입법이 제정되었다.

내의 큰 혼란이 일었던 시기였다.

웨이트 연방대법원이 내린 가장 중요한 판결 중의 하나가 Munn v. Illinois사건[78]이다. 웨이트 대법원장이 연방대법원을 대표하여 판결문을 작성한 이 사건은 농민운동의 결과로 제정된 곡물창고업자의 보관료에 대한 주의 규제의 유효성에 관한 것이었다. 당시 중서부 농장에서 동부시장에 이르는 곡물유통을 장악하고 있는 곡물창고업자의 보관료를 규제하기 위하여 일리노이주에서 규제입법을 하였고 창고업자는 이에 맞서 그 법률의 유효성에 대하여 소송을 제기하였다.[79] 웨이트 대법원장은 판결문에서 경찰권(police power)에는 공익(public good)을 위해서 필요한 경우 개인 재산권의 행사를 제한하는 권한을 포함하는 것으로 해석하고, 사유재산권(private property)의 행사가 공익적인 결과(public consequence)를 초래하고 사회전체에 영향을 미치게 되는 때에는 그 재산권은 공익이라는 옷으로 갈아입는다고 하였다. 공익과 관련되는 재산권을 규제하는 주의 권한을 인정하였던 것이다.

2. 근대의 연방대법원

1888년 클리블랜드(Cleveland) 대통령은 풀러(Melvile Fuller)를 대법원장으로 임명하였다. 풀러도 전임자인 웨이트처럼 법조계에 잘 알려진 인물은 아니었다. 풀러는 시카고시 은행가의 사위였으며, 철도회

78) 94 U. S. 113(1877).

79) Russell W. Galloway, op. cit., p. 104.

사 등과 같이 대기업의 변호만을 담당하던 변호사로 약간 알려져 있는 인물이었다. 1888년에서 1910년에는 연방법률에 대한 15건의 위헌판결이 있었다. 1910년에 단명한 풀러를 대신해서 연방대법원장에 임명된 인물이 화이트(White)였고 1910년부터 1920년까지 재임하였다. 그가 재임하는 동안 위헌 판결을 받은 법률은 13건의 연방법이었다.

1920년에 임명되어 1930년까지 재임하였던 태프트(Taft) 대법원장의 재임기간동안에도 13건의 연방법률이 위헌판결을 받았다. 1930년에 연방대법원장에 임명된 휴스(Hughes) 대법원장 재임기간인 1930년부터 1937년까지의 기간에도 위헌판결을 받은 연방법은 16건에 이른다. 이렇게 네 명의 대법원장이 교체되었다.

풀러 대법원장 이후 보수주의로 기울면서 경제입법에 대한 판례의 경향이 바뀌기 시작했다. Chicago, Milwaukee & St. Paul Co. v. Minnesota 사건[80]은 Munn 판례에 배치되는 것으로서 주 규제위원회의 요금결정에 대하여 사법적 구제를 부정한 미네소타주 법을 위헌으로 판결한 것을 위시해서, United States v. E. C. Knight Co. 사건[81]은 셔먼반독점법(the Sherman Antitrust)을 위헌으로 판결하는 한편, 누진소득세를 위헌 판결한 Pollock v. Farmer's Loan & Trust Co. 사건[82]에 뒤이어 In Re Debs 관련 소송[83]에 가서는 주 법원이 내린 파업금지가처분명령을 합헌으로 판결하였다. 또 1897년 Allgeyer v. Louisiana 사건[84]에 이르러서는 선판례를 완전히 깨고 실체적 적법절

80) 134 U. S. 418(1890).
81) 156 U. S. 1(1895).
82) 156 U. S. 429(1895).
83) 158 U. S. 564(1895).
84) 165 U. S. 578(1897).

차와 계약자유의 원칙을 준거로 해서 위헌성을 심사하기 시작했다. 이 시기 경제문제에 관한 판결 중 압권은 Lochner v. New York 사건[85]이었다.

3. 현대의 연방대법원

(1) 루스벨트(Franklin D. Roosevelt)시대의 대법원[86]

19세기 후반부터 빈부의 격차를 둘러싼 갈등이 격화되면서 연방의회는 경제문제에 대하여 기업의 영업행위를 규제하는 법률을 양산해내기 시작하였다. 이러한 경제개혁을 위한 연방의회의 노력에도 불구하고 연방대법원은 보수 성향을 드러내 사인의 경제행위를 규율하는 행정부의 정책에 대하여 좀처럼 받아들이지 않았다. 경제개혁정책은 매번 좌절을 당하였고, 경제규제입법의 지지자들로부터는 신랄한 비판을 받았지만,[87] 연방대법원은 아랑곳 하지 않고 로크너 판결의 경향을 그대로 답습하고 있었다. 안 좋은 경제상황에서 개혁성향의 루즈벨트(Franklin D. Roosevelt)가 대통령으로 당선됐고, 1930년대 초반 미국을 강타한 경제공황을 극복하기 위한 경제개혁입법이 쏟아지기 시작하였다.[88]

---

85) 198 U. S. 45(1905).

86) 루스벨트 대통령은 비교적 짧은 기간 내에 극적 법원을 재구성함으로써 연방대법원을 개혁하였기 때문에 당시의 법원을 '루스벨트 법원'으로 부르기도 한다. Russell W. Galloway, op. cit., p. 103.

87) 김형남, 앞의 논문, 578면.

88) 1933년 루스벨트 대통령이 취임하자마자 공약대로 경제부분에서 정부의 간섭을

보수적인 연방대법원의 판결 성향으로는 루스벨트 행정부의 경제개혁정책을 받아들이기가 쉽지 않았다. 그리하여 연방대법원은 초기 뉴딜정책의 중요한 조치였던 1933년의 '황금조항'(gold clauses)을 무효화하고 지폐로 지불할 수 있도록 한 의회합동결의안(the Joint Resolution of the Congress)을 Norman v. Baltimore & Ohio Railroad 사건[89]을 통하여 유효한 것으로 지지하기도 하였지만,[90] Panama Refining Co. v. Ryan 사건[91]에서 미합중국 대통령에게 너무 많은 권한을 부여하고 있는 뉴딜입법인 전국산업재건법(the National Industrial Recovery Act, 1933) 중 석유관련 부분을 위헌이라고 판시한 것을 비롯하여, Railroad Retirement Board v. Alton Railroad 사건[92]에서는 강제퇴직과 연금에 관한 철도직원퇴직법(the Railroad Retirement Act, 1934)을 무효화하는 판결을 하였다.

의회에서 너무 오랫동안 철도관련문제를 규제하여 왔고 경제개혁에 대한 헌법적 장애가 좀처럼 제거되지 않았다. 법원에도 어두운 그림자가 드리우기 시작한 것이었다.[93] 그럼에도 불구하고 연방대법원은 계속해서 New Deal 정책의 핵심에 속하던 실업구제와 생산성 제고를 위한 전국산업재건법을 1935년의 Schechter Poultry Corp. v.

허용하는 경제개혁입법을 무더기로 의회에 제출하였다. 소위 '100일 입법'의 기간 동안 제정한 입법이 1916년 윌슨 행정부에서 제정한 법률보다 많았을 정도였다. Russell W. Galloway, op. cit., p. 170.

89) 294 U. S. 240(1935).

90) Home Bldg. and Loan Ass' n v. Blaisdel, 290 U. S 398(1934) 사건과 Nebbia v. New York, 291 U. S. 502(1934) 사건도 New Deal을 지지한 판결이었다.

91) 293 U. S. 388(1935).

92) 295 U. S. 330(1935).

93) Gerald Gunther and Kathleen M. Sullivan, Constitutional Law 13th ed., New York: Foundation Press, 1997, p. 177.

United State 사건[94]에서 대법관 전원 일치로 무효화 했고,[95] 나아가 1936년 United States v. Butler 사건[96]에서 1933년에 제정된 농업조정법(the Agricultural Adjustment Acts)까지 위헌으로 선언하였다. 이 법률의 주요골자는 농업생산을 감축함으로써 농산물의 가격안정을 꽤하려는 것이었다. 농무성 장관에게 농작물의 경작면적을 줄이는 대신에 보조금(benefit)을 지급하는 계약을 체결할 수 있는 권한을 부여하였고, 그 재원을 특정한 가공농산물에 대하여 부과된 조세로부터 조달하려고 하였지만, 이 정책마저 수포로 돌아가게 되었다.

이러한 일련의 판결은 연방대법원이 루스벨트 행정부에 정식으로 선전포고를 하는 셈이 되었으며, 루스벨트 대통령은 이에 맞서 1937년 연방의회에 연방대법원의 '일괄 개편안'(the Court-Packing Plan)을 포함한 특별법을 제출하게 되었다. 그는 동 법안에서 만 70세 이상의 고령인 법관들은 스스로 사퇴하여야 한다고 주장하면서, 특히 평균연령이 만 70세 이상인 연방대법원의 대법관들은 더욱 자진해서 물러나야 한다는 안이었다. 만약 연방대법관들이 스스로 용단을 내리지 못한다면 6명의 새로운 대법관들을 채워 넣을 수(pack)도 있다는 최종적인 의견을 제시하였다. 이러한 이유로 인해 이 법안을 '법원 일괄개편안'(Court-Packing Plan)이라고 불렀다.[97]

---

94) 295 U. S. 602(1935).

95) 루스벨트 행정부에서는 이 판결의 선고일인 1935.5.27일을 '마의 월요일'이라고 할 정도로 충격은 컸었다. Louis Fisher, Constitutional Dialogues: interpretation as political process, Princeton: Princeton University Press, 1988, p. 210.

96) 297 U. S. 1(1936).

97) 루스벨트 대통령이 국민의 지지를 확신하여 '법원 일괄개편안'(Court-Packing Plan)을 마련하였지만, 국민은 사법심사와 관련하여 연방대법원을 정책적 의도에서 개편하는 것에는 대체적으로 반대의견을 표시하였고, 의회에 대한 견제수

이 같이 루스벨트 행정부와 연방대법원이 정치적으로 서로 맞서게 되는 최악의 대결국면이 전개되었지만,[98] 연방대법원에서는 West Coast Hotel Co. v. Parrish 사건[99]에서 한 걸음 양보하여 로크너 판결의 극치였던 Adkins v. Children's Hospital 사건[100]의 선례를 뒤엎고, 근로계약을 체결함에 있어서 경제적 약자이고 궁핍한 환경에서 벗어나기 위해서 노력하는 여성의 희생에 대하여 법률적으로 고려하는 것은 마땅한 것으로 인정함으로써 과거의 경향과는 반대로 여성에게 최저임금을 규정한 워싱턴주 법을 합헌이라고 판시하였다. 이 사건 이후 연방대법원은 사법소극주의 단서를 열어 New Deal정책을 지지하고 진보적인 경향을 보이기 시작하였다.[101] 그 이후 유사한 경향을 가진 판례들이 축적됨으로써 직접적으로 이중기준을 표현한 1938년 U. S. v. Carolene Products Co. 사건을 만들어 내는 계기가 되었다.

단으로서의 사법심사제를 그대로 보존시키기를 원하였다. 이 일괄 개편안의 전말에 관해서는 Arthur F. Sutherland, Constitutionalism in America, New York: Blaisdell Publisher, 1964, pp. 481-501 참조.

98) 루스벨트 대통령이 통과시킨 12개의 경제개혁입법이 위헌판결을 받았다. 배상오, "미국헌법상의 사법적 위헌심사에 관한 연구", 박사학위논문, 경희대학교 대학원, 1987, 48-50면 참조.

99) 300 U. S. 379(1937). 이 사건으로 로크너 판결은 영향력을 상실하게 된다.

100) 261 U. S. 525(1923).

101) 헌법해석에 있어서 헌법혁명이라고 일컬을 정도의 일대 방향전환을 히게 된 리딩 판결이었다. 헌법혁명에 관해서 상세한 것은 Arnold M. Paul, Conservative and the Rule of Law, New York: Harper Torchbooks, 1960, pp. 176-285; Archibald Cox, The Court and the Constitution, Boston: Houghton Mifflin, 1987, p. 145; Cass R., Sunstein, the Partial Constitution, Cambridge: Harvard University Press, 1993, p. 51.

(2) 워런(Earl Warren) 대법원(1953-1969)

캘리포니아주 출신이며, 캘리포니아주립대 로스쿨을 졸업한 워런(Earl Warren)은 캘리포니아주 검찰총장, 주지사를 거쳐 1953년 아이젠하워 대통령에 의해 대통령선거에서 협력한 공로를 인정받아 연방대법원장으로 임명되었다. 그는 캘리포니아 주지사를 지낼 때까지는 그냥 평범하고 보수적인 정치가에 지나지 않았으며, 법률가로서의 역량도 그다지 좋은 평가를 받지는 못했었다.[102] 그러나 연방대법원장에 취임하자 그는 시민의 인권을 가장 적극적으로 옹호하는 사법적극주의를 연방대법원내에 정착시켜나갔다.

워런 대법원장이 이처럼 사법적극주의를 실현해 나갈 수 있었던 것은 이미 기술한 Carolene 사건의 판결문 주석 4에 따른 이중기준의 원리가 확고히 자리 잡게 되었을 뿐만 아니라, 그 원리가 정신적 자유 즉, 기본적 인권 분야에 무리 없이 접목을 할 수 있기 때문이었다.[103] 이러한 바탕위에서 그의 재임기간 동안 Brown v. Board of Education 사건이나 Miranda v. Arizona 사건에 대한 인권사에 있어 길이 남을 기념비적 판결이 내려졌다. 이러한 사건들은 그를 더욱 인권옹호에 적극적이었던 대법원장으로 기억하게 해준 계기가 되었음은 물론이다.

---

102) G. Edward White, Earl Warren: A Public Life, New York: Oxford University Press, 1982, p. 4.

103) 워런 대법원이 진보주의적 색채를 띠었던 것만큼은 분명하지만 모든 사건에 있어서 진보적인 입장을 견지하였던 것은 아니었다. 김형성, "기본권에 대한 미국연방대법원판례의 최근 경향", 미국헌법연구 제14호, 미국헌법학회, 2003, 97면.

그의 노력으로 지금도 이 시기의 연방대법원은 미국 사회에서 시민적 자유를 옹호하는데 가장 적극적이었다는 평을 받고 있다. 이런 의미에서 동료였던 브레넌(William J. Brennan) 대법관은 그의 논문에서 워런을 '대단한 대법원장'(Super-Chief Justice)이라고 격찬하였다.[104] 다른 한편에선 그런 워런을 '미국의 상징적 인물'[105] 또는 보수주의에서 사법적극주의로 전환한 후 시민의 인권을 최대한 옹호하려는 그의 변화에 대해 '헌법혁명'(Constitutional Revolution)이라는 극찬 하였다.[106]

4. 연방대법원의 보수주의로의 회귀

(1) 버거(Warren E. Burger) 대법원(1969-1986)

인권옹호론자이며 사법적극주의자인 워런이 1969년 사퇴하자 미합중국 상원은 닉슨(Nixon) 대통령이 임명한 버거(Warren E. Burger)를 투표결과 74대 3으로 인준하였다. 버거 대법원장[107]은 1907년생으로 미네소타(Minnesota) 대학과 폴(St. Paul) 법대를 졸업하였으며

104) William J. Brennan. Jr., "Chief Justice Warren", Harvard Law Review, Vol. 88, No. 1, 1974, p. 1.

105) John Hart Ely, "The Chief", Harvard Law Review, Vol. 88, No. 1, 1974, pp. 11-12.

106) Edward S. Corwin, The Constitution and What it means today, 13th ed. New Jersey: Princeton University Press, 1973, p. 245.

107) 미국 연방대법원의 보수화 경향은 1969년 버거 대법원장이 취임하면서부터 시작되었다. 김형서, 앞의 논문, 100면.

폴(St. Paul)시에서 변호사로서 활동하였다. 그리고 법무성의 민사담당차관보를 1952년부터 1955년까지 역임하였고, 1956년에는 컬럼비아 지구 연방항소법원의 법관으로 임명되어 활동하였다.

1971년 10월에 닉슨 대통령은 두 명의 대법관을 추가로 임명하였는데 블랙(Hugo Black) 대법관과 할란(John Harlan) 대법관의 후임으로 각각 파웰(Lewis F. Powell, Jr.)과 렌키스트(William H. Rehnquist)를 대법관으로 임명하였다. 파웰은 무난히 인준되었으나 렌키스트는 2개월 후에야 68대 26의 투표로 인준되었다. 이는 그의 극 보수성향을 싫어한 상원의원들이 많았기 때문이라고 한다. 1907년생인 파웰은 워싱턴(Washington And Lee) 법대를 졸업하였고 하버드(Harvard) 법대로 진학하여 1년간 프랑크푸르터(Felix Frankfurter) 교수[108]의 지도를 받게 되며 그 후에 비로소 본격적인 변호사업무를 시작하게 된다. 미국변호사협회(American Bar Association, ABA)의 회장을 지내기도 한 그는 누구보다도 많은 부와 명성을 쌓았던 인물이었다.

1975년 11월에는 더글러스(Douglas) 대법관이 은퇴하게 되는데 그의 뒤를 이어 대법관이 된 사람이 바로 포드(Ford) 대통령이 임명한 스티븐스(John P. Stevens)였다. 노스웨스턴(Northwestern) 법대를 졸업한 그는 주로 반독점법(Antitrust Law)을 연구하여 대학에서 이 과목을 강의도 하였었다. 카터(Carter) 대통령은 152명의 연방법관 증원을 추진하여 41명의 여성을 연방법관으로 임명하는 등 자유주의

108) 루스벨트 대통령이 1939년 대법관으로 지명하였다. 1962년까지 대법관으로 재직하는 동안 많은 반대의견을 표명했던 것으로 유명하며, 미국 역사상 가장 대표적인 보수주의자 또는 사법자제론자로 손꼽히는 인물이다.

적 분위기를 연방사법부에 몰아넣었으나 결국 그는 단 한명의 연방대법관도 임명하지 못한 채 대권을 레이건(Reagan)에게 넘겨주고 말았다.

1981년 7월 스튜어트(Stewart) 대법관이 사임하자 레이건 대통령은 자신의 선거공약대로 여성인 오코너(Sandra O′ Connor)를 대법관으로 임명하였다. 애리조나(Arizona) 주 항소법원 법관으로 재직 중이던 오코너는 한 때 낙태자유화와 남녀평등권법(ERA, Equal Rights Amendment)에 찬성하였다하여 일부 보수 세력의 비판을 받았으나 상원에서는 예상외로 99대 0이라는 만장일치의 찬성을 얻어 대법관으로 인준되었다.

버거 대법원은 1973년 Roe v. Wade 사건[109]과 1974년의 United States v. Nixon 사건[110]을 제외한 거의 대부분의 소송에서 당사자적격(standing)요건을 아주 엄격하게 해석하는 등 지나친 사법자제, 부정적 사법적극주의를 표방하여 워런 대법원이 쌓아온 인권옹호의 금자탑을 많이 훼손시켰다는 비판을 받기도 하였다. 이러한 보수화의 물결은 렌키스트(Rehnquist) 대법원에까지 이어졌으며, 특히 미국 내 인권옹호의 가장 강력한 수단으로 작용하던 소수자 인권보호조치(Affirmative Action)의 원칙마저 허물어지는 듯한 모습을 보여주어 진보주의자들로부터 큰 비판을 받았다.

---

109) 410 U. S. 113(1973).
110) 418 U. S. 683(1974).

(2) 렌키스트(William H. Rehnquist) 대법원(1986-2005)

렌키스트 대법원은 인권옹호에 지나치게 소극적이다 보니 별 이렇다 할 판결을 찾아볼 수가 없는 것이 특징이다. 일부 표현의 자유에 대한 판결 몇 건이 의의가 있을 것으로 평가되어 소개하기로 한다.

미국 사회에서 표현의 자유는 어떻게 보면 '아이러니'[111]라고 표현할 정도로 미묘하고 민감한 영역에 속한다. 정부의 입장에서는 최대한 규제하고 싶은 것이고 시민의 입장에서는 최대한 보장받고 싶은 것이기 때문일 것이다. 그래서 과거 1919년 Schenck 판결에서 확립된 명백·현존하는 위험의 원칙이 어떤 방식으로 변화되는지를 검토하는 것에 만족할 수밖에 없는데, 역시 아래의 렌키스트 대법원의 판례 네 가지를 훑어보아도 명백·현존하는 위험의 원칙이 변화된 모습을 쉽게 찾을 수가 없다. 결국 이는 표현의 내용(content)을 규제하면 위헌이라고 하는 다소 변형된 형태로 탈바꿈했기 때문에 그러한 것이었다.

1989년 Texas v. Johnson 사건[112]에서는 실체적인 해악(substantive evils)라는 표현을 다시 한 번 사용하고 있다. 결론적으로 렌키스트 대법원은 극 보수적 성향과 확고하고 명백한 기준의 적용을 회피한 '표면적인 무효'의 기준의 적용을 확대함으로써 많은 문제점을 안고 있었다.

---

111) Owen M. Fiss, The Irony of Free Speech, Cambridge: Harvard University Press, 1996, pp. 1-4.

112) 491 U. S. 397(1989).

(3) 존 로버츠(John Glover Roberts, Jr) 대법원(2005-현재)

부시대통령에 의해 2005년 대법원장에 지명된 존 로버츠는 워싱턴 D. C. 연방항소법원 판사 출신이다. 로버츠는 낙태에 반대해온 보수성향의 이론가로 공화당의 레이건 대통령과 아버지 부시 대통령 시절 법무부와 백악관에서 근무하기도 했다. 특히 20대 후반에 렌퀴스트 당시 대법관의 서기로 일한 적이 있어 자신의 후원자(mentor)를 이어 대법원장이 되었다 2005년 로버츠가 대법원장으로 지명될 당시 보수적인 성향 때문에 민주당 일부와 진보단체들이 반대의사를 밝혔으나 찬성 78, 반대 22로 상원 인준과정은 문안했다.

로버츠 취임이후 대법원 판례를 보면 개인의 자유를 철저히 존중하였던 전통적인 입장에서 공익과 행정권의 우선적 판단권을 종중하는 방향으로 회귀하는 경향을 보이고 있으며, 하급심판단에 대하여도 이를 존중하려는 태도가 강해졌다. 구체적으로 보면 2007년 Morse v. Frederick 사건[113]에서 교내에서 시설물의 유지, 교육환경의 개선 및 관리를 위하여 관리의 책임이 있는 자가 일정한 표현을 제한할 수 있거나, 제제를 가하는 것은 헌법 증보 제1조의 언론자유의 침해가 아니다 라고 보았으며, 2007년 Sole, Secretary, Florida Department of Environmental Protection et al. v. Wyner et al. 사건[114]에서 공공장소에서는 최소한 아랫도리와 여자라면 비키니 상의를 착용해야 한다는 플로리다 수용복규칙은 헌법 증보 제1조 표현의 자유를 위반한 것이 아니라고 하여 표현의 자유의 한계문제에서 종래 성적 문제

113) 551 U. S. 393(2007).

114) http://www.supremecourt.gov/opinions/06pdf/06-531.pdf.

를 야기하지 않는 누드의 표현의 자유보장을 일부 제한하고 있다.

적법절차와 기본권관련 판결에서 2007년 Scott v. Harris 사건[115]에서 과속으로 질주하는 차량에 대하여 물리력을 행사하여 정지시키는 것은 헌법 증보 제4조를 위반하는 것이 아니라고 판시하여 영장주의의 일부 예외사항을 확대하였다. 불가피성과 급박성의 인정범위를 확대한 것이라 평가된다.

그리고 2007년 Parents Involved in Community Schools v. Seattle School District No. 1 사건[116]에서 성과 인정을 기준으로 한 공립학교의 학생배정은 헌법 증보 제14조 평등조항에 위반된다고 하였으며, 2007년 William Erickson v. Barry J. pardus et al. 사건[117]에서 C형간염에 감염된 상고인에 대하여 피상고인의 무관심은 이상하고 잔혹한 형벌에 해당하며, 상고인의 청구는 이유 있다고 한 판결은 주목할 만하다. 그러나 2007년 Panetti v. Quarterman, Director, Texas 사건[118]에서는 정신이상의 소견서를 근거로 한 사형집행정지신청을 기각한 주 법원은 연방인신보호절차와 헌법 증보 제8조의 잔혹하고 이상한 형벌조항을 위반한 것이 아니다 라고 하였다.

---

115) 550 U. S. 372(2007).
116) 551 U. S. 701(2007).
117) http://www.supremecourt.gov/opinions/06pdf/06-7317.pdf.
118) 551 U. S. 930(2007).

제3장 미국 연방대법원의 지위와 사법심사권

Ⅰ. 연방대법원의 지위

1. 최고의 사법기관

연방대법원은 최고법원으로 상고심을 관할한다. 연방지방법원・연방항소법원의 결정에 불복하거나 또는 주 대법원의 판결에 불복하는 사건 중에서 연방헌법이나 연방 법률에 관련되는 법적 문제가 있는 경우에는 당사자가 상고 할 수 있다. 연방대법원의 가장 전형적인 재판기능이 바로 이 상고심 기능이다. 이때의 상고를 특별히 상고허가신청(petition of certiorari)이라고 한다. 연방대법원은 연간 1만 건에 가까운 상고허가신청 중 약 120건 정도만이 허가를 하고 있다. 이를 '상고허가영장'(writ of certiorari)이라고 한다.

하급심사건을 연방대법원으로 이송시키는 명령인 사건이송명령인 Certiorari에는 적어도 4명의 대법관이 찬성해야 한다. 원래 이 사건이송명령장(writ of certiorari)은 영국의 고등법원 여왕좌부 또는 형평법법원이 하급법원 판사 또는 그 밖의 기관의 사법권행사 관할권의 범위를 벗어나거나 공정성을 상실하지 않는지의 여부를 심사하기 위해 국왕의 이름으로 정식기록을 제출할 것을 명하는 영장이었다. 그래서 흔히 '사건이송명령장' 또는 '절차재심명령영장'이라고 한다.[119]

이 사건이송명령제도는 신속하고도 정확한 재판을 위해 마련된 제도로서 기록상 명백한 관할권의 결여 또는 사기·착오를 이유로 취소하기 위해서 또는 판결에 대한 상소를 쉽게 하기 위한 것이다. 형사사건에 있어서는 더욱 공정한 재판을 하기 위해서 한 법원에서 다른 법원으로 이송할 때 이 제도가 이용되고, 또한 연방헌법과 관련된 중대한 사건으로 판단되는 사항에 대하여도 이 제도가 적용된다. 연방대법원은 자유재량에 입각해서 이 제도를 운용하고 있고 그 청구를 심사할 때에는 연방대법원 규칙이 정하는 기준, 즉 연방항소법원간의 충돌이나 연방헌법과 법률에 관한 사건에서 선례가 없는 경우와 연방항소법원의 판례가 연방대법원의 판례와 다른 경우 등에 따라 이를 허용할 것인지의 여부를 재량으로 결정하게 된다.[120]

2. 사법심사권을 가진 최고 정책수립기관

연방대법원이 정책적 기능을 행하고 있다는 표현은 사법심사권을 행사하고 있기 때문에 나온 것이다. 즉 사법심사의 대상이 주로 연방의회나 주 의회에서 제정된 법률이기 때문이다.[121] 국민의 대표기관

119) 최문기·김형남, 앞의 책, 66면.
120) 최문기·김형남, 앞의 책, 66-67면.
121) 김운룡, 위헌심사론, 삼지원, 1998, 32면.

으로 선거를 통해 구성된 의회의 입법이나 결정을 무효화한다는 것은 일종의 정치적인 행위라고 할 수 있다. 이러한 연방대법원의 정치적 기능 때문에 역대 대통령들은 연방대법원장을 비롯하여 연방대법관들을 임명할 때 자신이 속한 정당출신을 임명하려고 노력을 기울였던 것이다.

결국 미국 사회에서 사법심사의 대상이 되는 법률은 정치적·사회경제적 이해관계가 첨예하게 대립되어 있을 뿐만 아니라 적어도 형식적으로 현재 전체 국민들의 의사표현이라고도 볼 수 있기 때문에 이를 위헌으로 선언한다면 그 정치적 효과는 예측을 불허할 정도라고 말할 수 있겠다.[122] 결국 이러한 사법심사권을 가지고 있기 때문에 연방대법원은 최고 정책수립기관으로서의 지위를 가지는 것이다.[123]

3. 최고의 헌법해석기관

미국 헌법을 기초했던 메디슨(James Madison)은 "헌법의 원래 의미와 헌법 제정과정에서 논의되었던 많은 의견들과의 다른 점을 적절하게 추출해 내는 것이 헌법해석이며 이를 위한 절차가 바로 사법심사"[124]라고 하여 헌법해석의 의미를 밝히는 동시에 사법심사와의

---

122) Sheldon Goldman and Austin Sarat, American Court System, W. H. Freeman and Company, 1978, p. 616.

123) 우리나라에서의 헌법재판에 의한 정책수립기능에 관하여 자세한 것은 강윤원, "헌법재판에 의한 정책형성", 헌법논총 제7집, 헌법재판소, 1996, 242면.

124) H. Jefferson Powell, "James Madison's Theory of Constitutional Interpretat-

관련성도 언급하였다. 굳이 그의 견해를 인용하지 않더라도 사법심사는 헌법이라는 잣대로 행할 수밖에 없고 그렇기 때문에 사법심사를 진행해 나가기 위한 전제로서 헌법해석이 선행되어야 하는 것으로 볼 수 있다.[125]

이를 좀 더 잘 이해하기 위해서는 미국의 피스(Fiss) 교수의 표현을 음미해볼 필요가 있다. 그는 "재판절차가 바로 법해석이며, 재판절차라는 것은 법관이 성문법 규정의 의미와 가치를 자신의 것으로 받아들이고 표현하는 절차"[126]라고 주장함으로써 일반적인 재판과정이 법해석 과정임을 밝히고 있다. 그러므로 헌법이 잣대가 되는 사법심사는 당연히 헌법해석 그 자체라고 말해도 큰 무리는 없다고 볼 수 있다. 우리나라에서도 이런 뜻에서 아예 사법심사를 헌법해석과 같은 용어로 사용하는 경우도 있다.[127] 미국의 연방법원들도 사법심사를 행하고 있기 때문에 이와 같은 헌법해석을 담당하고 있음은 당연하다. 그러나 최고 헌법해석기관은 미국의 최고 법원인 연방대법원임은 부인할 수가 없다.

---

ion", Interpreting Law and Literature, Northwestern University Press, 1988, pp. 98-100.

125) 김형남, "헌법재판과 헌법해석의 상호관계에 관한 연구", 헌법학연구 제9권 제2호 한국헌법학회, 2003, 252면.

126) Owen M. Fiss, "Objectivity and Interpretation," Interpreting Law and Literature, Illinois: Northwestern University Press, 1988, p. 229.

127) 한상희, "헌법재판소의 결정례와 헌법해석", 헌법재판연구 제5권, 헌법재판소, 1994, 103면.

Ⅱ. 연방대법원의 권한

1. 권한

(1) 상고심관할권

미국 연방헌법에 명시된 연방대법원의 기본적인 권한은 제1심(original jurisdiction)과 상고심(appelate jurisdiction) 두 가지의 관할권이다. 미국 연방헌법 제3조 제2항 제2절에 의하면 "대사 기타 외교사절 및 영사에 관한 모든 사건과 주가 당사자인 사건은 대법원이 제1심 재판 관할권을 가진다"라고 규정하고 있다. 그러나 이러한 제1심 사건은 아주 희소하다. 특히 외교사절은 치외법권의 특권을 가지기 때문에 이러한 종류의 사건이 미국법원에 계속되는 경우는 거의 없다. 따라서 대법원의 주요 임무는 상고심관할권이다.

이에 관하여는 헌법 제2조 제2항 제2절 중에서 "그 이외(제1심사건)의 모든 사건에서 대법원은 의회가 정하는 사례의 경우를 제외하고는 의회가 정하는 규칙에 따라서 법률문제와 사실문제에 대하여 상고심의 관할권을 가진다"고 규정하고 있다. 헌법제정 당시의 의도는 모든 상고사건은 대법원에서 처리하려고 하였으나, 연방재판사무가 급증하여 곤란하게 되었다. 이 사무를 부담케 하기 위하여 연방순회항소법원을 설치하였으나 별 효과가 없었다.

1) 연방법원으로부터의 상고에 대한 심사권

대법원에 대한 상고는 연방순회항소법원에 의한 것이 대부분이다.

그러나 사건이 폭주하여 처리가 곤란하였기 때문에 법원조례(Judical Code)로써 그 범위를 제한하고 있다. 따라서 순회항소법원의 모든 판결에 대하여 대법원에 상고할 수 있는 것은 아니다. 1925년의 개정법원조례에 의하여 대법원은 상소사건의 접수여부에 관한 자유재량권을 가지게 되었다. 즉 순회항소법원에 주 법률에 대하여 연방헌법위반의 위헌판결을 내린 때에 상고가 인정되며, 기타 연방법원의 사건은 원칙적으로 순회상소법원이 종심이 되는 것이다.

2) 주(최고)법원의 판결에 대한 심사권

연방헌법 제3조 제2항 제2호는 ".. 그 이외의 모든 사건에 있어서 대법원은 의회가 정하는 예외의 경우를 제외하고는 의회가 정하는 규칙에 따라서 법률문제와 사실문제에 대하여 상고심의 재판관할권을 갖는다"고 규정하고 있다. 한편 연방헌법 제6조 제2항은 "이 헌법, 헌법에 의하여 제정되는 합중국 법률 및 합중국의 권한에 의하여 체결된 또는 장차 체결될 모든 조약은 국가의 최고법규이며 모든 주의 법관은 이에 구속되며 어느 주의 헌법 또는 법률 중에 배치되는 규정이 있어도 그것에 구속되지 아니 한다"고 규정하며, 연방헌법 증보 제10조는 "헌법에 의하여 합중국에 위임되지 아니하고 각 주에 금지하지 아니한 권한은 각 주 또는 인민에 유보 된다"고 규정하고 있다.

실제 1789년에 제정된 법원법(Judiciary Act)은 주 법원이 한 재판에 대한 연방대법원의 심사권은 주 법원에 의하여 판단된 연방문제에 국한된다고 규정하였다. 이리하여 연방대법원은 주 법원의 재판에 연방법상의 문제가 있는 경우에만 심사권을 갖게 되었다. 만약 연방법상의 문제가 없는 경우에도 연방대법원이 주 법원의 재판에 대하여 심사할 수 있다고 하는 법률을 제정한다면, 이는 헌법 증보 제10조에 위반될 수 있을 것이다.

주 법이 연방조약에 위배되는지 여부가 다투어진 Martin v. Hunter's Lessee 사건[128]에서 연방대법원은 주 대법원 판결의 합헌성 여부를 심사할 권한이 있는지 여부가 문제되었다. 당시 Virginia 주는 소송사건이 주 법원에서 개시된 이상 주의 행위가 연방헌법에 위반하였는지 여부는 주 대법원이 최종적으로 판단할 권한을 갖는다고 주장하였다.

이에 연방대법원은 다음과 같이 판결하였다. 연방헌법은 주의 주권을 여러 면에서 제한하고 있는데 이는 주 사법권에도 적용된다. 헌법해석은 전국적으로 통일되어야 하는데 만약 이를 통일시키지 못하면 연방헌법은 주에 따라서 그 내용이 달라질 수 있을 것이다. 그러므로 주 대법원 판결의 합헌성 여부는 연방대법원이 최종적으로 판단할 수 있다. 이 사건에서는 민사판결이 문제되었는데, 연방대법원은 Cohens v. Virginia 사건[129]에서 주 법원의 형사판결에 대한 합헌성 여부도 연방대법원이 최종적으로 판단할 수 있다고 판시하였다.

한편 연방법원은 뒤에서 보는 바와 같이 권고적 의견을 재판으로 개진할 수는 없다. 그런 점에서 만약 주 법원에서 권고적 의견을 재판으로 개진하였고, 그러한 의견이 연방헌법에 위배되는 경우에는 연방법원이 사법심사권을 행사할 수 없을 것이다.

---

128) 14 U. S. 304(1816).
129) 19 U. S. 264(1821).

(2) 사법심사권

1787년에 소집된 제헌회의(Constitutional Convention)에서 연방헌법에 법원의 위헌법률심사권에 관한 사항을 규정하는 문제에 관하여는 특별한 논의가 없었다. 그러나 대통령과 연방법관으로 구성되는 수정원(council of revision)에서 법률의 발효 전에 이를 심사하는 권한을 갖도록 하자는 Virginia주의 제안을 논의하는 과정에서 많은 주 대표들은 법원의 사법심사권을 본래 논리적으로 자명한 것이라 주장하였고, 특히 위 제안의 반대근거로서 이를 드는 주장도 있었다.[130) 독립혁명 후 1803년까지 사이에 법원의 사법심사권에 특별한 관심을 가진 주에서는 재판이나 주 헌법에서 사법심사제를 도입하였다.[131) 이와 같은 여건 하에서 미국에서 법률 등의 위헌여부를 심사하는 사법심사제도가 확립된 계기가 된 것은 1803년에 선고된 Marbury v. Madison[132) 사건이다. 사법심사권에 대한 구체적인 내용은 제3장에서 논하기로 한다.

2. 권한행사방법(certiorari)

연방대법원은 상고된 모든 사건을 재판하는 것은 아니다. 연방대법

---

130) Gerald Gunther and Kathleen M. Sullivan, Constitutional Law 13th ed., New York: Foundation Press, 1997, p. 15.
131) John E. Nowak and Ronald D. Rotunda, Constitutional Law 5th ed., New York: West Group, 1995, p. 11.
132) 5 U. S.(1 Cranch) 137(1803).

원의 재판을 받아볼 수 있는 방법에는 상소(appeal)에 의한 경우와 이송(certiorari)에 의한 경우가 있었다. 그러나 1988년 의회는 사실상 연방대법원의 상소에 의한 사건에 대한 재판권을 박탈하는 내용의 입법을 하였다. 오늘날에는 거의 모든 사건은 이송영장(writ of certiorari)에 의하여 연방대법원에 접수된다.

이송영장 발부 여부는 연방대법원의 완전한 자유재량에 속하기는 하지만 연방대법원 규칙은 일정한 기준을 제시하고 있다. 이에는 ① 연방항소법원 사이의 의견이 상반되는 사건, ② 주 최고법원 사이의 의견이 상반되거나 주 최고법원과 연방항소법원 사이의 의견이 상반되는 사건, ③ 주 최고법원이나 연방항소법원의 재판내용이 아직까지 연방대법원에 의하여 해결되지 아니한 중요한 문제에 관련되는 사건 등이 포함되어 있다. 이송영장이 발부되기 위하여서는 대법권 4인 이상의 찬성이 있어야 한다.[133] 이송영장의 발부가 거부되면 하급심 판결은 확정된다.

1997년 연방대법원에 계류 중인 상고사건수는 2,432건이었고, 그 중 이유를 기재하여 선고한 사건은 91건이었으며, 그 외 소송구조사건이 5,253건이었으나 그 중 심리를 진행한 사건은 14건에 불과하였다.[134]

한편 연방대법원의 의사정족수는 6명이고(28 USC §1), 위헌판단은 참여 재판관의 과반수에 의한다.

---

133) Supreme Court Rule 17(1).

134) Harold W. Stanley and Harold Watkins, Vital statistics on American politics 1999-2000, Congressional Quarterly, 2000, pp. 280-281.

3. 권한행사에 대한 규제

(1) 권한의 제한

연방헌법 제3조 제2항 2호가 "... 그 이외의 모든 사건에 있어서 대법원은 의회가 정하는 예외의 경우 외에는 의회가 정하는 규칙에 따라서(with such Exceptions, and under such Regulations as the Congress shall make) 법률문제와 사실문제에 대하여 상고심의 재판관할권을 갖는다"고 규정하고, 제3조 제1항이 "합중국의 사법권은 1개의 최고법원 및 의회가 수시로 제정, 설치하는 하급법원에 속한다..."고 규정하고 있어서 의회가 연방대법원 또는 연방하급법원의 권한을 제한할 수 있다.

(2) 제한의 한계

1) 연방대법원

가. 제한을 긍정적으로 보는 판례

(가) McCardle 사건[135)]

<사실관계>

남북전쟁 후 남부지역을 다스리던 군사정부는 남북전쟁 후 제정된 재건법(Reconstruction Act)에 의하여, Mississippi주 Vicksburg에서 발행되는 신문의 논설위원인 McCardle이 재건과 남부지역에 대한 군사 통치에 비판적인 글을 많이 썼다는 이유로 체포되었다. 이에

---

135) 74 U. S. 506(1869).

McCardle은 연방정부나 주 정부에 의하여 연방헌법이나 법률에 위배하여 구금된 자는 연방법원에 인신보호영장을 청구할 수 있다고 규정한 1867년에 입법된 연방법률에 근거하여, 자신을 구속한 근거가 된 재건법은 위헌이라고 주장하면서 연방항소법원에 인신보호영장을 청구하였다. 그러나 연방항소법원은 그 청구를 기각하였다. McCardle은 불복하여 연방하급법원의 인신보호영장청구사건에 대한 재판에 관하여 연방대법원이 상고심 관할권을 갖는다고 규정한 위 1867년 연방법률에 근거하여 연방대법원에 상고를 하였다.

그런데 연방의회는 연방대법원이 위 사건에 대한 변론을 마친 후 판결을 선고하기 전인 1868. 3. 연방대법원의 인신보호영장청구사건에 대한 상고심 권한을 박탈하도록 위 1867년의 연방법률을 개정하였다. 이러한 사정은 McCardle 사건에 대한 연방대법원의 관할권이 존재하는지 여부가 문제되었다.

<법정의견>

연방대법원은, 연방의회가 연방헌법 제3조 제2항에 의하여 연방대법원의 권한을 제한할 수 있고, 위 1867년의 연방법률이 개정됨으로써 McCardle이 상고한 인신보호영장청구사건에 대한 연방대법원의 재판관할권이 소멸 되었다는 이유로 상고를 각하하였다.

(나) 그 외의 사건

연방대법원은 McCardle 사건이 선고되고 수개월이 지난 후 Ex parte Yerger 사건[136]에서 상고인은 1789년의 법원법에 의하여 인신

---

136) 75 U. S.(8 Wall.) 85(1869).

보호영장청구사건에 대한 연방하급법원의 재판에 대하여 연방대법원에 상고할 수 있다고 판시하였다. 이 사건에서도 상고인은 재건법의 합헌성 여부를 다투었다. 이리하여 연방군당국은 재건법의 합헌성 여부에 관하여 연방대법원이 판단하는 것을 방지하기 위하여 상고인에 대한 모든 혐의사실을 철회하였다.

한편 Felker v. Turpin 사건[137]에서는, 주정부에 의한 수감자는 연방항소법원의 허가를 받지 않고는 연속하여 인신보호영장청구를 할 수 없다고 규정한 1996년에 제정된 반테러 및 효과적인 사형법(Antiterrorism and Effective Death Penalty Act)의 내용이 문제되었다. 위 법률은 연방항소법원에 의한 인신보호영장청구의 허가여부에 대한 재판에 대하여 상소나 이송영장에 의한 연방대법원에의 상고를 허용하지 않았다. 이에 대하여 연방대법원은 전원일치로 위 법은 합헌이라고 판시하였다. 즉 위 법률은 연방대법원이 인신보호영장청구사건에 대한 1심으로서의 재판관할권을 배제하지 않고 있으므로, 위 법률이 연방헌법 제3조 제2항의 위배하여 연방대법원의 상소권을 침해한 것은 아니라는 것이다.

나. 제한을 부정적으로 보는 판례

(가) U. S. v. Klein사건[138]

<사실관계>

Klein은, 충성요건(Loyalty requirement)을 갖춘 자, 즉 남북전쟁중 남부군(Confederacy)에게 협조하지 않았음을 입증할 수 있는 자가

---

137) 518 U. S. 651(1996).
138) 80 U. S. 128(1872).

남북전쟁 중 연방군대(federal troops)를 위하여 재산권을 박탈당하였거나 포기했으면 그에 대한 보상을 청구할 수 있다고 하는 연방 법률에 근거하여, 청구법원(Court of Claims)139)에 보상을 받기 위한 소송을 제기하였다. Klein은 대통령의 일반사면에 의하여 남북전쟁 중 남부군에 협조하지 아니하였음이 입증되므로 충성요건을 갖추게 된다고 하는 선례사건을 근거로 하였으며 하급심에서 승소하였다.

그러나 연방정부의 상소에 의하여 사건이 연방대법원에 계류 중 연방의회는 오히려 대통령의 일반사면은 청구인이 남부군을 지지하였다는 것을 의미하고, 청구법원과 연방대법원은 사면된 사건에 대하여는 재판관할권이 없다는 내용의 법률을 제정하였다.

<법정의견>

연방의회에서 새로 제정된 법률은 권력분립의 원칙에 위배되고 사법기능을 침해하였다고 보았다. 즉 위 법률은 모든 종류의 사건에 대하여 선의로 상소권을 부인하는 것이 아니고, 오히려 대통령의 사면권이 갖는 효과로서 법원이 인정한 내용을 부인하기 위한 수단에 불과하다. 그러므로 위 법률은 위헌이다 라고 보았다.

(나) 그 외의 사건

1995년 Plaut v. Spendthrift Farm, Inc. 사건140)에서는 일정한 사건을 각하한 연방대법원의 선례를 번복한 연방법률에 대하여 위헌이라고 판시하였다. 즉 연방대법원은 1991년 Lampf etc v. Gilbertson

139) 이는 1855년에 설립되어 1982년 폐지되었고, 그 관할권은 Unites States Court of Federal Claims에 승계되었다.

140) 514 U. S. 211(1995).

사건[141)]에서 증권거래법 10(b), 10(b)(5)조에 의한 사기나 기망에 의한 주식매도를 이유로 한 소송은 그러한 사실을 알게 된 날로부터 1년 이내 또는 그러한 사실이 있었던 날로부터 3년 이내에 제소하여야 한다고 판시한 바 있었다. 그런데 위 판결이 선고된 후 의회는, 위 판결이 선고되기 전에 제소되었고 위 판례가 없다면 적법한 것으로 인정되는 사건에 대하여는 적법하게 계속 소송을 진행할 수 있도록 증권거래법을 개정하였다. 이에 대하여 연방지방법원과 연방항소법원은 위 개정 법률이 위헌이라고 판시하였고, 연방대법원도 위 개정 법률은 연방대법원의 판례를 번복하여 연방대법원이 본안판단을 받을 수 없다고 판단한 당사자에 대하여 구제를 허용하는 것이기 때문에 권력분립원칙에 위배되어 위헌이라고 판시하였다.

다. 소결

위와 같은 연방대법원의 판례를 통해 몇 가지 사실을 추론해볼 수 있다. 첫째, McCardle 사건에서는 먼저 당시 적용된 1789년의 법원법(Judiciary Act)에 의하면 연방대법원은 1심 관할권으로서 인신보호영장청구사건을 재판할 권한을 갖고 있었다. 비록 1867년의 연방법률을 개정함으로써 연방의회가 연방대법원의 인신보호영장청구사건의 상고심 관할권을 박탈하더라도 구속된 자는 법원법에 근거하여 연방대법원에 인신보호영장청구를 할 수 있었다. 둘째, 1867년의 연방법률이 개정되었지만 이는 연방대법원의 상고심 관할권만 박탈할 뿐이므로 적어도 구속된 자는 연방하급법원에 인신보호영장을 청구할 수 있었다는 것이다. 이러한 사실은 Yerger 사건에서도 잘 나타나고 있

141) 501 U. S. 350(1191).

다. 셋째, McCardle 사건에서는 개정된 법률이 정부와 개인 쌍방에 대하여 대법원에의 상소권을 제한한 것이므로 그 내용이 중립적이라는 점을 지적할 수 있다.

한편 Klein 사건과 Plaut 사건에서는 연방의회가 제정한 법률은 이미 사법부가 선례를 남긴 재판내용을 부정하기 위한 것이라는 점을 지적할 수 있다. 특히 Klein 사건에서는 그 내용이 중립적이지 않다는 점도 지적할 수 있다.

그렇다고 위 각 판례에 의하여 연방의회에 의한 연방법원의 권한제한의 한계가 명확하다고 볼 수는 없다. 연방의회에 의한 연방법원의 재판권 제한에 대하여 긍정적인 학자는 그 제한이 선거에 의하여 구성되는 것이 아닌 사법부를 견제할 수 있는 중요한 민주적인 방법이라고 주장한다. 그러나 연방의회에 의한 연방법원의 재판권 제한에 대하여 부정적인 학자는 위 주장이 잘못된 민주주의의 정의에 근거하고 있고, 연방헌법의 목적에 반한다고 주장한다. 즉 전자는 민주주의를 절차적으로 다수에 의한 지배로 이해하고 있지만, 민주주의는 다수의 지배로부터 중요한 가치를 보호하는 것이므로, 연방대법원의 재판을 훼손할 수 있는 권한을 연방의회에 부여하는 것은 바람직하지 않다는 것이다.

연방의회가 연방대법원의 재판권을 제한할 경우 적어도 연방헌법상 보장되는 적법절차, 평등권 또는 언론의 자유 등은 존중되어야 한다. 예를 들이 특징한 사건에서 유색인송에 한하여 연방대법원에 상소할 권리를 박탈한다면 이는 적법절차 또는 평등권에 위배되어 위헌이 될 수 있을 것이고, 당사자의 사법적 구제를 완전히 박탈하는 정도의 제한도 위헌이 될 수 있을 것이다. 또한 주 법원이 연방대법원의 선례를 무시할 수 있을 정도로 연방대법원의 재판권을 제한하는 입법도 위헌이 될 것이다. 만약 그러한 주 법원의 판결에 대하여 연방대법원이 심사를 할 수 없다고 한다면 주 법률이 연방법률보다 상위법이 되므로 이는 연방헌법이 최고규범이라고 하는 연방헌법 제6조에 위배된다.[142]

2) 연방하급법원

연방의회의 연방하급법원의 권한 제한에 관하여는 아래와 같이 네 가지 견해가 있다.

가. 제한불가설

제한불가설은 연방헌법 제3조 제1항이 사법권은 연방대법원과 연방의회가 제정하는 입법에 의하여 설치되는 하급법원에 속한다고 규정하고, 제2항이 9개의 범주에 해당하는 사건에 관하여 관할권을 갖는 것으로 규정하고 있으므로, 일단 하급법원을 설치하기 위한 입법을 하는 이상 하급법원의 권한을 제한할 수 없다고 주장한다. 그런데 미국 역사상 이 이론이 적용된 적은 없다. 즉 1789년에 제정된 법원법(Judiciary Act)도 연방법원에 연방헌법 제3조에 규정되어 있는 모든 사건에 관한 관할권을 인정한 것은 아니었다.

나. 연방의회 재량권설

연방의회 재량권설은 연방의회가 하급법원을 설치할 것인지 여부를 결정할 권한을 갖는 이상 연방하급법원의 권한을 결정할 재량권을 갖

142) Erwin Chemerinsky, Ibid., p. 165.

는다고 주장한다. 이 이론은 1850년에 선고된 Sheldon v. Sill 사건[143]에서 최초로 적용되었다. 사건의 내용은 다음과 같다. 1789년의 법원법은 채권자와 채무자가 동일한 주에 거주하였는데 채무가 양도됨으로써 채권자와 채무 양수인이 다른 주의 거주자가 된 경우에는 연방법원이 관할권을 가질 수 없다고 규정하고 있었다. 그런데 연방헌법 제3조는 소송당사자가 동일한 주의 주민이 아닌 경우에는 연방법원이 관할권을 갖는다고만 규정하고 있을 뿐 관할권에 특별한 제한을 가하지 않고 있다. 이리하여 위 사건에서는 법원법의 관련규정이 연방헌법 제3조에 위배되는 여부가 다투어졌다. 그러나 연방대법원은 연방의회는 그의 재량에 의하여 연방하급법원의 권한을 제한할 수 있다는 이유로 위 법원법의 관련규정은 합헌이라고 판시하였다.

다. 연방하급법원 필수설

이 설은 일부 연방하급법원의 설치는 필수적이므로, 그러한 법원의 권한은 제한될 수 없다고 주장한다. 예를 들어 연방대법원의 판례에 의하면, 주 법원은 연방법 위반자에 대한 인신보호영장청구사건을 재판할 수 없고, 연방공무원에 직무집행영장을 발부할 수도 없으며, 연방대법원은 연방헌법 제3조에 의한 1심관할권에 의하여 그러한 사건을 재판할 수도 없다. 만약 연방하급법원이 없다면 그러한 사건을 재판할 수 있는 법원이 없게 된다. Washington D. C.를 관할하는 연방항소법원이 Eisentrager v. Forrestal 사건[144]에서 이 설을 적용한 바 있다. 연방 인신보호영장제도에 관한 법률은 구금된 자가 당해 법원

143) 49 U. S.(8 How.) 441(1850).
144) 174 F. 2d 961(D. C. Cir 1949).

의 관할구역 내에 있는 경우에만 관할권을 갖는다고 규정하고 있다. 그런데 인신보호영장을 청구한 자는 독일에서 군 당국에 의하여 구금되었기 때문에, 위 규정을 그대로 적용한다면 어느 연방법원도 연방헌법에 반하여 구금되었다고 주장하는 위 사건을 재판할 수 없었다. 이에 위 항소법원은 위 사건을 재판할 수 있는 법원이 없다는 것은 헌법에 위배된다는 이유로 위 사건을 재판하였다.

라. 헌법상 제한설

이 설은 연방의회가 연방하급법원의 권한을 제한할 수는 있지만 적법절차 규정 등 다른 헌법규정을 위배하여서는 안 된다고 주장한다.

4. 재판권 행사의 적법요건

(1) 사건성

재판작용은 '구체적 사건'을 전제로 하여 이에 법을 적용, 당사자 간의 분쟁을 해결하는 권력 작용이다. 즉 구체적이고 현실적인 쟁송을 대상으로 하며, 단순한 법적 질문이나 법적 해석은 그 대상이 되지 않는다. 즉 법원은 주어진 사건에 수동적으로 법규범을 적용하여 심판할 뿐이다. 재판권 행사의 적법요건은 연방법원이 재판권을 행사할 수 있는 사건을 규정한 연방헌법 제3조 제2항 제1호에 규정된 "cases and controversies"조항의 해석 · 적용문제이고, 이는 사법판단 적합성(justiciability)의 문제로 논의되고 있다.

그러나 미국헌법은 사법권 행사의 범위와 한계로서 '사건'과 '분쟁' 만을 적시하고 있을 뿐 보다 구체적인 내용에 관하여는 아무런 언급이 없다. 따라서 사건성의 구체적인 의미는 법원 스스로가 판례에 의하여 구체화해 나갈 수밖에 없었다. 지금까지 판례들은 이에 관해 ① 대립된 당사자의 존재, ② 실질적인 이익의 다툼, ③ 실재하는 사실을 바탕으로 하는 분쟁, ④ 그 내용이 확인될 수 있는 권리 등의 4가지 요건을 추출하고, 이 요건에 맞는 경우에만 진정한 의미의 '사건과 쟁송'으로 간주하고 법원은 사법권을 행사해 왔다.[145)]

이와 같은 사건성 원칙에 따라 법원은 추상적・가상적 쟁점에 대해서는 어떤 형태의 의사표시도 거부함으로써 대립된 당사자가 진정한 소송을 진행시킴으로써 법원의 판결에 기초가 되는 모든 관련사건이 충분히 노출될 수 있는 것이다.[146)] 그리고 어떤 사건 또는 쟁송이 진정한 소송으로 성립되기 위해서는 주장되는 이익이 추상적・가공적인 것이 아니고 권리로서 보장되는 구체적이고 실재하는 이익이어야 한다.[147)]

물론 이러한 사건성에 관하여 연방대법원이 항상 일관된 태도를 견지해온 것은 아니지만, 처음에 Washington 대통령이 요청했던 권고적 의견을 사건성 요건에 부합되지 않는다고 거부한 이래 이러한 사건성은 사법권 행사의 중요한 한계로서 기능을 하고 있다.[148)] 특

145) C. H. Pritchett, Constitutional Interpretation and Judical Self-Restraint, R. Scigliano, ed., The Courts, 1962, p. 99.

146) J. Black and L. Charles, Perspectives in Constitutional Law, Prentice Hall, 1963, p. 7.

147) Alabama Power Co. v. Ickes, 302 U. S. 464(1938).

148) 배상오, 앞의 논문(각주 98), 79면.

히, 법원은 사법기관으로서 법의 제정이나 정책의 수립에 관여함으로써 법원의 본질적 기능, 즉 사법작용을 일탈하지 않도록 하기 위하여 그 한계를 비교적 착실하게 고수하였다.149)

(2) 권고적 의견(advisory opinion)

구속력이 없는 권고적 의견을 개진할 수는 없다. 왜냐하면 이는 실익이 없고, 대립당사자주의라고 하는 사법본질에도 반하며, 불필요한 헌법판단의 위험이 있고, 사법우위를 지나치게 조장하여 대의민주제에 반하기 때문이다.150)

(3) 쟁송성 결여(mootness)

사법판단을 할 소송물이 소멸한 경우에는 사법심사를 할 수 없다. 즉 어떤 개인이 자신의 권리침해를 구제받기 위하여 소송을 제기하였는데, 그 소송이 진행되는 도중에 다른 방법을 통하여 그의 권리가 회복된 것과 같은 경우에는 법원은 그 소송의 쟁점이 아무리 일반적 중요성을 가지고 있더라도 판단을 해서는 안 된다. 이러한 경우 이외에도 소송물이 소멸되는 예로서는 소송 진행 중 법률이 변경되는 경우, 주장하는 불법행위의 원인이 소멸되고 재발가능성이 희박한 경우 및 당사자가 사망한 경우를 들 수 있다.

다만 이러한 사법판단이익의 소멸을 당사자가 기만적인 방법으로

---

149) Muskrat v. United States, 219 U. S. 346(1911) 사건이 대표적인 예이다. 배상의 위의 논문, 79면 참조.

150) John E. Nowak, Ronald D. Rotunda, J. Nelson Young, Constitutional Law, 2nd ed., Minnesota: West Publishing Company, 1983, p. 63.

유도하는 것을 방지하기 위하여 연방대법원은 몇 가지 예외를 인정하고 있다.

첫째, 당사자가 자발적으로 불법행위를 중지한다고 하여도 사법판단의 실익이 소멸되는 것은 아니고 재발의 가능성이 없다는 것이 증명되어야 하며,[151] 둘째, 문제의 사건이 사실상 분쟁 또는 쟁송이 계속 제기될 가능성이 예견되는 경우도 법원은 사법판단을 할 수 있으며, 셋째, 원고가 승소하여 피해를 보상받았다 하더라도 부수적인 법적 쟁점이 존재하는 경우에도 역시 사법판단의 실익이 그대로 존재한다.[152] 즉, 소송 진행 중 당사자의 피해가 구제되어서 당사자 사이에 현실적인 분쟁이 없고, 법원의 판단이 당사자에게 무용하다고 하더라도, 즉 소의 이익이 없더라도 정책적인 고려에서 사법적 판단을 할 필요가 있는 경우에는 예외적으로 재판하고 있다.[153]

(4) 성숙성(ripeness)

분쟁이 구체화되기 전에는 법원이 당사자에게 어떠한 법적판단을 할 수 없다. 사건성의 다른 요건이 갖추어진 경우에도 대상이 되는 법률로 인해 권익을 침해를 받았거나 혹은 받을 직접적인 위험이 존재하지 않으면 그 사건을 심판할 필요가 없다는 것이 성숙성의 논리이다. 즉 사건 자체가 성숙되어 있지 않은 한 어떤 판결을 하지 않는다는 것이다.

어떤 사건이 쟁송성 결의(mootness)에 저촉되지 않고 또한 당사자

---

151) U. S. v. Oregon State Medical Society, 343 U. S. 326(1952).
152) Powell v. McCormack, 395 U. S. 486(1969).
153) Erwin Chemerinsky, op. cit., p. 114.

적격의 요건도 갖추고 있는 경우에 법원이 사건의 심판을 거부하기 위하여 이 성숙성 이론을 이용한다. 물론 이것은 넓은 의미의 사건성에 포함되지만 법원이 보다 넓은 선택의 자유를 가지고 또 현실적인 편의도 함께 고려하게 된다는 점에서 쟁송성 결의나 당사자 적격과 구별된다. 이렇게 볼 때 이 성숙성이론의 논리는 한편으로는 사건성의 논리에 바탕을 두면서 내용에 있어서는 사법외적 요인이 크게 작용할 수 있다.154)

(5) 당사자 적격(standing)

모든 관계자가 소를 제기할 수 있는 것은 아니며, 특히 권리로서 보장되는 이익을 침해받는 당사자만이 법원에 소를 제기할 수 있다. 원고에게 경제적 또는 기타의 실질적인 손해나 피해가 발생하여야 하고, 원고가 당해 문제에 관련된 헌법이나 법률이 예정하고 있는 '보호이익의 범주'에 포함되어야 한다. 소송당사자로서의 적격성이 인정되기 위해서는 ① 그 침해된 이익이 개인적인 것으로서 일반시민과 함께 나누는 것이 아니어야 하며, ② 그 이익은 법적으로 보장된 것이어야 한다. 이 두 가지 요건을 충족시키는 자만이 당사자로서의 적격성을 가지게 된다. 다만 예외적으로 규제하고자 하는 법률규정이, 당사자에게는 유효하게 보이더라도 그 내용이 광범위하여 제3자에 대한 관계에서 무효에 해당하는 경우에는 위헌주장을 할 수 있다.

현대에 있어서는 공익소송의 발달과 더불어 당사자 적격의 확대가 문제되고 있으며, 이러한 현실에 따라 연방대법원도 실제로 당사자적

---

154) 김운용, 위헌법률심사의 한계, 일신사, 1976, 86면.

격을 조금씩 확대시켜오고 있다. 재판제도의 궁극적 목적이 개인의 침해받은 권익을 구제받을 기회를 주는데 있으므로 이러한 흐름은 바람직하다. 특히 헌법소송, 위헌법률심사에서 헌법 자체의 특성 때문에 비록 그 절차를 일반소송과 유사하게 한다고 하더라도 필연적으로 공적인 성격을 가질 수밖에 없다. 따라서 국민의 권익과의 관계를 우선적으로 고려하여 이를 적극적으로 보장하는 방법으로서 당사자 적격의 확대는 바람직한 방향이다.

(6) 정치문제(political question)

1) 정치문제의 의미

정치문제는 특히 위헌심사와 관련하여 중요하다. 이는 용어상 개념적으로 정립된 것도 아니고 또한 그 의미 내용에 대하여도 견해의 대립이 심하기 때문에 쉽게 다룰 수 있는 문제가 아니다.

정치문제가 '그 해결을 위해서는 법규범이 적용될 수 없는 문제'라고 했을 때 결국 순환논리에 빠지게 되어 개념정립에는 도움이 되지 않는다. 또한 정치적 문제를 권력분립 원칙과 결부시켜 사법부 이외의 정치적 성격을 갖는 부에 위임된 사항으로 이해할 수도 있다. 그러나 이때에는 헌법상의 입법재량설과 일치함으로 모든 재량사항은 곧 정치적 문제에 해당된다는 결론에 이르게 된다. 그러나 재량은 어디까지나 법적개념으로서 법 개념의 적용을 거부하는 정치적 개념은 아니다. 다만 헌법상의 재량권에 입각한 권한행사로서 합헌적인 행위로 인정되는 것이다. 결국 재량의 경우에는 재량권 자체를 남용하거나 유월하게 되는 때에 비로소 위헌성에 관한 법률문제를 낳게 된다.

'재량'은 어디까지나 법적개념으로서 재량사항에 대하여서는 법적으로 위헌심사가 배제되는 것임에 반하여 정치적 문제는 처음부터 정치적 고려에 의하여 위헌심사가 배제되는 것이다.

'정치적 문제'라는 용어는 실제로 지금까지 위헌심사에서 배제되는 모든 사항을 설명하기 위하여 사용되어 왔기 때문에 일반화하여 설명하기 곤란하다. 그러나 비록 헌법기관의 행위일지라도 고도의 정치성을 띤 행위에 대한 위헌심사 자체가 많은 제약을 받는다는 사실은 부인하기 어렵다. 사법적 성격을 가진 위헌심사는 본질적으로 법률문제만을 대상으로 하며, 정치적 문제는 그 심사대상이 될 수 없기 때문이다.

일반적으로 정치적 문제란 정치현상에 관련된 모든 사항을 말하지만 적어도 위헌법률심사에 관한 한 그것은 의회의 권한 중에서 특히 고도의 정치성을 지닌 행위가 위헌여부의 문제로 부각되었을 때 이르는 말이다. 물론 이처럼 정치성을 띤 행위일지라도 헌법상의 수권행위인 만큼 그것이 법률행위라는 점을 부인할 수 없을 것이며, 적어도 이 점만을 중요시한다면 국가기관의 어떠한 행위도 법률행위로 인정되어 위헌심사에서 제외될 수는 없을 것이다. 위헌여부에 관한 문제는 본질적으로 법률문제임과 동시에 비록 정도의 차가 있지만, 정치문제이기 마련이다. 따라서 외형적인 법률문제만을 보고 내용적인 정치성을 위헌법률심사와 무관한 것으로 보는 경우는 정치적 문제란 처음부터 인정될 수 없을 것이다. 반면에 외형적으로 나타난 법률문제는 제쳐놓고 오히려 그 내면에 자리 잡고 있는 정치성만을 중시하여 모든 위헌여부에 관한 문제를 일률적으로 정치적 문제로만 보는 경우에 위헌심사는 사법적으로 행해지기보다 정치적 기관에 의하여 정치적 방식으로 행해져야 한다는 결론에 이르게 된다.

그러나 정치적 문제의 논리는 처음부터 법 이론에서부터 출발한 점을 주목해야 한다. 위헌심사권자의 정치적 안목과 판단에 입각하여 이에 개입하지 않기 위하여 관계된 모든 문제를 정치적 문제로 보아 위헌심사를 거부하고 그렇게 함으로써 위헌심사권 자체를 수호한다는 것이 정치적 문제의 논리가 의도하는 것이었다. 미국의 경우에 정치적 문제를 사법적 권한에 속하지 않는 것으로 비교적 일관성 있게 주장되어 지고 있다.[155]

2) 정치적 문제의 구체적인 내용

정치적 문제가 구체적으로 무엇을 의미하는지 판례를 통해 살펴보면, 합법적인 정부의 판단 사건[156]에서 로드아일랜드주에 있는 구정부와 혁명에 의한 신정부의 어느 편에 합법성을 인정할 것인가 하는 점이 문제되었다. 즉 혁명정부 지지자인 Luther는 Borden에 대하여 자기 주택을 파괴하고 침입한데 대하여 손해배상을 청구하였다. Borden은 반란이 일어나서 계엄령이 선포되고 자기는 구정부의 의용군으로서 Luther를 체포하도록 명령을 받았다고 주장하였다. 연방대법원은 연방헌법 제4조 제4항[157]의 보장조항에 관한 해석문제이므로 법원이 판단할 문제가 아니라는 이유로 증거조사도 하지 아니한 채 판결을 보류하였고, 그 동안에 대통령이 이전 정부를 합법적인 정부로 인정하고 신

155) 배상오, 앞의 논문(각주 96), 90-93면.
156) Luther v. Borden, 48 U. S.(7 How.) 1(1849).
157) 합중국은 각 주에 대하여 공화정체를 보장하고 각 주의 의회 또는(의회를 소집할 수 없을 때) 행정부의 요구에 의하여 주내의 폭동에 대하여 각 주를 보호한다(연방 헌법 제4조 제4항).

정부를 탄압하자 비로소 법원은 재판을 진행하여 Luther의 청구를 기각하였다.

헌법개정 문제에 있어서 헌법 개정안에 대한 주 상원에서 비준의 효력이 문제된 사건[158]에서 비준절차와 비준의 실익에 관한 정치적 결정은 연방의회가 최종적으로 결정할 사항이고, 의회가 기준을 제시하지 아니하는 경우에는 주 내에서 정치적 과정을 통하여 해결되어야 할 사항이라고 판시하였다.

연방의회의원의 자격에 관한 의회의 자율적 심사권과 관련한 연방의회의원으로 선출된 자의 자격인준을 결의에 의하여 거부한 사건[159]에서 연방대법원은 연방헌법 제1조 제5항 제2호에 의하여 의회가 의원을 제명할 수는 있지만 결의에 의하여 의원이 되는 것을 막을 수는 없다고 판시하였다. 외교문제에 있어서 대만과의 단교사건[160]에서 연방대법원은 외교단교문제는 정치문제라고 판시하였다.

선거구획정사건[161]에서 선거구획정문제는 정치적 문제가 아니어서 사법권이 미친다고 판시하였다. 이 사건에서 연방대법원은 정치적인 문제의 판단기준을 제시하였다. ① 헌법에 의하여 설치된 다른 헌법기관의 권한에 관한 사건, ② 문제해결에 필요한 사법적 기준의 정립과 적용이 불가능한 사건, ③ 명백히 입법 또는 행정기관에 의한 정책결정이 선행되지 않고는 결정할 수 없는 사건, ④ 공조관계에 있는 타 부처의 권위를 손상시키지 않고는 독립적인 결정이 불가능한 사건, ⑤ 이미 행하여진 정치적 결정을 특별히 존중하여야 할 필요성이

158) Coleman v. Miller, 307 U. S. 433(1939).
159) Powell v. McCormack, 395 U. S. 486(1969).
160) Goldwater v. Carter, 444 U. S. 996(1979).
161) Baker v. Carr, 369 U. S. 186(1962).

있는 사건, ⑥ 여러 부처가 불필요하게 충돌하거나 대립할 가능성이 농후한 사건이 정치적 문제에 해당한다.

(7) 연방법원의 판단유보

연방법원이 주 법상의 문제에 대하여 관할권이 있는 경우라도 주 사법체계의 일관성과 독립성을 도모한다는 정책적 배려 하에서 주 법에 대한 판단을 유보하는 경우가 있는데, 이를 연방법원의 판단유보(abstention) 원칙이라 부른다. 이 원칙을 권력분립원칙의 한 측면이라고 보는 견해[162]도 있는데, 이는 실정법 또는 헌법의 문언이 요구하는 원칙은 아니며, 연방법원이 연방체제의 특성에 유의하여 스스로 사법적 판단을 자제하는 측면에서 발전된 판례법상의 이론이다.

이 원칙이 뜻하는 바는 연방법원 관할권을 가지고 있지만 주 법원이 주 법에 대한 유권적인 해석을 완료할 때까지 본안판결을 유보해야 한다는 것이다.[163] 이와 같은 사법판단유보의 원칙은 주 법원의 독립성을 보장하는데, 같은 취지에서 주 공무원의 위헌적인 직무집행 행위의 정지를 명하는 가처분이나 위헌선언을 위한 판결을 연방법원에 청구한 경우에 주 법원이 이에 상응하는 절차를 규정하고 있으며, 또한 그에 의하여 동일한 목적을 달성할 수 있다면 연방법원은 주 법원에 판단을 위임하여야 한다는 것이다. 이것이 바로 Younger V. Harris 사건[164]에서 연방대법원이 개진한 논리다. 이러한 판단유보의

162) Martin H. Redish, Abstention, Separation of Powers, and the Limits of the Judical Function, 94 Yale L. J., 1984, p. 71ff.
163) Railroad Commission of Texas v. Pullman, 312 U. S. 496(1941).
164) 401 U. S. 37(1971).

원칙은 역시 연방사법부가 스스로 발전시킨 자제의 원칙으로서 사법적 위헌심사권의 중요한 원칙이다.[165]

Ⅲ. 사법심사권의 행사

1. 사법심사권의 성립과정

(1) 사법심사권의 의의

사법심사권은 법원이 정부를 구성하는 여러 기관들의 행위가 헌법에 일치하는지 여부를 결정할 수 있는 권한을 말한다. 만일 법원이 위헌이라고 판단한다면 그 행위는 무효라고 선언되어질 것이다. 사법심사는 주로 연방이나 주 의회를 통과한 법안의 위헌 여부를 다루지만 실제 그 대상 영역은 훨씬 넓다. 대통령, 행정부 각 기관 또는 기타 정부기구들에 의한 행위를 모두 다룬다. 연방대법원을 특별하게 만든 권한은 사법부가 아닌 정부기관의 행위에 대한 헌법적 심사권이라고도 한다.[166] Owen Roberts 대법관은 Butler 사건에서 사법심사에 대해 다음과 같이 유명한 문장을 남겼다.

"헌법은 국민에 의해 규정되고 제정된 최상위법이다. 모든 법률은 헌법상 원칙에 부합해야 한다. 의회의 입법행위가 헌법에 위배된다는

165) 배상오, 앞의 논문(각주 98), 96-97면.
166) Alexander M. Bickel, op. cit., p. 1.

이유로 적정한 절차에 따라 법원에 재판을 받게 되는 경우 법원이 하여야 할 유일한 의무는 문제된 법률과 관련 헌법조문을 나란히 놓고 그 법률이 헌법조문에 위반되는지 여부를 판단하는 것이다."[167]

많은 헌법학자들은 Roberts의 표현을 두고 사법과정을 너무 단순화시켰다고 보기도 하지만, 이는 사법심사의 핵심을 보여주고 있다.

사법심사권을 정부 각종 기관들의 행위에 대한 위헌여부를 심사하는 권한이라고 정의하기 위해서는 법원이 이런 중요한 권한을 어떻게 획득하였는가에 대해 먼저 이해할 필요가 있다. 이를 위해서는 대법원이 실질적으로 스스로에게 사법심사 권한을 부여한 Marbury v. Madison 사건을 이해해야 한다. 구체적인 내용은 아래의 (2) 사법심사권의 성립배경에서 살펴보고자 한다.

(2) 사법심사권의 성립배경

1) 헌법제정시의 논의

제헌회의를 소집할 당시 위헌심사제는 각 주로부터 광범위한 지지를 받고는 있었지만, 제헌회의에서 이 문제를 공식적으로 거론한 적은 없었다. '수정원'을 설립하자는 제안이 있기는 하였지만 찬반투표에서 부결되었다. 대부분의 대표들이 사법심사제의 필요성과 그 존재에 관하여 비슷한 견해를 표명하였다. 수정원을 법원에 부여하자는 제안에 반대하는 소수의 대표도 그 권한이 이미 존재하고 있으며 또한 계속 존속할 것이라는 점까지 부정할 수는 없었다.[168]

---

167) United States v. Butler, 297 U. S. 1(1936) at 62.
168) 윤명선, 앞의 논문, 108면.

정치적 자유를 보장받기 위해서는 권력분립과 견제와 균형의 원리에 입각한 입헌주의(constitutionalism)의 원리를 채택하지 않을 수 없고, 그러기 위해서는 정치권력을 견제하기 위한 적절한 수단이 필요하였다. 사법심사도 그러한 수단의 일종으로 고안해 낸 것이었다. 그렇기 때문에 당시 사법심사는 혁명적 사고로서 확고하게 자리를 잡고 있어서 그 존재만큼은 분명했다.[169] 이에 대하여 애초부터 헌법기초자들이 사법심사권을 대법원에 부여할 의사가 없었다고 의심하는 주장이 제기되기도 했지만, 이에 대한 반론도 만만치 않았다.[170]

매디슨(Madison)은 국민들 스스로 제정한 헌법에 위배된 법은 법관들에 의해 무효라는 판결이 내려질 것으로 분명하게 언급했다.[171] 그러나 사법심사제의 발전에 크게 공헌한 사람은 해밀턴(Hamilton)이었다. 그는 사법부를 실력이나 의지를 가지고 있지 않으면서, 오로지 판단(judgement)만을 가지고 그마저도 그것을 실현하기 위해서 행정부의 도움을 받아야 할 정도로 국가기관 중에서 가장 연약한(feeble) 부서라는 속성을 지닌 것으로 보았다.[172] 입법부와 행정부 특히 입법부의 침해로부터 자기를 방어하는 헌법적 보루로서 법관의 종신직을 주장하였고, 그러한 법관의 독립성의 발휘로 종국적으로 부정적이고 편파적인 법을 막아주는 공정한 사법부의 기능을 하게 된

---

169) 윤명선, 위의 논문, 108면.

170) 양재열·정성일 역, 앞의 책, 177면.

171) Bemard Bailyn and Jane N. Garrett, Pamphlets of the American Revolution, 170-1766, Cambridge: Belknap Press of Harvard University Press, 1965, p. 414.

172) Alexander Hamilton, The Federalist, No. 78, in ed. Roy P. Fairfield, The Federalist Paper, Baltimore: The Johns Hopkins University Press, 1981, p. 227.

다는 관점에서 입법부에 대한 사법적 통제기능을 역설하였다.[173] 견제와 균형의 원리에서 한걸음 더 나아가 물론 권력분립을 보장하는 수단으로까지 생각하고 있었던 것이다.

그러나 제정된 성문헌법에는 사법심사에 관한 명문의 조항을 채택하지 않았다. 연방헌법을 비준하는 과정에서 각 주에서 이 문제에 관한 찬반토론을 벌이기는 했지만, 연방헌법이 이와 같이 사법심사제에 관하여 침묵을 지킨 이유는 첫째, 그 제도를 1787년까지는 법원의 정상적인 기능으로 간주하고 있었고, 둘째, 사법심사의 관념을 일반 국민들이 수락하지 않을 것으로 보았다는 것이다.[174] 그리고 입법부의 권한이 제한될 경우에는 만들지 않겠다는 의미도 함축되어 있다.[175]

제헌회의 당시 대표자들의 토론 내용만으로 헌법기초자 등의 원래 의도를 소상히 밝힐 수는 없는 일이다. 또한 국민의 반대를 염려할 만한 상황도 아니었던 것이다. 헌법기초자들이 입법부에 대한 견제수단으로 사법심사제를 예견했던 것은 분명했지만,[176] 이 분야에서 법원의 역할이 광범하게 확대되리라고는 예측하지 못한데서 비롯되었다는 것이[177] 보편적 견해이다.

2) Marbury v. Madison 사건

헌법학자인 Craig R. Ducat은 우선적으로 Marbury 사건관련 내용을 다루지 않고는 헌법판례집이란 존재할 수 없다고 하였다.[178]

---

173) 양재열·정성일 역, 앞의 책, 178면.
174) 윤명선, 앞의 논문, 110면.
175) 박남규, The Great Rehearsal, 홍익출판사, 2010, 196면.
176) 양재열·정성일 역, 앞의 책, 177면.
177) 윤명선, 앞의 논문, 110면.
178) Craig R. Ducat, Modes of Constitutional Interpretation, Minnesota: West

Ducat의 주장은 Marbury 사건의 중요성을 강조한 것으로서, 사법심사권한이 없다면 대법원은 헌법을 살아있는 조문으로 전환시킬 수 없다는 것을 의미한다. 따라서 Marbury 사건은 사법심사에 대한 이해뿐만 아니라 전체적인 헌법의 발전과정을 이해하는 데 필수적이다. Marbury 사건이 중요한 만큼 몇 가지 역사적 배경을 논하는 것을 시작으로 판결의 전반적인 내용을 살펴보기로 한다.

Marbury 사건은 실제 1800년 선거에서 시작된다. 당시 의회는 John Adams와 Alexander Hamilton 주도의 연방주의파와 Thomas Jefferson과 James Madison이 이끈 민주공화파가 주도하고 있었다. 1800년 선거에서 연방주의파는 치명적인 패배를 당하였다. 이를 바탕으로 제퍼슨은 하원에서 치러진 대통령 선거에서 애덤스를 이겼다. 동시에 민주공화파로 불리든 제퍼슨 추종자들은 상·하 양원을 장악하게 되었다. 제퍼슨 추종자들은 연방주의파들에게 다시는 회복할 수 없는 패배를 안겨준 것으로 생각하였다. 한편 신임 대통령은 다음 해 3월 4일이 되어야 취임할 수 있었기 때문에, 애덤스는 1800년 후반기 선거일로부터 위 취임일까지 레임덕에 빠진 상태로 대통령직을 수행하였고179) 같은 기간 동안 의회도 역시 레임덕에 빠진 상태로 연방주의파가 지배하였다.

연방주의파는 정치적으로 궁지에 몰린 사실을 알았으나, 그들의 패배를 부인하려고 하지 않았다. 그 대신에 여전히 자신들의 통제하에 있는 국가기구 중 사법부에 자신들의 영향력을 계속 미치게 하려고

Publishing, 1978, p. 1.

179) 이 같은 대통령의 취임일은 1933년 헌법 증보 제20조에 의해 1월 20일로 바뀌기 전까지 변동 없이 유지되었다.

하였다. 1801년 2월 3일 연방주의파가 지배하던 의회에서는 16개의 연방순회항소법원 판사직 신설안을 통과시켰고, 수주일 후에는 워싱턴 D. C.지역에 42개의 치안판사직(justice of the peace)을 마련하는 법안을 통과시켰다.

애덤스 대통령은 즉각 해당 직위에 사람을 임명하고 상원은 이를 통과시킴으로써 신설된 자리에는 각각 사람들이 임명되었다. 제퍼슨 추종자들은 연방주의파의 뻔뻔스런 사법부 장악 계획에 분개했지만, 이를 저지할 만한 특별한 방법이 없었다.

여기서 Marbury 사건이 전개된다. 급하게 판사직이 신설되고 임명되는 바람에 애덤스 행정부는 실제로 1801년 3월 3일 밤늦게 까지도 임명절차를 마무리하지 못하였다.[180] 임명장 수여 책임자는 국무장관이던 John Mashall이었다. 마샬은 너무 바빠 개별적으로는 임명장을 직접 전달할 수 없었기 때문에 동생인 James에게 이와 관련한 업무를 위임하였다. James가 시간상 모든 임명장을 전달할 수 없었기 때문에 결국 임명장 12개(William Marbury의 것 포함)는 국무장관의 책상서랍에 남겨지게 되었다. 결국 이렇게 남겨진 임명장들은 그해 후반에 제퍼슨에 의해 새로 임명된 국무장관인 James Madison의 손에 들어가게 되었다. 제퍼슨은 위 자리들은 당파적 이해관계 때문에 급조된 불필요한 조직으로 판단하여 Madison 국무장관으로 하여금 위 12장의 임명장을 전달하지 말라고 명령했다. 이제 분쟁은 제퍼슨 행정부와 연방주의파가 지배하는 연방대법원이 정면대결을 하게 되는 구도로 바뀐다.

---

180) 이러한 이유로 이때 임명된 자들은 '심야의 법관들'로 불리어지게 되었다.

William Marbury 외 3인은 임명장을 수여받기 위한 소송을 제기했다. 1789년 의회는 미국의 연방법원체계를 구축하기 위해 사법에 관한 법(Judiciary Act)을 제정했다. 동법 제13조는 대법원이 "미국 정부의 위임 아래 지정된 법원이나 공무소 운영 책임자들에게 원칙과 법률의 사용례에 따라 '임명장 발부를 명령'(writ of mandamus) 할 수 있다"고 규정하고 있었다.[181] writ of mandamus는 공무원으로 하여금 기속행위를 실행토록 하는 법원의 명령이다. 따라서 Marbury는 위 제13조에 따라 James Madison을 상대로 대법원에 제소할 수 있었다. Marbury의 청구취지는 Madison이 임명을 보류할 아무런 권한이 없으므로 대법원이 Madison에게 임명장의 전달을 명해야 한다는 것이다. 하지만 제퍼슨 추종자들이 집권 이후 위 법에 반하는 여러 법을 제정하는 바람에 위 사안은 1803년까지 법원의 결정이 내려지지 않았다.

1803년 당시의 미국의 대법원장은 다름 아닌 John Marshall이었다. Marbury 사건은 마샬 대법원장에게 많은 시련을 가져다주었다. 첫째, Marbury가 임명장을 전달받지 못한 것에 대한 책임자로서 Marbury를 구해주어야 했다. 둘째, 마샬의 대법관 임명 자체가 비난을 받고 있었다. 법원을 연방주의파로 채우려는 연방주의파의 전략에서 아담스 대통령은 전임 대법원장인 Oliver Ellsworth가 나이가 많다는 이유로 사임토록 유도한 후 젊은 Marshall을 그 자리에 임명하였던 것이다. 셋째로, 첨예한 당파적 사건이 대법원의 존엄성을 위협할 수 있었다. 만일 대법원이 명령을 내리지 않으면 국민들은 연방주

181) Marbury v. Madison, 5 U. S.(1 Cranch) 137(1803), at 173.

의파가 임명한 다른 모든 연방직의 유효성에 대해 의문을 제기할 것이었다. 만일 대법원이 Marbury에 유리한 판결을 선고하면 당파적 사안을 공정해야 할 대법원이 자기 당파에 유리하게 처리하였다는 책임을 면키 어려웠다. 끝으로 당시 제퍼슨 대통령은 대법원에서 자신들에게 불리한 판결을 할 경우 이에 따르지 않을 것이 자명하였다. 그 대신에 대중적 지지를 기반으로 하여 대법원 명령을 정면으로 반박할 것이고, 이럴 경우 대법원으로서는 적절한 대응책이 없었다. 나중에 사법적 판단의 결정판이라고 불리게 된 Marbury 사건이지만, 당시에는 아무도 이길 수 없을 것만 같은 게임 한가운데 마샬이 놓여 있던 것이다.

마샬 대법원장은 대법원에 대해 제기된 3가지 질문에 대해 숙고했다. 첫째는 "Marbury는 그가 요구하는 위 임명장을 받을 권리를 가지고 있는가?"였다. 마샬은 Marbury에게 당연히 그러한 권리가 있다고 판결했다. 즉 합법적으로 의회가 제정한 법률에 따라 신설한 자리이고, 대통령이 법에 따라 그 자리에 Marbury를 임명한 데다 상원의 동의를 받았기 때문이다. Marbury는 명백히 법적으로 위와 같은 요구를 할 권리를 갖고 있었다.

두 번째 질문은 "만일 Marbury가 법적 권리가 있고 이를 침해당했다면 법이 그에게 이를 회복할 수 있는 권한을 부여하는가?"였다. 마샬은 이 점에 대해서도 역시 긍정을 했는데, 그 논거는 회복 책이 없는 권한부여는 의미가 없다는 것이다. 마샬은 writ of mandamus를 논하면서 임명장을 수여하는 것은 국무성의 자유재량행위가 아니라는 것이다. 달리 말하면 국무장관의 임명장 전달행위는 본질이 단순한 행정적이고 서기적 업무이므로 이를 거부할 권리가 없다는 것이었다. 따라서 writ of mandamus는 이 사건에게 적절한 치유책이라 할 수 있다.

그러나 세 번째 질문에 대한 답에서 마샬은 폭탄선언과 같은 언급을 했다. 질문은 “만일 Marbury가 법적인 회복책을 가질 권한이 있다면 그것이 바로 대법원이 발하는 기속행위 이행명령(issuing mandamus)인가?”이다. 마샬이 부정적인 답변을 제공한 핵심문구는 “대법원이 발하는 기속행위 이행명령”이다. 사실상 마샬은 기술적으로 Marbury의 청구를 기각한 것이다. Marshall의 논거에 따르면 대법원은 Marbury 사안을 심리할 관할권이 없다는 것이다. 그러나 위법 제13조가 구체적으로 미국 정부의 위임 아래 있는 공무소 운영책임자에 대해 대법원이 writ of mandamus를 명령할 수 있도록 규정하고 있는가에 대해 마샬은 동조하였지만 위 제13조 자체가 위헌이어서 무효라는 것이다. 헌법에 따르면 대법원은 단지 두 종류의 재판관할권을 갖는다는 것이다. 대법원에서 다루는 모든 사건에 대해 대법원은 원심관할이든지, 아니면 상소심관할이다. 그러나 헌법은 대법원이 원심관할인 사건을 외국대사 관련사건 및 주(州)간 분쟁에 대한 사건으로 한정하였다. 위 제13조를 규정함으로써 의회는 본의든 본의가 아니든 대법원의 원심관할이 인정되는 제3의 영역을 만든 것인데, 헌법상 의회에는 그러한 권한이 없었다. 대법원의 원심재판 관할권을 확대 및 축소할 수 있는 유일한 방법은 헌법에 규정된 내용에 따라 개헌을 하는 것이다. 의회가 위 제13조의 규정을 제정하는 것과 같은 방법으로 대법원의 고유한 재판 관할권을 변경시키는 것은 최고법인 성문헌법의 입법취지를 훼손하는 것이다. 따라서 Marbury가 활용한 법조문은 무효이며, 대법원은 이 사건에 대한 재판관할권이 없고 따라서 Marbury 사건은 기각되었던 것이다.

Marbury 사건으로 마샬 대법원장은 대법원(각급 법원 포함)에 사법심사의 권한을 부여하였다. 헌법상에 사법심사에 대한 어떠한 구체적인 언급도 없음을 알아야 한다. 마샬은 위헌입법을 무효화시킬 수 있는 권한이 존재한다는 점을 추론해낸 다음 사법부는 법률이 헌법에 위배되었을 때 위헌 결정을 내릴 수 있다고 결론지었다. 마샬은 성문헌법이 다른 어떤 법률보다 상위에 있음을 선포함으로써 첫 번째 목적을 달성했는데, 이에 따르지 않으면 성문헌법은 의미가 없어진다는 논리에 기초했던 것이다. 다음으로 헌법은 처음부터 의회가 본의 아니게 헌법에 배치되는 법률을 제정할 가능성이 있다는 점을 인식하고 있었다는 점을 강조했다. 헌법 제6조는 "헌법과 헌법에 따라 제정된 법률은 미국의 최상위법이다"라고 규정하고 있다. 따라서 마샬은 헌법에 따라 제정되지 아니한 법률은 최상위법이 아니므로 어떤 개인이든 집단이든 우선 법률이 헌법에 합치하는지 여부를 결정하여야 한다고 하였다.

헌법에 반하는 법률은 무효라는 원칙을 정립한 다음 마샬은 그 결정권한을 사법부에 부여하였다. 마샬은 "무엇이 법인지를 말하는 것은 분명히 사법부 고유의 의무이다"라는 점을 간단 명료하게 선언한 것이다. 마샬은 법관은 헌법을 준수하겠다고 선서하기 때문에 명백히 헌법에 위배된 법률에 직면하게 되었을 때는 그 법률이 무효라는 점을 선언해야 한다고 주장했다.

마샬 대법원장은 Marbury 사건판결로 여러 목적을 달성하였다.

첫째, 임명장을 개별적으로 전달하지 못함으로써 자초한 딜레마에서 자신을 구해냈다. 연방주의파가 장악한 대법원에서 Marbury에게 유리한 결정을 하지 않았기 때문에 당파적 판결이라는 비난을 면할 수 있었다. 게다가 대법원은 잠재적 위험요소인 제퍼슨 대통령과의 대립을 피할 수도 있었다. 대통령은 법원의 결정이 '임명장 수여'로 나더라도 이를 따르지 않고 임명장 수여를 거부했을 것으로 예상되어졌는데, 이 판결로 대통령도 공개적으로 법원의 권위에 도전할 필요가 없어졌던 것이다. 둘째, 마샬은 그가 정리한 앞의 두 질문에 대한 답변을 통해 법률상 Marbury의 것임이 분명한 임명장을 전달하지 못하도록 지시한 대통령을 비난했다. 셋째, 대법원이 정치권 위에 존재함을 확인시킴으로써 권위를 세웠다. 넷째, 무엇보다도 마샬은 대법원과 법원의 미래를 위해 사법심사권을 확보했다. 당시 대법원은 연방주의파에 의해 장악되어 있었기 때문에 이 판결을 통해 제퍼슨 추종자들에게 의회를 통과한 법률이더라도 언젠가는 연방주의자들에 의해 정밀심사를 받게 될 것이라는 점을 인식시키는 계기가 되었다. 이와 같이 잠재적인 위력이 있음에도 불구하고 연방대법원은 위 판결 이후 54년간 의회를 통과한 법률을 무효화 하는데 이 권한을 사용하지 않았다.[182]

182) In 1857, the Supreme Court invalidated the Missouri Compromise in the Dred Scott case.

2. 사법심사권에 관한 찬·반 논의

(1) 논의의 배경

사법심사권의 유효성은 헌법적인 지지를 받고는 있지만, 과연 헌법에 명문 규정이 없는 사법심사권을 법원에 부여할 수 있는가라는 사법심사제도의 정당성에 관한 문제는 수많은 찬·반 논쟁의 대상이 되었다.

이러한 논쟁 중에서 역사적인 자료에 근거하여 그 정당성을 인정하려는 입장과 이에 반대하는 입장의 대립이 있다. 그 정당성을 인정하려는 입장은 헌법제정회의에서의 논의나 「연방주의자」(Federalist Paper)[183] 등에서, 법원이 위헌법률의 무효를 선언할 수 있도록 하자는 입장이 발견되므로 헌법의 기초자들은 사법심사권을 인정하려고 하였다고 주장한다. 이러한 긍정적인 논의에 대해서도 물론 적지 않은 반론이 있다. 특히 사법심사제는 선거를 통해 국민으로부터 권한을 부여받고, 또 책임을 지는 공무원들이 정책을 결정해야 한다는 민주주의 원리에 반한다 주장이 강력하다. 즉, 종신으로 임명되는 법관들은 국민에 대해 직접 책임을 지지 않기 때문에 비민주적이며,[184]

183) Alxender Hamilton, James Madison, John Jay 등이 새로 제정된 헌법의 필요성과 내용을 알려 헌법 비준에 대한 지지를 얻기 위해 1787년 10월부터 1788년 8월까지 모두 85편의 글을 신문에 투고하였다. 이 글을 모은 것이 The Federalist Papers이다. 이 글의 내용은 연방대법원이나 수많은 법학자들이 헌법을 해석할 때 자주 인용하고 있는 중요한 자료다(Clinton Rossiter, The Federalist Paper, 1961, 김동영 역, 페더랄리스트 페이퍼, 한울아카데미, 1995 참조).

184) Frankfurter대법관에 의하면, 사법심사는 "국민의 정부에 대한 제약"(a limitation on popular government)이므로, 사법부는 비민주적인 기관이라고 한다.

이러한 비민주적인 기관이 국민다수의 의지를 대표하는 의회의 법률을 무효라고 하는 것은 당연히 비민주적이라고 한다.[185] 또한 법률을 위헌이라고 선언하는 사법심사는 국민의 대표가 내린 정책결정을 법관의 결정으로 대체하게 된다는 점에서 민주주의의 핵심제도인 선거제도를 사실상 부정하게 된다는 점도 지적되고 있다. 그리고 앞의 논의처럼 연방대법원은 헌법상의 명문 규정 없이 판례에 의해 사법심사권을 창설하여 장악했기 때문에, 사법심사권은 탈취한 권력이므로 정당성이 없다는 주장도 제기된다.[186] 또한 사법심사라는 이름으로 사법부는 실제로 헌법상 부여된 사법권을 넘어서서 권한을 행사하므로 권력분립의 원리에도 어긋난다는 지적도 있다. 즉, 권력분립의 원리는 헌법상 보장된 권리를 명백하게 침해하지 않는 한 사법부는 선거로 구성된 타기관의 정책결정을 존중하여야 함에도 불구하고 사법심사는 이에 어긋난다고 한다.

민주주의에 근거한 이러한 반론에 대해 사법심사제의 민주적인 정당성을 긍정하는 입장에서는 우선, 미국 헌법이 다수자 지배 원칙만 규정하고 있는 것이 아니라 다수자의 횡포를 견제하기 위한 제도적 장치도 두고 있으며, 그 중 하나가 사법심사제라고 한다.[187] 그리고 민주주의란 무 제약의 다수자주의(unchecked majoritarianism)나 의

(Minersville School District v. Gobitis, 310 U. S. 586, 600(1940)). 이 판결은 국기에 대한 경례를 거부한 여호와의 증인을 공립학교에서 퇴학시킨 조치는 합헌이라고 한 것이다.

185) Arthur E. Sutherland, Constitutionalism in America, New York: Blaisdell Publishing Co. 1965, p. 32.

186) Ibid., p. 32.

187) Harry H. Wellington, "The Nature of Judicial Review", Vol. 91, No. 3 The Yale L. J., 1982, pp. 487-492

회주권(parliamentary sovereignity)이 아니며 다수자 지배와 민주주의가 동의어는 아니라고 한다. 소수자의 권리를 보장하는 경우에만 다수자 지배는 절차적인 정당성을 획득할 수 있다. 헌법은 다수자의 독재를 방지하기 위한 '반다수자적 문서'(antimajoritarian document)를 의미하므로 헌법에는 다수자의 횡포로부터 소수자를 보호하기 위한 실질적인 가치가 권리장전 등에 포함되어 있다고 한다.[188] 이러한 가치를 보장하는 것은 헌법에 구현된 민주주의 이념을 보장하는 것이므로 사법심사는 민주적인 성격을 가진다고 한다. 또한 권력에 대한 합리적 제약은 민주주의에 모순되는 것이 아니라 오히려 민주주의의 요체에 해당한다고 주장한다. 그리고 법관이 헌법을 적용하여 재판하는 과정에서 가지게 되는 논리필연적인 권한이 사법심사권이므로 이를 탈취한 권한이라고 하기는 곤란하다고 반박한다. 또한 법원의 위헌심사는 위헌으로 판단된 법률의 적용을 소극적으로 거부할 뿐이므로 권력분립의 원칙에 위배된다는 주장은 근거가 없다고 한다.

이와 같이 최근의 논의는 사법심사제 자체의 정당성에 관한 논의로부터 벗어나, 사법심사제의 정당성은 인정하면서 사법심사제와 대의민주주의를 조화시키려는 논의가 등장하게 된다. 즉, 앞과 같이 사법심사제 자체를 이론적으로 정당화할 수 있다고 하더라도 사법심사권의 행사를 가능한 제약하고 한계를 가하려는 논의가 중심문제로 등장하게 된다. 이것이 사법심사제의 민주적 정당성 혹은 사법심사제와 다수자주의의 문제이다.

---

188) 이러한 가치를 찾을 수 있는 원천을 둘러싼 논의가 헌법해석논쟁이다.

(2) 사법심사권의 민주적 정당성

사법심사제에 대한 가장 근본적인 비판은 이 제도가 민주주의에 반한다는 것이다. 즉, 대의제 민주주의에서 국민의 다수자가 선출한 대표자가 내린 정책결정을 국민이 직접 선출하지도, 국민에 대해 책임지지도 않는 법원이 무효라고 선언하는 사법심사권의 행사가 과연 민주주의와 조화될 수 있느냐는 비판이 그것이다. 이러한 사법심사의 민주적 정당성 문제는 이를 '반다수자적 어려움'(counter majoritarian difficulty)[189]이라는 독창적인 용어로 표현한 Bickel의 문제제기 이후 수많은 사람들이 이 문제를 다루고 있지만, 각자가 제시하는 논거나 주장하는 이론은 아주 다양하다. 사법심사제의 민주적 정당성 문제에 관한 구체적인 논의를 살펴보기 전에, 이 논의에서 문제가 되는 두 원리인 사법심사제와 입헌주의 원리부터 검토할 필요가 있다.

1) 입헌민주주의와 사법심사권

입헌민주주의(constitutional democracy)는 민주주의 원리와 입헌주의 원리에 동시에 따르는 정치원리를 의미한다. 또한 사법적 입헌민주주의(judicial constitutional democracy)는 일정한 상황에서 민주적인 의사결정을 헌법적인 제약에 복종시키는 임무를 사법부에 부여하는 정치원리를 말한다.[190] 물론 이론적으로든 실천적으로든 입헌민주주의가 반드시 사법심사를 요구하는 것은 아니며, 미국 입헌민주주의에서 사법부만이 입법부나 행정부가 내린 결정의 합헌성을 검토할

189) Alexander M. Bickel, op cit., p. 16.

190) Steven P. Croley, "The Majoritarian Difficulty: Elective Judiciaries and the Rule of Law", 62 Chi. L. Rev., 1995, p. 700.

권위를 가지는 것도 아니다.[191] 다만 일정한 상황에서 사법부는 특정한 정치적 결정의 합헌성을 가장 우월한 지위에서 평가할 수 있다는 의미이다.[192]

사법부가 이러한 임무를 담당하게 된 것은, 다른 두 부서의 구성원보다 사법부의 구성원인 법관들이 정치적 압력으로부터 상대적으로 독립되어 있다는 이유 때문이었다. 이처럼 법관이 정치적으로 자유롭다는 이유로 사법부에 인정했던 사법심사제를 이제는 국민에 대해 책임을 지지 않는 것은 민주주의에 반한다는 이유로 사법심사의 정당성을 문제 삼게 되었다는 것은 아이러니한 점이다. 이러한 사법심사와 직접적인 관련이 있는 입헌민주주의의 두 가지 원리를 살펴보자.

가. 입헌민주주의의 두 원리

입헌민주주의의 원리 중 하나는, 다수자가 지배해야 한다는 원리이다. 이에 의하면, 다수자의 권력에 대한 제한은 정당화될 수 없다고 주장할 것이다. 다른 원리에 의하면 개인과 소수자가 가진 일정한 권리는 다수자의 의지보다 우월하다고 한다. 이 원리는 다수자지배 원리와 상충될 것이다. 이처럼 입헌민주주의 두 가지 원리는 극단적으로는 서로 모순되거나 적어도 사실상 긴장관계에 있다.

이에 대해 Stephen Holmes는 다음과 같이 지적하고 있다.[193] 일정

191) 단적으로 영국만을 보아도 미국의 사법심사제와 유사한 제도를 가지고 있지 않으며, 미국 대통령이 가진 법률안거부권은 법률인이 위헌이라는 이유에 근거하여 서명을 거부하는 측면을 지니고 있다.

192) 우월하다는 것은 입법부나 행정부의 결정을 사법부가 위헌이라고 판결하면, 이들 정치기관으로서는 이에 대응할 현실적인 방법이 거의 없다는 점에서 그러하다. 물론 후에 보듯이 제도적으로는 다양한 대응방법이 존재한다.

193) Stephen Holmes, "Precommitment and the Paradox of Democracy", in

한 관점에서 보면, "입헌주의는 본질적으로 반민주적(antidemocratic)이다. 헌법은 기본적으로 민주적인 절차로부터 일정한 결정을 제거하여 공동체의 손을 묶는 기능"을 하고 있다. 그리하여 "민주주의자(democrat)는 헌법적인 제약으로 인하여 민주주의가 무력하게 될 것을 염려하고 있으며, 반면 입헌주의자는 민주적인 과잉으로 인하여 헌법적 제약이 무너질까 두려워하는" 차이가 있음에도 불구하고, 두 입장 모두 "입헌주의와 민주주의 사이에는 거의 화해할 수 없는 긴장이 존재한다는 점에 대해서는 일치"하고 있다고 한다.[194)]

R. Bork는 이러한 긴장관계를 Madison주의의 딜레마(Madisonian dilemma)라고 한다. 이러한 딜레마를 해결하는 것이 법원의 중심적인 문제라고 지적하면서 그는 다음과 같이 지적하고 있다.[195)] 즉, 미국 민주주의 기초가 된 Madison주의 체제에는 "지속적으로 조화시켜야 할 서로 상반되는 두개의 원리가 포함되어 있다. 하나는 다수자가 원하면, 단지 그들이 다수자라는 이유만으로 넓은 생활 영역을 지배할 권한이 있다는 자치(self-government)라는 원리이다. 다른 하나는 그럼에도 불구하고 다수자가 소수자에게 행해서는 안 되는 일정한 사항이 존재한다는, 즉 일정한 생활영역에서는 다수자의 지배로부터 소수자가 자유로워야만 한다"는 원리이다. 그 결과 "다수자가 지배할 자유와 지배받지 않을 개인의 자유는 영원히 긴장관계"에 머물게 된

Constitutionalism and Democracy, Hohn Elster and Rune Slagstad eds, Cambridge: Cambridge University Press, 1988, pp. 195-197.

194) 그는 "입헌민주주의"라는 용어는 모순어법(oxymoron)이라고 한다. Ibid., p. 197.

195) Robert Bork, The Tempting of America: The Political Seduction of the Law, New York: Free Press, 1990, p. 139.

다고 한다. 이 때 "다수자는 물론 소수자에게도 민주적인 권위와 개인적인 자유의 영역을 적절하게 정의하는 권한을 부여할 수 없다는 점"이 딜레마이다. 이러한 권한을 다수자나 소수자 중 어느 쪽에 부여하더라도 다수자에 의한 혹은 소수자에 의한 전제(tyranny)에 이를 위험이 있기 때문이다.196) 이처럼 상충되는 민주주의와 입헌주의는 각각 어떠한 내용을 가지고 있는 원리인가를 살펴보자.

(가) 민주주의

국민에 의한 통치를 의미하는197) 민주주의는 그 정치공동체의 모든 구성원에게 정치적 의사결정 과정에서 동등한 발언권을 보장한다. 다양한 이유로 이러한 이상이 제대로 실현되지 못하여 현실적인 정치권력의 불평등을 초래하고 있기는 하지만, 적어도 민주적인 염원(democratic aspiration)에 의하면 모든 정치공동체의 구성원은 형식상 정치적 평등을 누린다고 한다.198) 모든 구성원이 정치적으로 평등

---

196) R. Bork는 또한 헌법은 이 문제를 다음의 3가지 방법, 첫째는 연방정부의 권한을 제한하는 방법, 둘째는 대통령, 상원 그리고 하원의 선거권자와 선거시기를 달리하는 방법, 마지막으로 권리장전(Bill of Rights)을 규정하는 방법 등으로 다루고 있다고 지적한다(Ibid., p. 139). Bickel도 "법에 따른 민주적인 통치"라는 "표어는 서로 반대되는 두 방향을 지지하고 있으며..."라고 지적하고 있다(Alexander M. Bickel, op. cit., p. 27).

197) Arend Lijphart도 민주주의에 대한 정의 중 이렇게 "국민에 의한 통치(정부)라는 의미가 가장 기본적이고 가장 널리 쓰이는 것"이라고 한다. 또한 그는 "인민이 원하는 바에 부응하는 정부"를 뜻하는 "인민을 위한 정부"라는 정의도 가능하다고 한다. 다만 이상적인 민주주의정부는 그 행위가 "모든 시민이 원하는 것에 완전히 부응하는 정부"이어야 하지만, 이러한 정부는 있은 적도, 또 앞으로 있을 수도 없다고 한다(Arend Lijphart, Democracies: Patterns of Majoritarian and Consensus Government in Twenty-One Countries, New Haven and London: Yale Uni. Press, 1984, 최명 역, 민주국가론, 법문사, 1985, 12면.

한 발언권을 가진다면 결과적으로 가장 많은 지지를 얻은 정책이 채택되어 지배할 것이다. Bickel은 "민주주의는 피치자의 동의를 획득하는 절차에 중점을 두어 의사 결정자를 변경하고 결정자의 정책을 거부하는 궁극적인 권한을 다수자가 가진다는 사상에 의해 유지된다"고 지적하고 있다.[199] 이렇게 보면 다수자주의는 사실상 민주주의 이론에 내포되어 있으며, 많은 경우 민주주의의 특징을 다수자 지배라고 주장하게 된다.[200]

현대의 가장 유명한 민주주의 이론가의 한사람인 R. Dahl도 "민주주의 이론의 전역사에 걸쳐, '민주주의'는 정치적 평등, 인민주권, 그리고 다수자에 의한 지배 등과 동일시되었다"고 지적하고 있다.[201] S. Croley는 민주주의의 "다수자주의적 원리"를 다음과 같이 정리하고 있다.[202] 즉, "모든 자격 있는 정치공동체의 구성원은 그 공동체의 정치적인 결정과정에서 동등한 투표권을 가지며, 다수 구성원의 지지를 얻은 정치적 결정은 다수의 지지를 얻었다는 이유로 승리한다." 이러한 정리는 현대의 대의제 민주주의가 지닌 중요한 측면인 대표자의 정치적 의사결정과정에 대해서는 불충분한 설명이지만, 다수자 지배에 관해서는 충분히 언급하고 있다.

---

198) 이러한 이론적인 이상을 표현하는 민주주의에 상대적으로 가까이 접근한 현실적 정치 공동체를 Robert Dahl은 "polyarchy"라고 표현하고 있으며, 이를 "다두정치, 다두정 혹은 다두제" 등으로 옮길 수 있다. 최명 역, 위의 책, 12면.

199) Alexander M. Bickel, op. cit., p. 27.

200) J. Ely도 다수자 지배는 "미국 민주제의 '핵심'이다"고 한다(John Hart Ely, Democracy and Distrust: A Theory of Judicial Review, Cambridge: Harvard University Press, 1980, p. 7.

201) Robert A. Dahl, A Preface to Democratic Theory, Chicago: University of Chicago, 1956, p. 34.

202) Steven Croley, op. cit., p. 703.

(나) 입헌주의

위와 같이 민주주의를 정리하면 민주주의는 다수자에게 정치적 결정을 맡기게 된다.[203] 그러나 보다 완전한 민주적인 정부라는 개념에는 이러한 다수자의 권한을 제약하는 원리도 포함되어 있다. "다수자가 원하는 것은 무엇이든 한다거나 혹은 해야 한다는 의미로 민주주의를 주장하거나 정의한 사람은 없으며, 모든 주장이나 정의에는 다수자에 대한 제약이라는 사상이 포함되어 있다"는 R. Dahl의 언급은 이러한 점을 명확히 지적하고 있다.[204] 이렇게 다수자주의에 대해 제한을 가하려는 생각은 일정한 원리의 형태를 취하게 되며 이 원리는 입헌주의의 기초를 이루게 된다. 역사적으로 볼 때 입헌주의는 비민주적(비다수적) 정치권력의 행사를 두려워한 것만큼이나 다수자주의도 두려워하였다는 점에 뿌리를 두고 있다.[205] 입헌주의는 민주적인 권력의 범위, 즉 다수자주의(majoritarianism)의 적용범위를 제한하려고 한다. 다수자가 통제할 수 없는 일정한 영역을 '권리'(right)라고 한다면, 개인은 다수자의 권력에 의한 침해에 대항하는 이러한 권리를 가지게 된다.

R. Dworkin은, "미국의 통치체제가 의거하는 헌법 이론은 단순한 다수자지배 이론(majoritarian theory)만은 아니다"고 한다. 때문에 특히 헌법 중의 권리장전은 "다수자가 생각하기에 전체이익 혹은 공통이익이 되는 것에 따라 행동하는 경우조차도, 다수자가 이루려고 하

---

203) 법에는 입법자의 편견이 반영될 수 있으므로, 법의 지배만으로는 다수자 권력의 남용을 제한할 수 없다는 점을 인정할 수 있을 것이다.

204) R. Dahl, op. cit., p. 36,

205) Akhil R. Amar, "The Bill of Rights as a Constitution", 100 Yale Law Journal, 1991, pp. 1132-1133.

는 일정한 결정으로부터 개인이나 집단을 보호"하려는 것이라고 한다. 이러한 헌법적인 제약에는 "배심재판을 받을 권리처럼 명확한 경우도 있지만, 법의 평등보호를 부정할 수 없다는 경우처럼 막연한(vague) 경우"도 있다. "헌법의 기초자들은, 개인이 다수자에 대해 가지는 도덕적 권리에 호소함으로써" 이러한 제약을 정당화할 수 있다고 생각하였으며, 특히 권리장전의 규정이 "명확하든 막연하든, 인정하고 보호하고 있는 도덕적 권리에 호소함으로써" 이러한 제약을 정당화 할 수 있다고 한다.[206] 이렇게 R. Dworkin은, 다수자에 대항하는 권리는 헌법에 포함되어 있으며, 그 권리는 명시적으로 열거되어 있을 수도 있고, 묵시적으로 함축되어 있을 수도 있다고 한다. 때문에 헌법의 중요한 목적은 정당한 다수자의 권력과 개인의 자율 사이에 경계를 설정하는 것이라고 보게 된다. 이러한 개인의 자율을 보호하는 권리에는 다수자가 행사할 권력을 직접 제한하는 실체적인 권리와 다수자의 권력행사방법을 제한하는 절차적인 권리가 있을 수 있다. 그러므로 보호되는 개인의 자율 영역을 침해하거나, 법에 규정되지 않은 방식으로 개인의 자율에 간섭하는 다수자의 권력 행사는 정당성을 상실할 것이다.

이렇게 본다면 입헌주의가 보장하는 원리는 우선, "다수자의 권위는 개인이 다수자에 대해 가지는 헌법적 권리에 의해 제한된다. 실체적이건 절차적이건 이러한 권리와 저촉되는 다수자의 정책은 효력이 상실된다"라고 정리할 수 있을 것이다.[207] 헌법은 다수자의 결정에

---

206) Ronald Dworkin, Taking Rights Seriously, Cambridge: Harvard University Press, 1987, pp. 132-133.
207) S. Croley, op. cit., p. 705.

내해 일정한 제약을 규정함으로써, 이러한 입헌주의 원리를 구현하고 있다. 그렇다고 입헌주의가 다수자적 민주주의와 양립할 수 없다는 것은 아니다. 다수자의 결정은 헌법이 보장하는 권리와 조화될 수 있는가 여부의 심사를 받게 된다는 점에서 입헌주의는 민주적 다수자가 내린 중요한 결정을 신뢰할 수 있도록 유지하는 메카니즘으로 작동한다.[208] 이제 문제는 헌법상의 다수자와 통상적인 다수자 사이의 대립으로 전환된다. S. Holmes는 이 관계를, “헌법은 맑은 정신의 Peter이지만, 유권자는 술취한 Peter이다”고 표현하고 있다.[209] 이렇게 입헌주의 원리에 따라 다수자적 민주주의를 제약할 수 있다는 주장을 정당화하는 가장 통상적인 근거는 그 다수가 개인의 자유와 권리를 위협한다는 것이다. 그러면 입헌주의의 보호, 즉 개인의 자유와 권리를 다수자적 위협으로부터 누가 어떻게 보호해야 하느냐는 문제가 제기된다. 여기서 사법적 입헌민주주의가 등장하게 된다.

나. 사법적 입헌민주주의

이렇게 다수자 지배를 제약하며 개인의 자유와 권리를 보장하는 헌법이 존재하는 경우 우선 두 가지 문제가 제기된다. 하나는 누가 그 헌법을 유권적으로 해석하느냐는 문제이며, 다른 하나는 그러한 유권적인 해석권을 인정하는 이유는 무엇이냐의 문제이다.

이에 대해 Hamilton은 사법부의 독립성을 이유로 사법부가 연방헌

---

208) 뒤에서 보듯이 Alexander M. Bickel의 주장이 이러한 내용과 관련된다.

209) S. Holmes, op. cit., p. 196. 그러나 맑은 정신의 Peter가 술취한 Peter보다 우선되어야 하는 이유는 무엇이며, 왜 유권자가 맑은 정신의 Peter가 될 수는 없는 것인가? 또 Peter가 술이 취했다거나 맑은 정신이라고 판단할 권위는 누가 가지는가와 같은 문제가 제기될 수 있다.

법의 유권적 해석자가 되어야 한다고 주장한다. 그는 정치적 압력으로부터 벗어날 수 있다는 점에서 사법부가 이러한 임무를 적절히 수행할 수 있다고 한다. 이렇게 사법부의 독립이 필요한 한 가지 이유는 헌법적인 권리의 보장을 위한 것이라고 한다. 또한 "법관의 종신임기만큼 사법부의 확고함과 독립성에 기여할 수 있는 제도는 없다"라며 종신임기제를 사법부의 "필수불가결한 요소"로 인정하고 있다.[210] 종신임기를 누리지 못하는 법관은, 심각한 억압으로부터 그 공동체의 소수자를 보호하기 어렵기 때문이라고 한다.[211] A. Amar도, 우리는 지금 "연방대법원이 개인이 지닌 헌법적 권리라는 이름으로 주의 법률과 행정행위를 무효화시키는 세계에 살고" 있으며, "많은 사람들은 주 정부의 행위는 개인과 소수자의 권리를 본질적으로 위협하는 것이며, 연방법원을 이러한 권리의 특별한 보호자로 생각하는 전통을 인정하고 있다"고 지적하고 있다.[212]

(가) 사법부의 독립과 책임

사법부의 독립을 논할 때 가장 중요한 점은 연방사법부가 선거로부터 독립되어 있다는 사실이다. 선거상의 독립은 다수자의 침해로부터 헌법상의 권리를 보장하려는 경우 큰 효력을 지니고 있다. 민주주의자는 이러한 독립 때문에 법관은 모든 정치권력에 정당성을 부여하는 궁극적인 원천인 국민에 대해 책임을 지지 않게 된다고 주장한다. 이렇게 책임을 지지 않아도 될 경우 법관들은 다수자의 의사를 제약할 수 있을 것이다. 특히 문제되는 것은 현재 다수자 자신의 판

210) 김동영 역, 앞의 책, 459면.
211) 김동영 역, 위의 책, 461-462면.
212) Akhil R. Amar, op. cit., p. 1133.

단으로는 자신의 행위가 헌법적인 한계를 벗어나지 않은 경우조차도 최종적인 헌법해석자인 법관들은 다수자의 결정이 헌법적인 한계를 벗어났다는 이유로 번복할 수 있다는 점이다.

이처럼 연방사법부는 선거로부터는 독립되어 있지만, 공식적으로는 물론 비공식적으로도 다수자에 대해 책임을 지고 있다. 첫째, 사법부의 결정이 헌법개정에 의해 공식적으로 번복된다는 사실이다. 다수자가 이러한 개정권을 행사할 현실적인 가능성이 거의 없다는 것은 분명하지만,[213] 그럼에도 불구하고 사법부에 대해 다수자가 가진 중요한 견제권이라고 해야 할 것이다. 둘째, 연방법원의 관할권에 관해 연방헌법이 구체적으로 규정하고 있지 않다는 점에서[214] 사법부는 다수자를 대표하는 연방의회에 의해 제약될 수 있다.[215] 연방법원의 판결이 그다지 대중적인 지지를 얻지 못한 경우 이러한 견제권이 제안되곤 하였다.[216] 셋째, 연방사법부는 자신의 결정이 집행되기 위해

---

213) 미 합중국 헌법 제정이후 헌법 개정에 의해 연방대법원의 판결을 번복된 것은 4번이다. Chisholm v. Georgia, 2 U. S.(2 Dall) 419(1793) 판결은 증보 제11조, Scott v. Sandford, 60 U. S.(39 How.) 393(1857) 판결은 증보 제14조, Pollak v. Farmer's Loan & Trust Co., 157 U. S. 429(1895) 판결은 증보 제16조, 그리고 Oregon v. Mitcell, 400 U. S. 112(1970) 판결은 증보 제26조 등에 의해 번복되었다.

214) 연방헌법 제3조 제2항에서는 연방법원의 관할권을 '열거'하고 있다.

215) Michael J. Perry는 사법부를 통제하는 다른 방법은 비효율적이라며 거부하고, 연방의회의 관할권 통제가 완전하지는 않지만, 중요한 방법이라고 주장하고 있다. Michael J. Perry, The Constitution, The Courts, and Human Rights, New Haver: Yale University Press, 1982, pp. 126-138.

216) 낙태, 학교기도, 버스통학 등과 관련하여 연방대법원이 내린 판결에 대해 이러한 제안이 있었다. 최근의 예로는 국기소각을 처벌하는 Texas주 법률을 헌법 증보 제1조의 표현의 자유를 침해한다는 이유로 위헌이라고 한 Texas v. Johnson, 491 U. S. 397(1989) 판결에 대항하기 위하여 연방의회는 1989년 국

서는 충분한 지지를 얻을 수 있어야 한다는 점을 스스로 알고 있다는 점에서 비공식적이기는 하지만 다수자에 대해 중요한 의미에서 책임을 지고 있다고 할 수 있다. 넷째, 연방법관은 지명되고 승인되는 과정에서, 당시의 법적인 문제에 관한 자신의 관점을 반영하게 된다는 점에서 부분적으로 다수자에게 책임을 지게 된다. 이러한 측면이 점차 중요한 것으로 다루어지고 있다고 한다.217)

입헌민주주의에 의하면 사법부의 독립과 사법부의 책임은 서로 긴장관계에 있지만 모두 달성해야 하는 과제이다. 즉, 선출되지 않는 법관이 다수자에 대해 권한을 행사하는 경우 그 권한의 정당성에 관한 문제가 발생한다. 이것은 이러한 권한이 민주주의의 다수자지배 원리와 일치할 수 있느냐의 문제이다. 이와는 달리 만약 법관이 선출되는 경우 그 법관의 권력행사는 다수자의 의견을 반영하게 될 것이므로, 입헌주의가 보장하는 원리인 소수자 보호를 약화시킨다는 문제가 발생한다. 이러한 상호 모순되는 과제를 어떻게 해결하느냐의 문제가 남아 있다.

(나) 사법부의 독립과 반다수자적 어려움

과거나 현재의 다수자가 사법심사제의 정립에 동의했다고 하더라도 지배세력인 다수자의 의사가 실현되지 못한다는 문제는 여전히

기모독법(Flag Protect- ion Act of 1989)을 제정하였다. 그러나 연방대법원은 U. S. v. Eichman, 496 U. S. 310(1990) 판결에서 '이 법률을 정치적인 시위에 적용한다면 위헌이다'라고 판결했다.

217) 이에 대한 일반적인 주장으로는, Terrance Sandalow, "The Supreme Court in Politics", 88 Michigan Law Rev., 1900, p. 1300; Nina Totenberg, "The Confirmation Process and the Public: To Know or Not to Know", 101 Harvard Law Rev., 1988, pp. 1227-1229.

남는나. 이렇게 보면, Bickel의 지적처럼 사법심사제는 민주주의 원리와 모순되는 것 같다. 그는 "연방대법원이 입법부나 선출된 행정부의 조치를 위헌이라고 선언하는 경우 연방대법원은 지금 여기 실재하는 사람들의 대표자가 지닌 의지를 방해하는 것이다. 또한 지배하는 다수의 이익을 위해서가 아니라 그에 반대되는 통제를 가하고 있다...이 점이 사법심사가 비민주적이라는 비난을 받는 이유이다."[218]라고 한다. 또한 "어떤 것도 민주주의 이론과 실천에서 선거과정에 부여된 중심적인 기능을 과소평가할 수 없다"라며 "선거를 통해 선출된 대표 기구가 정책결정권을 가지는 것이 민주제의 특징"이며, "사법심사는 이러한 특징에 반하는 것"이라고 한다.[219]

Bickel은, 사법심사권은 "입법부의 다수자가 원하는 것에 반하게 헌법을 해석하고 적용하는 권한"이며, 그 결과 사법부의 결정에 대해서는 "입법부의 다수자가 무력하게 된다"고 한다.[220] 물론 이 때 다수자는 자신들의 의도를 무효화시킨 사법부의 조치를 번복할 가능성이 없다는 의미에서 무력한 것은 아니지만, 현실적으로 사법부의 결정을 번복할 수 없을 경우에는 사법심사가 비민주적인 성질을 지닌다고 생각할 것이다. L. Tribe도 "법관이 믿기에 헌법이 요구하는 것을 실행하기 위해, 고차원의 법원(higher source of law)에 근거하여 다수자의 의사를 무시하는 것은 항상 정당성 문제"를 제기하게 될 것이라며 반다수자적 어려움을 지적하고 있다.[221]

이와 같은 다수지지배 원리에 대한 위협을 인성하지 않으려는 입

---

218) Alexander M. Bickel, op. cit., pp. 16-17.
219) Ibid. pp. 17-19.
220) Ibid. p. 20.
221) L. Tribe, op. cit., p. 10.

장에서는 민주주의와 사법심사를 조화시키는 방법을 찾든가, 아니면 비민주적인 사법심사권의 행사를 최소화하려고 할 것이다. 헌법이론에서는 이 두 가지 입장이 모두 제시되고 있다. Bickel의 저작이래 수많은 헌법 이론가들은 반다수자적 어려움에 대답하는 것이 중요한 과제가 되었다.222) 이러한 대답은 아주 다양하며 서로 상충되는 경우도 적지 않다.223) 이러한 이론들의 기본적인 관심사는 다수자지배라는 원리와 소수자의 권리보장이라는 원리를 조화시키려는 것이다.

2) 사법심사권의 민주적 정당성

사법심사제가 지닌 반다수자적 어려움에 대응하는 방법은 대체로 다음과 같은 3가지로 정리할 수 있다. 첫 번째 대응은, 반다수자적 어려움이라는 것은 그러한 문제설정 자체가 잘못이므로 이 문제에 몰두하는 것은 오해라고 하는 입장이다. 예를 들어, H. Wellington은

222) 몇 개의 주장만 들어보면, R. Bork는 "Alexander M. Bickel의 저작이 끼친 영향력과 이 문제가 헌법상 근본적인 쟁점이 되었다"고 지적하고 있다. Robert Bork, op. cit., p. 188; L. Tribe는, 다수자지배체제에서 사법심사가 지닌 수수께끼 같은 성질은, 가장 지속적인 이론의 관심대상이 되고 있다고 한다. L. Tribe, op. cit., p. 12.

223) 사법심사의 반다수자적 어려움에 대한 다양한 대응을 Laurence Tribe는, "독립된 사법부에 의한 헌법적 심사를 도덕적·정치적 문제에 대해 객관적으로 올바른 대답을 찾으려고 하는 '예언자적 기능'에 봉사하는 활동으로서 옹호하려는 입장, 사법심사를 참가나 대표 절차의 결함을 치료하는 활동으로서 정당화하려는 입장, 일정한 사회적 관행에 가능한 한 최대한의 통합성을 부여하는 방법으로 그 사회적 관행을 '해석'하는 활동으로서 정당화하려는 입장, 정치적인 부문의 조치가 정당화되는 것은 그 조치가 지닌 적나라한 선호(naked preference)때문이라며, 그러한 조치를 회피하는 수단으로서 정당화하는 입장, 사법부에 의한 헌법의 집행을 코먼로의 '재산, 계약, 불법행위법' 등에 연결시켜 정당화하려는 입장" 등으로 요약하고 있다. L. Tribe, op. cit., p. 1.

"지난 두세대동안 헌법학자들이 사법심사제의 비민주성에 관심을 기울인 것은 어느 정도 과장된 것이었으며, 헌법적 결정이 정부의 다른 중요한 결정과 구별되는 것은 선거책임을 지지 않는 법관이 내렸다는 점이 아니라 이들의 결정이 최종적인 것"이라는 점 때문이라고 한다. 그러나 그는 이러한 "결정의 '최종성'(finality)은 사실의 기능"이라고 한다. 즉, 선거책임을 지지 않는 법관이 내린 이러한 결정의 최종성이란 "번복하기가 아주 어렵다"는 점에 기인하는 "사실적 기능"이라고 한다.[224] 이러한 첫째, 반다수자적 어려움이 제시하는 전제 중 적어도 한 가지를 부정하고 있다. 그리하여 입법부의 법률이 진정한 다수자의 의사를 반영하지 못한다거나,[225] 사법심사 자체가 본질적으로 다수자적인 성질을 가지고 있다고 하거나, 아니면 최종적인 결정권은 다수자가 가진다는 점에서 결국 사법심사는 다수자의 심사에 복종한다고 주장한다.

둘째, 반다수자적 어려움은 해결할 수 없다고 대답하는 입장이다. 이 입장에 의하면 입법 결과에 대한 사법심사는 본질적으로 비민주적이어서 민주주의와 조화를 이룰 수 없다고 한다. 즉, 법률을 무효라고 하는 것은 다수자의 의지를 방해하는 것이므로 비민주적이라고 한다. 그렇지만 무제약의 다수자(unchecked majority)는 개인이나 소수자를 보호할 수 없을 것이므로 법률에 아무런 제약을 가하지 않는 것은 본질적으로 입헌주의에 반한다고 한다. 이러한 두 번째 대응에

---

224) Harry H. Wellington, op. cit., pp. 486-520.

225) 그리하여 이러한 법률을 무효라고 하는 사법심사는 다수자의 결정을 번복하는 것이 아니라고 한다. Barry Friedman, "Dialogue and Judicial Review", Vol. 91, No. 4 Michigan Law Review, 1993, pp. 586-589.

따르면, 입헌주의 원리와 민주주의가 상충되는 경우에는 입헌주의 원리를 우선시키거나 아니면 반대로 민주주의를 우선시키거나 어느 하나를 선택하게 될 것이다.

셋째, 앞의 두 가지의 중간쯤에 해당하는 입장이다. 즉, 반다수자적 어려움은 실재하지만 해결할 수 있다고 하거나, 아니면 사법심사와 다수자주의 사이에는 진정한 긴장관계가 존재하지만 서로 조화될 수 있다고 주장한다. 겉으로 보기에 반다수자적 성질을 지니는 것 같지만 엄밀하게 검토해보면 연방법원의 사법심사는 민주적인 통치를 실질적으로 촉진시키기 때문에 다수자지배와 조화된다고 한다. 물론 이러한 주장을 하기 위해서는 사법심사의 본질과 사법심사제가 민주주의를 촉진시키는 정확한 방법을 실질적으로 설명해야 한다는 문제점은 남는다.

가. 민주적 성격을 부인하는 입장

이 주장에 의하면 다수자의 입법행위를 무효라고 하는 것은 민주주의의 다수자지배원리를 사법부가 침해하는 것이라고 한다. 이 주장은 이렇게 사법심사가 지니게 되는 "반민주적인"(antidemocratic) 모습의 사실성에 대해서는 공감하면서도 규범성에 대해서는 입장을 달리하고 있다. 이 주장은 반다수자적 사법심사권의 소극적인 행사를 주장하는 입장과 적극적인 입장으로 나누어진다.

(가) 사법심사의 소극적 입장

이 입장에 따르면, 반다수자적 어려움에 대한 유일한 해결책은 피할 수 있으면 언제나 사법심사를 회피하는 것이라고 한다. 그 결과 법률에 대한 위헌 선언을 가능한 한 자제하게 되며, 그 법률이 특정한 헌법 규정에 저촉되는 경우에만 위헌이라고 선언한다는 의미를 담고 있다. 만약 특정한 헌법 규정과 명백히 모순되지 않는 법률을 법원이 위헌이라고 선언한다면, 이는 다수자주의적 민주주의를 침해하기 때문에 정당하지 못하다고 한다. 이러한 입장의 가장 대표적인 인물이 R. Bork이다. 그는 "그 자체의 의미를 지니고 있다고 제헌자가 이해한 역사적 헌법이 존재하며, 이렇게 의도된 의미(intended meaning)는 법관이 말하는 것과는 독립된 존재를 가진다"고 한다. 그리고 "만약 법이 적나라한 권력(naked power) 이상의 것이라고 한다면, 법관이 선언해야 할 도덕적 의무가 있는 것은 바로 그 의미"라고 한다.[226] 이렇게 사법자제(Judicial restraint)를 주장하는 입장은 사법권의 행사가 민주주의의 다수자지배 원리와 모순된다고 주장할 뿐만 아니라 이러한 긴장관계는 다수자 지배원리가 우선되도록 해결해야만 한다는 규범적 전제를 요구하고 있다. 그리하여 문제의 법률이 명시적인 헌법 텍스트에 반하는 경우에만 무효라고 해야 하며 그 이외의 경우에도 무효라고 하는 것은 반다수자적이며 비민주적이므로 정당화될 수 없다고 한다.

W. Rehnquist대법원장도, 선출되지 않는 법관들은 "헌법적인 서약의 파수꾼"(Keepers of the constitutional convenant)에 지나치지 않으므로, 다수자지배 민주주의가 우선해야 한다고 주장한다. 그는 "일단 우리가 법률을 위헌이라고 선언하는 법원의 권위가 어떤 형태로든 국민이 채택한 헌법 문언과 연결된다는 생각을 포기하면, 사법부

226) Robert Bork, op. cit., p. 176.

가 행사하는 사법심사권의 전혀 다른 측면이 나타난다"라며, 이 경우 법원은 "국가에 최선의 것이 무엇인가라는 문제를 다루는 연방의회, 주 의회, 주와 연방정부의 활동"을 비판·수정하는 "제3의 입법부"의 역할을 하게 된다고 한다. 만약 이런 역할이 정당화되려면 적어도 "유권자에 의해 선출되고, 유권자에 대해 책임을 져야 한다"고 주장한다.[227] R. Bork는, "자유를 위해 대통령이나 연방의회, 각 주 정부의 권력을 적절한 범위로 제한하는 것이 중요한 것처럼 사법부의 권력도 제한하는 것이 중요"하며, 이것은 "법원만이 국민에게 책임추궁을 당하지 않는다"는 점에서 더욱 중요하다고 한다.[228]

사법자제론은 법률이 헌법전에 명시적으로 표현된 금지에 반하는가 여부를 판단하는 것이 사법부의 적절한 역할이라고 주장함으로써, 입헌민주주의의 민주적인 측면을 강조하게 된다. R. Bork가 Bickel의 입장을 평가하면서, "가치를 선택하는 법원"과 "민주주의 이론·실천"은 서로 조화를 이룰 수 없다[229]고 지적하면서 민주주의를 우선시키고 있는 것도 이러한 측면을 보여준다. 이러한 주장은 모두 헌법해석이론으로서 원의주의를 따르는 입장이다.

이처럼 원의주의자는 헌법적인 우월성을 이유로 다수자의 결정을 무효화하는 것을 제한함으로써, 민주주의에 대한 입헌주의의 위협을 최소화하려고 한다. 원의주의자로서는 사법부가 작용할 기회를 최소화하는 것이 해결할 수 없는 사법심사의 반다수자적 어려움을 최소화하는 것이라고 본다. 왜냐하면 다수자의 결정과 명시적인 헌법 조

---

227) William H. Rehnquist, "The Notion of a Living Constitution", Texas Law Rev. Vol. 54, No. 4, 1976, p. 698.
228) Robert Bork, op. cit., p. 141.
229) Ibid., p. 193.

문을 일치시키는 것이 사법부가 담당해야 할 적절한 역할이므로 사법심사제는 입헌주의를 포기하지 않으면서 가능한 최소한으로 다수자주의를 제한하는 것이기 때문이다. 반다수자적 어려움을 이렇게 해결하는 것은 비록 어느 한쪽에 우선권을 부여하지만 민주주의와 입헌주의 중 어느 한쪽도 포기하지 않는 입장이다.

사법심사에 대해 원의주의가 따르고 있는 기본적인 명제를 요약하면 다음과 같이 제시할 수 있다.[230] 첫째, 정치적 다수자가 인정한 정치 도덕(political morality)이나 헌법전에서 명시적으로 구현된 정치 도덕을 초월하는 특권화된 대답은 존재하지 않는다. 둘째, 정치권력은 명시적으로 헌법이 제한하는 범위 내에서 형성된 정치적 다수자의 의사를 반영하는 한에서만 그 권력의 행사가 정당성을 갖는다. 셋째, 다른 통치부문의 공무원과 달리 법관은 민주적인 다수자에 대해 직접적인 책임을 지지 않는다. 넷째, 명시적인 헌법규정이 요구하지 않는 한 법관은 민주적인 다수자의 의사에 반하는 권한의 행사를 자제해야만 한다. 법관의 결정을 번복하기 위해서는 절대다수가 필요하기 때문이다. 다섯째, 결과적으로 개인과 소수자가 지닌 헌법적 권리의 범위에 관하여 법원과 민주적으로 책임을 지는 부문의 의견이 일치하지 않는 경우, 다른 부문의 결정이 명시적인 헌법 규정에 비추어보아 객관적으로 잘못이 없는 한 법관들은 다른 부문의 결정을 존중해야 한다는 의미를 가지게 된다.

그러나 이처럼 헌법상 명시적으로 열거된 권리는 다수자의 침해로부터 보호하기 위한 사법심사만을 정당하다고 하는 경우에도 이러한

230) S. Croley, op. cit., pp. 757-758.

사법심사를 정당화하는 근거는 무엇이냐는 문제는 여전히 남는다. 달리 표현하면 무슨 근거로 사법부는 헌법상 열거된 권리를 유권적으로 해석할 수 있는가라는 문제는 여전히 남게 된다. Bickel이 언급했듯이,[231] 민주적인 다수자도 그러한 결정을 내리지 않았으며 헌법에 구현되어 있지도 않다. 이에 대해 원의주의자는 아무런 대답을 하지 않고 있다. 다만 원의주의자가 따르고 있는 기본적인 명제에 근거하여 가능한 대답을 찾는다면, 법관은 다수자의 압력을 받지 않는다는 점일 것이다. 그러나 이러한 대답은 그렇게 큰 설득력을 가질 수는 없을 것이다. 이 대답에 의하면, 우선 민주적인 다수자가 헌법상 열거된 권리의 의미에 관하여 사법부의 해석을 유권적이라고 생각해야 하는 유일한 이유는 다수자가 생각하기에 선거책임을 지지 않는 헌법해석자의 해석이 유권적이기 때문이다. 이것은 순환논적인 대답이다. 또 E. Chemerinsky는, "제한된 범위에서나마 사법심사를 정당화하는 원의주의자의 근거는 사법심사가 헌법을 유지하기 위해 기능적으로 필요하다"는 것이지만, "원의주의 입장에서 보아 기능적 정당화하기에도 충분할 것이다"며 이러한 근거를 비판하고 있다. 또한 원의주의자는 "자신들의 목적을 달성하기 위해 기꺼이 다수자의 의사결정을 희생시킬 것이므로, 그들이 민주주의 이론에 의존하여 비원의주의를 공격하는 것은 일관성이 없으며, 위선적일 것"이라고 한다.[232] 법관은 다수자의 압력을 받지 않는다는 대답이 설득력이 없는 또 다른 이유는 원의주의의 근거와 모순되기 때문이다. 즉, 원의주의에서 정치권력의 행

231) Alexander M. Bickel, op. cit., p. 1.

232) Erwin Chemerinsky, Interpreting the Constitution, Connecticut: Praeger Press, 1987, p. 2.

사가 정당화되는 것은 다수자주의 뿐임에도 불구하고 사법심사가 정당화되는 것은 본질적으로 비민주적이기 때문이라고 주장하는 것은 모순이다. 이렇게 볼 때, 사법자제를 통해 다수자주의를 보존하려는 원의주의의 주장은 다수자의 침해로부터 개인과 소수자를 보호할 가능성이 거의 없어지게 될 것이라는 단점을 지니게 된다.

(나) 사법심사에 적극적 입장

이 입장은 사법심사제를 본질적으로 비민주적인 제도라고 보는 점에서는 원의주의자와 같지만, 어쨌든 법관은 다수자가 승인하는 경우에만 선택된다고 주장함으로써 민주주의를 보장하려고 한다. 즉, 이들은 사법심사제와 다수자주의 사이의 조화 가능성, 다시 말해 반다수자적 어려움의 해결가능성에 관하여 원의주의자처럼 회의적인 입장을 지니고 있다.[233] 그러나 사법자제를 주장하는 입장과는 달리 이 입장에서는 다수자의 결정이 헌법에 반하는가 여부를 심사할 때 사법적극주의를 옹호한다는 점이다.

M. Tushnet에 의하면, 헌법해석방법이 중요한 이유는, 입헌주의자가 만족시키고 싶어 하는 두 가지 기준 때문이라고 한다. 하나는, 적어도 일정한 경우에는 "사법부가 법률을 무효라고 한 행위를 정당화해야" 하기 때문이며, 다른 하나는, "그러면서도 법관이 생각하기에 그 법률에는 좋지 못한 사회정책이 포함되어 있기 때문에 무효화하는 것은 아니다"는 점을 제시해야만 하기 때문이다. 그는 이 방법들은 "서로 상충되며 중간영역은 존재하지 않는다"고 한다. 즉, "일정한

233) 그러나 이러한 학자들은 정치적·이데올로기적 관점상으로는 사법적 보수주의자의 입장과는 거의 정반대의 위치인 진보주의나 자유주의를 주장하고 있다.

사법심사를 허용하면서 동시에 그 범위를 제한할 수 있는 헌법해석 방법은 없다"는 것이다. E. Chemerinsky도 "모든 사법심사는 선거책임을 지는 공무원의 행위를 무효라고 하는 비선거직 법관과 관련 된다"라며 사법심사를 비판하려는 경우에는, "모든 사법심사를 제거하자고 주장하거나 아니면 '모든 결정은 선거책임을 지는 기관이나 개인에 의한 통제를 받아야만 한다'는 민주주의의 전제를 포기해야 한다"고 주장한다. 그는 "모든 사법심사는 반다수자적"이기 때문에 "사법심사와 다수자지배를 조화"시킬 수 있는 이론은 존재하지 않는다고 주장한다. 그리하여 "특정한 사법심사방법을 골라내어 비민주적이라고 비판하는 것은 위선적이며 솔직하지 못한다"고 한다.[234]

사법심사의 민주적 성격을 부정하면서 적극적인 사법심사를 주장하는 입장도 원의주의자와 마찬가지로 사법부가 헌법의 정신을 이해하는 특별한 지위에 있다는 생각을 거부하며, 그리하여 사법적 결정은 근본적으로 다른 부서의 결정과는 다르다는 점을 인정하지 않는다. M. Tushnet는, "법관들은 자신들이 행하는 것이 다른 정치 기관(political actor)이 행하는 것과는 다른 중요한 의미를 갖는다거나 더 넓은 의미를 갖는다고 착각해서는 안된다는 것을 요구"하는 "정치적인 헌법이론"(political theory of constitutional law)을 옹호하고 있다.

이러한 입장에서는 법관 후보자의 법철학과 개인적 가치, 그리고 특정한 법적인 문제에 관한 입장 등이 다수자에 의해 승인되거나 수용된다는 점을 근거로 반다수자적 어려움을 나름대로 극복할 수 있다고 한다. E. Chemerinsky는 다음과 같이 주장한다. "헌법해석시 어

234) E. Chemerinsky, op. cit., pp. 11-12.

느 정도의 재량을 사법부에 부여해야 하느냐"는 문제에 대한 정직한 대답은 "법관에 따라 다르다"는 것이다. 자신이 "좋아하는 법관에게는 많은 재량을 부여하려고" 할 것이지만, 그 법관의 믿음이 "자신과 반대된다면" 제한하려고 할 것이다. 따라서 궁극적으로 "재량의 적절한 정도를 선택"하는 것은, "무엇이 '좋은' 결과이며, 무엇이 '나쁜' 결과인가에 관한 견해를 옹호하는 문제"이며, "어떤 종류의 사람이 법관으로 임명되어, 그들이 그 직에서 어떻게 행동할 것인가에 관한 예측"에 관한 견해이라고 한다.[235]

다수자는 법관 후보자의 가치관이나 성격, 그리고 경험 등을 근거로 하여 자신들의 가치와 일치하는 경우에만 법원에 보내는 것이다. M. Tushnet는 "연방대법관은 자신들의 헌법해석권을 정당화하기 위해 자신들이 지명과 청문과정을 거쳐 선발되었다는 점에서, 그리고 국민들은 건전한 판단을 내릴 자신들의 능력을 믿었다는 점에 근거" 할 수 있다고 한다. 물론 이렇게 하더라도 "대법관들이 연방의회의 구성원처럼 국민을 직접 대표한다는 의미를 가질 수는 없지만", 이러한 방식으로 그들은 "사법심사와 민주적인 지배를 연결시킬 수 있다"고 한다.[236]

이와 같이 사법부의 결정이 어쩔 수 없이 정치적인 결정이며, 그리고 법관들이 어느 정도 다수자를 대표한다면, 적극주의는 상당한 정도의 정당성을 주장할 수 있을 것이다. 그러나 사법심사와 민주주의

235) Ibid., pp. 117-118.

236) M. Tushnet, Constitutional Interpretation, Character and Experience, in Susan J. Brison and Walter Sinnott-Armstrong ed., Contemporary Perspectives on Constitutional Interpretation, New York: Westview Press, 1993, p. 221, 227.

가 기본적으로 모순관계에 있다는 회의주의적 입장 자체는 당연히 인정할 수 있는 것이 아니라 검토할 필요가 있는 또 다른 문제이다. 사법심사의 민주적 정당성을 인정하는 입장을 살펴보면서 이러한 입장을 검토한다.

나. 민주적 성격을 인정하는 입장

사법심사에 대한 전통적인 자유주의모델에 의하면, 사법심사는 민주주의를 제약하는 것이 아니라 진전시키는 것이라고 한다. 그러므로 사법심사와 다수자 지배원리는 조화를 이룰 수 있다고 한다. 이러한 주장은 대표지향적, 참가지향적, 권리지향적 모델 등의 세 가지 방법 중 한 가지를 채택하고 있다.

(가) 대표지향적 사법심사

이 입장은 사법심사의 반다수자적 어려움을 해결하기 위해 사법부를 대표기구로서 생각하고 있다. Bickel은 다수자의 이익을 포함하고 있는 사익추구(expediency)와 가치를 포함하고 있는 원리(principle)를 우선 구별한다. 그리하여 연방사법부의 기능은 사익추구로부터 원리를 보호하는 것이라고 한다. 다른 두 부문과 비교하여 사법부는 "가치의 선언자이며 수호자"이다. 정치체의 가치를 선언하고 수호한다는 점에서 사법부는 (다수자의) 대표기구이다.

Bickel은 왜 사법부의 주장이 다른 두 부문의 주장보다 우월한가를 설명하기 위해 정치적 정당성은 다수자의 동의에만 근거를 두고 있다는 자신의 근본적인 전제로 돌아간다. 그에 의하면, 사법부는 예견가능한 미래에 일정한 원리가 다수자의 지지를 얻게 될 경우에만 그 원리에 호소하여 다수자의 판단을 제한할 수 있다는 것이다. 간단히 말해 연방사법부는 입법부나 행정부에 의해 대표되는 근시안적인 다수자의 선호와 보다 장기적인 안목에서 다수자들이 받아들이게 될 원리 사이의 긴장관계를 해결하고 있다는 것이다. 그러므로 다수자주의는 궁극적으로 책임을 지지 않는 사법부에 의해 보존되고 보장되기 때문에 반다수자적 어려움은 극복되는 것이다.

동일하게 사법부의 대표성에 근거를 두지만 B. Ackerman은 조금 다른 해결책을 제시하고 있다. 그는 반다수자적 어려움에는 모든 결정이 동등하다는 '평준화' 전제(levelling premise)가 내포되어 있다라며 이러한 전제를 거부함으로써 사법심사와 민주주의를 조화시키려 한다. 평준화 전제에 따르면 어떤 정치적인 결정은 그 결정이 이루어진 문맥이나 제도적 구조와 관계없이 동등한 규범적 중요성을 가진다고 한다. 이럴 경우 열정에 사로잡힌 입법부가 내린 결정은 법원의 결정이나 국민투표에 의해 결정된 것과 아무런 차이가 없다는 것이다. 그는 이러한 입장은 헌법의 본질을 잘못 이해하고 있으며, 민주적인 기관간의 중요한 차이점을 알지 못하는 결과라고 한다. 통상적인 정책결정에는 사적인 이익에 관한 판단이 포함되지만, '더 높은' 정책인 헌법적인 정책결정에는 '공적인 생활을 지도하는' 원리를 포함하여 시민의 정치적 정체성(citizenry's political identity)을 창조하는 판단이 포함된다고 한다. 이처럼 헌법적인 의사결정은 정치적인 자아 창조를 반영하는 것이며 당연히 일상적인 정책보다 우월하게 된다. B. Ackerman은 과거 다수자가 고차의 정책으로 정립해 놓은 정치적 정체성을 보존하는 것이 바로 사법부라고 주장함으로써 반다수자적 어려움을 극복하고 있다. 사법부는 다수자의 더 나은 자아

(better self)를 대표하고 있기 때문이다.

그리하여 Bickel과는 달리 B. Ackerman의 사법심사에 관한 관념은 과거와 관련된다. Bickel은 사법부를 다수자가 지니게 될 정체성과 조만간 다수자가 채택할 원리를 대표한다고 생각하지만, Ackerman은 다수자가 이미 정립한 정체성과 이미 믿고 있었던 원리를 사법부가 대표한다고 생각하는 점에서 차이가 있다. 그러므로 영속적인 원리의 대표이며, 그리고 정체성의 대표인 사법부는 민주적인 기관이 되는 것이다.

이러한 중요한 차이점이 있음에도 불구하고 Bickel과 B. Ackerman의 반다수자적 어려움에 대한 해결책은, 사법심사가 중요한 다수자의 가치를 대표하여 민주주의를 촉진시킨다는 점에 근거하여 입헌주의와 민주주의를 조화시키려고 한다. 이러한 조화는 다음과 같이 제시할 수 있을 것이다. 첫째, 다수자의 민주적인 의사를 촉진시키는 정치권력의 행사는 언제나 정당하다. 둘째, 그러나 민주적인 다수자의 의사는 문맥에 따라 다르며, 그리고 보다 중요한 것은 상이한 차원의 의도를 가지고서 다르게 나타난다는 점이다. 셋째, 헌법적으로 표현된 민주적인 의사는 일상적인 정치를 통해 표현되는 민주적인 의사보다 더 높으며 더 유권적이다. 넷째, 법관들은 민주적인 다수자로부터 상대적인 독립성을 누린다. 반면 다른 부서의 구성원들은 민주적인 다수자에 대해 더 많은 책임을 진다. 따라서 법관들은 다른 부서의 공무원보다 일상적인 정치의 영향을 받을 가능성이 낮다. 다섯째, 법관들은 보다 덜 유권적인 다수자의 의사가 보다 더 유권적인 의사를 침해하지 못하도록 보호해야 한다. 여섯째, 이것은 헌법에 의해 보장된 권리의 범위에 관하여 사법부와 민주적으로 책임을 지는 부문 사이의 의견이 일치하지 않을 경우 법관들은 다른 부문을 존중해서는 안된다는 것을 의미한다. 다수자의 보다 더 높은(higher) 의사를 대표하는 법관들은 비록 다수자의 의사에 반한다고 하더라도 다수자의 결정을 무효화시켜야 한다.

(나) 참가지향적 사법심사

이 입장은 사법부가 민주주의 원리를 보호한다고 주장함으로써, 사법심사의 반다수자적 어려움을 해결하려고 한다. 다만 사법부는 민주적인 의사결정과정이 민주적으로 운용되도록 보호한다는 점에서 절차나 참가를 중시하고 있다. 예를 들어 일정한 사람들이 다른 사람을 의사결정과정으로부터 배제할 경우 민주주의는 위협받을 수 있다. 그럴 경우 사법부의 역할은 헌법이 규정하고 있는 민주적인 절차를 통하여 정책결정(policy decision)이 이루어지도록 보장함으로써 민주주의를 보호하는 것이다.

이러한 주장의 대표적인 인물이 John H. Ely이다. 그는 사법심사를 독점금지법(antitrust law)과 유사하게 설명한다. 독점금지법의 원리는 일정한 배분이 '나쁘다'거나 실질적으로 '불공정'하다는 이유로 시장배분에 개입하려고 하지 않는다. 이 원리는 시장참가자(market participants)가 불공정한(독점적) 경쟁을 통해 이익을 얻지 못하도록 한다. 어떤 시장참가자가 불공정한 이익을 얻는 경우 독점금지법이 개입한다. J. Ely의 설명에 의하면 법관도 마찬가지라고 한다. 정치적 '시장'의 배분이 공정하도록 보장하는 것이 아니라 그러한 배분이 시장을 왜곡하지 않고서 공정하게 도달되었는가를 법관은 감시한다.

J. Ely는 사법부만이 이러한 역할을 담당하기에 적절한 기구라고

한다. 그는 "정치적 변화 경로(channels of political change)를 '내부자들'(ins)이 방해하거나", 아니면 "다수자의 혜택을 입고 있는 대표가 일정한 소수자를 불리하게 다루는" 두 가지 상황 중 어느 경우에 해당하는가를 확인하는 문제를 우리가 위탁하기에 "결코 어울리지 않는 사람이 바로 우리가 선출한 대표자"라고 한다. 이에 비해 "임명된 법관들은 우리의 통치제도에서는 상대적으로 외부자(outsiders)"이며 법관직의 유지에 관해서 그다지 걱정할 필요는 없다. 그러나 이러한 독립성은 법관들이 미국 국민들의 "진정한 가치를 획득할 수 있는 특별한 수단을 얻도록" 도움을 주는 것이 아니라 오히려 "이러한 수단을 얻지 못하도록 방해 한다"고 한다. 그렇지만 이러한 독립성은 선출된 대표자들이 "변화의 경로를 막는다거나, 아니면 다수자 억압의 종범으로(as accessories to majority tyranny) 활동"함으로써 대의제의 이념에 의하면 대표자들이 "대표해야 할 사람들의 이익을 대표하고 있지 못하다"는 주장을 "객관적으로 평가할 수 있는 위치에 법관을 두게 한다"고 지적한다.

그의 주장에 의하면, 다른 부서는 왜곡된 민주적인 절차로부터 이익을 얻을 수 있다는 점에서 그 부서에 절차를 보호하는 역할을 맡길 수는 없으며, 사법부만이 민주적인 의사결정과정을 보호할 자질을 갖추고 있다고 한다. 이렇게 하여 사법심사는 민주주의의 다수자 지배원리와 조화를 이루게 되며 반다수자적 어려움이 해결되는 것이다. 이러한 입장을 요약하면 다음과 같다.

첫째, 헌법적 명시적인 제약을 받는 민주적인 다수자의 의사를 촉진시키는 정치권력의 행사는 언제나 정당하다. 둘째, 다수자의 의사에 반하는 정치권력을 행사하는 법관은 그 권력의 행사를 정당화하기 위해 필요한 책임을 민주적인 다수자에게 충분하게 지지 않는다. 반면 다른 두 부문의 공무원들은 자신들의 정치권력 행사를 정당화하기 위해 충분히 책임을 진다. 셋째, 그러나 민주적인 절차는 반드시 지켜지는 것은 아니므로 정치권력을 가진 다수자가 정치적 소수자의 권리를 박탈할 위험이 있다. 넷째 따라서 일반적인 경우 법관은 헌법이 명시적으로 인정하지 않는 한 민주적인 다수자의 의사에 반하는 권한의 행사를 자제해야만 한다. 그럼에도 불구하고 법관은 헌법이 묵시적으로 보장하고 있더라도 민주적인 절차는 보호해야만 한다. 다섯째, 이것은 헌법에 의해 보장된 권리의 범위에 관하여 사법부와 민주적으로 책임을 지는 부문의 의견이 일치하지 않을 경우 다른 부서가 명백히 잘못되지 않았거나 정치적 참가에 관한 권리가 문제가 되지 않는 한, 법관들은 다른 부문을 존중해야만 한다는 것을 의미한다. 그러나 참가할 권리가 위협받는 경우, 법관들은 비록 다른 부서가 명백히 잘못되지 않은 경우이더라도 이러한 권리를 지지해야만 한다.

이러한 입장은 기본적으로 법관들이 선거책임을 지지 않기 때문에 사법심사권의 행사가 정당하다고 본다. 법관이 다수자에게 책임을 지는 경우 다수자의 의사에 제약을 가할 지위에 있는 기관은 더 이상 존재하지 않기 때문이다. 즉, 민주적인 다수자가 민주적인 정치절차를 왜곡하여 정치적 소수자의 권리를 박탈하는 경우에도 이를 제약하는 방법이 없게 된다는 것이다. 이렇게 정치절차에 참가할 권리를 보호하는 제도가 없는 민주주의는 민주주의라고 할 수 없으며, 이러한 권리를 보장할 수 있는 위치에 있는 것이 사법부이다.

(다) 권리지향적 사법심사

이 입장은 민주적인 의사결정 '절차'가 아니라 민주적인 결정 '내용'을 심사하는 것이 사법부의 임무라고 주장하고 있다. 이 경우 법관은 단순한 심판이 아니므로 법관은 일정한 법률이 정립된 절차가 아니라 그 절차와는 독립된 이유에 근거하여 그 결정을 무효라고 하게 된다. 특히 법관은 명시적으로 열거되어 있지 않더라도 헌법에 구현되어 있는 개인의 도덕적 권리를 침해한다는 이유로 법률을 무효라고 할 수 있고 또 그렇게 해야 한다는 것이다. 이러한 법관의 역할은 그렇지 않았다면 다수자가 달성했을 것을 방해한다는 의미에서 보면 반다수자적이다. 그러나 다른 차원에서 보면 이러한 반다수자적 역할이 전적으로 미국의 민주적인 전통과 조화된다고 한다. 첫째, 미국 헌법에 구현된 민주주의의 형식(the form of democracy)에 충실하기 때문이며, 둘째, 개인은 도덕적 독립성을 누릴 자격이 있다는 가정을 확보함으로써 다수자지배 원리가 지닌 민주주의의 규범적 호소력을 유지시켜 민주주의를 옹호하기 때문이다.

이러한 주장을 하는 대표적인 인물이 Ronald Dworkin이다. 그는 정치 도덕(political morality)의 문제에 관하여 연방사법부는 선거책임을 지는 부문을 존중해야 한다는 R. Bork의 주장을 거부한다. R. Bork와 같은 주장은 "다수자에 대항하는 권리"에 관한 결정은 "다수자에게 맡겨야 한다"는 주장에 근거하거나, 아니면 "국가에 대항하는 권리의 존재"를 인정하지 않으려는 "불합리한 회의주의"에 근거하고 있기 때문이라고 한다. R. Dworkin은 어느 근거도 다수자 지배원리의 기초를 이루는 전제에 충실하지도 못하며, 실제로 헌법이 정립한 민주주의의 형태에 충실하지도 못하다고 한다.

R. Dworkin은 또한 J. Ely의 견해도 거부한다. J. Ely처럼, 헌법이 민주적인 절차만을 보장한다고 지적하는 것은 헌법이 보장하는 "민주주의란 어떤 종류의 것이냐"에 관하여, 특히 "미국 민주주의에 의해 보호되어야 하는 개인의 권리"가 어떤 것이냐는 문제의 논점을 회피하는 것이라고 한다. 그는 "'민주주의' 자체는 추상적인 개념"으로 "수많은 민주주의 개념이 존재한다"라며 정치 철학자들은 가장 매력적인 민주주의 개념을 찾기 위해 노력하였다고 한다. 그는 "미국 헌법에 대한 최선의 해석을 따르면 민주주의 개념은 헌법이 정립한 어떠한 정부형태라도 될 수 있다"고 한다. 그리하여 "헌법을 보다 더 순수한 형태의 민주주의에 더 가깝게 하기 위해서는, 즉 '열거되지 않은' 권리를 헌법에 포함하기 위해서는 헌법을 개정해야만 한다고 주장하는 것은 논점을 회피하는 것이다"고 한다.

그는 J. Ely와 같은 주장은, "민주주의에서는 도덕적·정치적 원리에 관한 쟁점을 포함한 모든 미해결의 쟁점(all unsettled issues)은 정치적으로 책임을 지는 기관에 의해서만 해결되어야 한다고 가정하고 있다"라며, 그러면 왜 우리는 민주주의에 관한 이러한 관점을 수용해야만 하는가라고 묻고 있다. 또한 "사법심사를 명백한 사안에 한정하는 규정을 두지 않고 있는 헌법이 보다 광범한 사법심사를 배제하는 어떤 민주주의 이론을 확립하고 있다고는 주장할 수 없다"라며 J. Ely의 주장을 거부하고 있다.

R. Dworkin에 따르면, 미국 민주주의 개념은 개인이나 소수자가 다수자에 대항하는 권리를 가지고 있음을 전제하고 있다. 그는 "헌법 중 특히 권리장전은 다수자가 원하는 일정한 결정으로부터 개인과 소수자의 권리를 보호하기 위해 고안"되었으며, "이러한 권리는 다수

자에 대하여(against) 개인이 가지는 권리"로서, "헌법 규정이 '막연' 하건 '엄밀'하건(vague and precise) 모두 인정하고 보호하는 권리"라고 한다. 또한 "헌법의 기초자들은 도덕적 권리에 호소하여 이러한 권리를 정당화할 수 있다고 추정"하였을 것이라고 한다. 그리하여 R. Dworkin은 이러한 도덕적 권리를 사법부가 보호하는 것은 곤란하지 않다고 한다. 이것은 헌법에 충실할 뿐 아니라, 다수자적 민주주의의 기초를 이루는 공리주의적 정치철학과도 근본적으로 일치하기 때문이다. 그는 "민주주의 원리를 규범적으로 매력 있게 만드는 것은, 그 원리가 모든 구성원을 평등하게" 다룬다는 점 때문이므로, 도덕적 권리를 사법부가 보호하는 것은 타당하다고 한다. R. Dworkin은, "'정치적 결정'을 정당화하기 위해 우리가 공리주의를 인정하는 근거를 좀 더 분석해보면, 공리(utility)가 도덕적 독립이라는 일정한 권리에 복종해야 한다는 것을 알게 된다."라며, 반다수자적 어려움을 해결하고 있다.

이처럼 민주적인 절차를 거친 민주적인 결정이라도 입헌주의 원리를 침해하는 경우에는 법관이 그러한 결과를 무효화할 수 있다. 이렇게 하는 것이 구성원을 도덕적·정치적으로 평등하게 다루어 민주주의를 규범적으로 매력 있게 만드는 민주주의의 원리를 유지하는 것이기 때문이다. 그 결과 사법적 입헌주의와 다수자적 민주주의는 근본적으로 개인의 도덕적 평등에 대해서는 동일하게 구속되는 것이다.

이러한 주장은 기본적으로 다음과 같은 구조를 가지게 된다. 첫째, 어떤 권리가 다수자로부터 보호받을 수 있느냐는 문제에 대해서는 확인 가능한 대답이 존재한다. 아니면 적어도 헌법 제정자 중에서 비회의주의자는 그렇게 생각했다. 둘째, 민주적인 다수자의 의사를 촉진하는 정치권력의 행사가 언제나 정당한 것은 아니다. 셋째, 다수자의 의사를 촉진하는 정치권력의 행사가 정당하려면, 다수자에 대항하여 개인이 가지는 도덕적 권리를 존중해야 한다. 따라서 비록 헌법에 항상 명시적으로 열거되어 있지는 않더라도, 이러한 개인의 권리가 헌법에 구현되어 있는 것으로서 존중해야 한다. 넷째, 법관들은 다른 정부 부문의 구성원과 동일한 방법으로 다수자에게 책임을 지는 것은 아니다. 다섯째, 공정이라는 관점에서 보면 다수자에 대항하는 권리로서 개인이 어떤 권리를 가지느냐에 관한 결정을 다수자에게 맡겨서는 안 된다. 여섯째, 그리하여 법관은 헌법상 보장되는 권리의 범위에 관하여 다른 부문을 단순히 존중해서는 안 된다. 일곱째, 비록 사법부보다 더 많은 책임을 지는 기관의 설명과 법원의 해석이 상충되더라도 법관은 자신의 도덕적 성찰이나 원리의 추론에 근거하여 헌법상 보장되는 권리의 범위를 설명하고 다수자에 반대되는 헌법적 보호를 집행해야 한다. 이처럼 권리지향적인 사법심사 모델은 법관에게 다수자에 대항하는 권리를 보호하는 임무를 부여함으로써 입헌주의의 신념을 보존하려는 것이다.

(3) 소결

이상에서 살펴본 사법심사제의 민주적 정당성에 관한 논의는 대체로 다음과 같은 세 가지로 정리할 수 있다. 첫째, 배경의 정치이론에 관한 것이다. 모든 정당한 권위(legitimate authority)는 국민 혹은 다수자로부터 도출된다고 주장하는 입장에서는, 헌법의 의미나 제헌자의 의도에서 명시적으로 권한을 부여하지 않았다면, 선출되거나 선거에서 책임을 지지도 않는 연방대법관은 자신들의 가치 판단을 이용해서는 안 된다고 한다. 이에 반대하는 입장에서는, 헌법의 권리장전은 다수자로부터 소수자나 개인의 권리를 보장하기 위해 규정된 것이므로, 만약 법관이 다수자가 명시적으로 승인한 것을 넘어서지 못한다면 이러한 권리는 보장될 수 없다고 대응한다.

둘째, 각 기간의 능력과 자질에 관한 것이다. 법원의 사법심사권 행사를 소극적으로 보는 입장에서는, 정책결정이라는 임무는 입법부가 법원보다 훨씬 적합하고, 법관은 입법자보다 일반적인 정보나 관련된 전문지식이 부족하다고 주장한다. 이에 반대하는 입장에서는 입법자는 일정한 정치적 압력을 받고 있지만, 종신 임기의 법관들은 그러한 압력에 영향을 받지 않는다는 점에서 공정한 판단에 적합하며, 또한 법원에 제기된 구체적인 사건에 관해서는 보다 상세한 정보를 가지게 된다고 한다.

셋째, 헌법의 현실 적응성과 법적 안정성에 관한 것이다. 사법심사권의 적극적 행사를 인정하는 입장에서는 변화하는 상황에 헌법을 적응시킬 권한을 법관이 가져야만 한다고 주장한다. 이에 반대하는 입장에서는 그러할 경우 정당하며 합리적인 예상이 불가능하게 하여 법적 안정성을 위협하게 된다고 주장한다.

그러나 헌법에는 다수자의 결정만으로는 통제할 수 없는 기본원리가 규정되어 있으며, 특히 기본권에 관한 규정은 이러한 점을 명확하게 보여준다. 즉, 이러한 기본원리와 기본권 규정은 그때그때의 다수자를 대표하는 국가권력을 제한하는 의미를 지니는 것이므로, 이러한 제한을 제도적으로 실현하는 사법심사제는 헌법규범을 실현하는 것이 된다. 따라서 정치적인 대표기관을 국민과 동일시하고, 법관을 플

라톤적 수호자(Platonic guardians)와 동일시하여, 사법심사제의 반민주적 성격을 주장하는 것은 적절하지 못하다고 할 것이다.

이러한 사법심사제의 정당성에 관한 문제는 헌법판단의 기준이 되는 헌법규범의 원천과 직접적인 관련을 가진다는 점에서 헌법해석의 객관성 문제로 연결된다.

3. 사법심사와 헌법해석

(1) 사법심사의 헌법해석 문제

대법원의 사법심사권은 대법원에 헌법의 의미를 해석할 수 있는 권한을 주어 실행케 함으로써 헌법상 모호한 구절의 내용을 명백히 밝힐 수 있다. 그러나 대법원은 마치 자칭 예언자가 별들의 의미를 해석하는 것처럼 헌법성의 결론을 내림에 있어 마음대로 할 수 없다. 대법원이 사법심사권을 사용하는 데는 내재적인 측면[237]과 정치적인 측면[238]의 제약이 있다. 그러나 최대 관심사는 대법원이 헌법해석권한을 어떻게 행사하고, 이로 인해 소위 합헌적 법률형태를 어떻게 구성하는지에 집중된다.

대법원은 스스로 헌법적 선언을 할 수 없다. 달리 표현하면 대법원은 통상 '권고 의견'(advisory opinion)으로 불리는 것을 낼 수 없다. 만일 대통령이 위헌성 여부에 의문이 있는 어떤 행위를 하기 전에

---

237) Henry J. Abraham, op. cit., pp. 354-376.

238) Sheldon Goldman and Thomas P. Jahnige, The Federal Courts as a Political System, 3rd ed., New York: Harper and Row, 1985, pp. 224-229.

미리 대법원에 판단을 요구하더라도 대법원은 이를 거절하여야 한다. 왜냐하면 대법원의 합헌성 여부 판단은 실질적인 사건 또는 분쟁이 있는 경우에 한해야 하기 때문이다. 만일 대통령이 어떤 행위를 하고 적법한 요건을 갖춘 개인이 그 행위에 대해 소송을 제기하였다면 대법원은 합헌성 판단이라는 정당한 권한을 행사할 수 있을 것이다. 또한 정치적인 문제를 야기하거나, 분쟁 자체가 추상적이거나, 사안이 사법 심사할 단계에 이르지 못했다는 점 등의 사유로 인해 대법원이 일부 사안들에 대한 심사를 거부하고 있다는 점이 문제이다.[239] 사법심사를 한다고 해서 어느 때는 헌법이 무엇인가를 말하는 권리를 행사할 수 있다는 것을 의미하는 것은 아님을 인식하는 것이 무엇보다 중요하다.

헌법에서 두 번째로 중요한 측면은 헌법이 진화하는 경향이 있다는 사실이다. 판례법이라는 것은 법관이 헌법, 법률 기타 성문법의 의미를 해석할 때 발전하는 법이 된다.[240]판례법은 오랜 기간을 두고 발전하고 지속적 변화과정에 놓이는 것과 같은 경향을 띤다. 예를 들어 변호사의 조력을 받을 권리에 대해 살펴보자.

변호사의 조력을 받을 권리는 피의자가 변호인의 도움을 청할 수 있는 능력이 있을 지라도 일정한 경우에는 그러한 권리를 허용하지 않았던 영국의 사례 때문에 미국헌법에는 권리장전 조문에 포함되어 있다. 헌법역사 전반을 살펴 볼 때 헌법 증보 제6조의 변호사의 조력을 받을 권리는 단지 피의자가 금전적으로 선임할 수 있는 때 이를

---

239) Howard Ball, Courts and Politics: The Federal Judicial System, 2nd ed., New Jersey: Prentice Hall, 1987, chapter. 5. 참고.

240) Ibid., chapter 1.

허용한다는 의미로 해석된다. 1932년부터 대법원은 위 권리에 대해 변화된 입장을 보이기 시작했다. Scottsboro 소년 사건(Powell v. Alabama)[241)]에서 여러 명의 흑인 소년들이 1931년 3월경 앨라배마주 Scottsboro 부근에 사는 백인 여자 2명을 강간했다는 혐의로 기소되었다. 법원이 거대한 증오에 휩싸여 있음을 감지했기 때문에 지방 보안관은 피고인들을 보호하기 위해 주 정부군을 불러야 했다. 1심 재판과정에서 법관은 Scottsboro 변호사회 전체를 피고인측 변호인으로 임명하고, 예상대로 모든 소년들에게 유죄판결을 선고했다. 대법원은 피고인들이 효과적으로 변호인에게 도움을 청할 권리를 배제당했다는 이유로 판결을 뒤집었다. 게다가 소년들이 어리고 문맹인 데다 증오가 팽배한 환경에 놓여 있었기 때문에 이들이 변호사의 조력을 받지 못함으로써 적법절차의 수혜를 입지 못했다고 판시했다. 이 'Scottsboro 소년들 사건'을 계기로 대법원은 특수한 환경의 원칙[242)]을 적용하기 시작했다. 그 후 10년간 대법원은 주 정부가 빈곤층 피고인에게 변호인을 임명해야 하는 특수한 환경에 대한 판단 문제로 고심해야 했다. 1942년 대법원은 빈곤하다는 이유 하나만으로는 국선변호인을 요구할 수 있는 근거가 부족하다고 결정했다. Betts. v Bradly 사건[243)]에서 빈곤층이던 Betts는 가난 때문에 자기 변호를 하여야 했고 마침내 유죄판결을 선고받았다. 대법원은 Betts는 보통의 교육을 받고 지능을 갖춘 자로서 자신의 이익을 보호하는 절차와 방법을 알고 있다고 판단하였다. 따라서 단지 빈곤층이라는 이유만으

241) Powell v. Alabama, 287 U. S. 45(1932)
242) 특수한 환경(미성년자, 문맹, 낮은 지능)이 있는 경우 주 정부는 중대범죄로 기소당할 자에 대해 효과적인 변호인 제공의 절대적 의무를 지는 것을 말한다.
243) Betts v. Bradly, 316 U. S. 455(1942).

로는 '특수한 환경'의 요건을 충족시키지 못한다는 결론을 내려 원심 판결을 유지한 것이다.

변호사로부터 조력을 받을 권리의 중요한 발견단계는 Gideon v. Wainwright 사건[244]에서 찾아볼 수 있다. Gideon은 플로리다주의 중범죄인이었는데, 빈곤을 이유로 국선변호를 요청하였다. 플로리다주법에서는 법관은 사형에 처할 범죄에 한해 국선변호를 허용하고 있었기 때문에 법관은 그의 요청을 거부했다. Gideon은 자신을 변호했지만 유죄가 선고되었다. Gideon은 대법원에 '빈곤층이 소송비용을 면제받는 방식(in forma pauperis)'으로 상고를 하였고, 대법원은 아주 드물게 심리를 하기로 결정하였다. 대법원은 9대 0의 만장일치로 헌법 증보 제14조의 적법절차규정을 사형에 해당하는 범죄는 물론 기타 모든 중범죄의 경우에도 적용된다고 판시하면서 모든 주는 이 경우에 해당하는 피고인들에게 국선변호를 제공해야 한다고 판결하였다. 변호사의 조력을 받은 새로운 재판에서 Gideon은 자신의 결백을 입증하는 데 성공하였다. 수년 후 대법원은 이러한 원칙을 징역형에 예상되는 경범죄 행위자에까지 확대하였다.[245] 헌법 증보 제6조와 적법절차의 의미를 해석함으로써 대법원은 변호사의 조력을 받을 권리의 의미를 변화시켰던 것이다. 단지 변호사를 고용할 수 있는 사람에게 이를 허용하는 의미에 그치는 것이 아니라 빈곤 때문에 변호인의 조력을 받을 수 없는 경우에 국선변호를 제공해야 한다는 절대적인 의무를 확인한 것이다. 그 이후의 Escobedo[246]와 Miranda[247]등

244) Gideon v. Wainwright, 372 U. S. 335(1963).
245) Argersinger v. Hamlin, 407 U. S. 25(1972).
246) Escobedo v. Illinois, 378 U. S. 478(1964).
247) Miranda v. Arizona, 384 U. S. 436(1966).

사건에서 어느 시섬에서 변호인의 조력을 받을 권리가 발생하는 지에 대해서 다루었고, 현재까지도 계속해서 대법원은 변호사의 조력을 받을 권리를 규정하는데 고심하고 있다.

헌법 본질에 대한 최종적 측면은 바로 위에서 언급한 내용과 관련이 있다. 만일 헌법이 진화하는 성향을 갖고 있다면 헌법적 사안에 대한 판단은 최종인 것으로 간주되는 경우가 적을 것이다.

법과 정의가 변화한다는 사회학적 견해를 되새겨 보자. 공정과 정의에 대한 사회적 견해가 변함에 따라 그러한 견해들이 법률체계 속으로 서서히 스며들어가는 것이다. 위에서 살펴본 변호사의 조력을 받을 권리가 일례이다. 1963년 Gideon 사건 이전에는 많은 식자층이 빈곤층 범죄인이 변호인 없이 자기변호를 하는 것이 불공정한 것이라고 보지 않았다. 그러나 오늘날 대부분의 사람들은 Gideon 사건을 통해 "형사법정의 변호사의 존재는 사치가 아닌 필수다"라고 지적한 Hugo Black 대법관의 견해에 동의한다.[248] 그러나 우리 사회가 변화하듯이 대법원의 이론 구성도 변하기 때문에 변호사의 조력을 받을 권리에 대한 문제도 논란이 계속되고 있다. 지금은 전혀 가능해 보이지 않지만 미래 세대가 활동할 시기가 되면 다시 Gideon 사건 이전의 판례를 취할 수도 있을 것이다. 헌법의 변화하는 모습은 실제 생활의 여러 측면에서 생생하게 목격할 수 있다. 다음 장에서는 대법원이 헌법을 해석하는 방법과 이 해석과정을 통해 헌법이 오랜 기간 동안 어떻게 진화해 왔는가를 살펴본다.

---

248) Gideon v. Wainwright, 372 U. S. 335(1963), at 344.

(2) 헌법해석

1) 개념

헌법은 미국 정치체계에 수많은 논쟁을 불러일으켰는데, 이렇게 된 이유는 부분적으로 헌법이라는 것은 어떤 것이 미국 사회를 지배할 가치인가를 둘러싼 투쟁이기 때문이다.

법관들의 경우 핵심은 알려져 있지만 범위나 영역이 제대로 정의되어 있지 아니한 헌법조문의—일례를 들면 헌법 증보 제1조—관리자로서의 역할을 부여받아 사안마다 조문의 의미에 대해 결정을 해야 하는 등 끝이 보이지 않는 임무를 수행한다. 만일 모든 헌법조문의 내용이 명확하다면 법관의 수요는 거의 없어질 것이고, 판결의 철학을 다룰 필요도 없어질 것이 명백하다. 그러나 실상은 그렇지 않다. 헌법제정자들이 알았던 세상의 상활 속에서 규정된 헌법제정자들의 가치가 우리가 알고 있는 현재 세상에 어떻게 적용될 것인가를 분간하는 것이 판사들의 임무이다. 세상은 변하고 있으며 불변의 가치들은 그 속에서 적용점을 찾는다.[249]

총기사용, 학교 내 종교활동, 낙태, 사형제도에 대한 법률논쟁은 실상은 누구의 가치체계가 법을 지배할 것인가를 둘러싼 투쟁이다. 법에 어떠한 사상을 투영시키는 사람은 누구든지 가능한 한 법이 그의 가치체계를 반영하길 원한다. 헌법은 최상위법이기 때문에 헌법이 따르는 가치는 최상위의 가치가 된다. 매우 중요한 문제이기에 헌법을 해석하는 적정한 방법들에 관해 상당한 양의 글들이 축적되어 있는

249) Ollman v. Evans, 750 F. 2d 970(1984) (Bork J., concurring), at 995.

것은 놀랄 일이 아니다.

헌법의 해석에 관해 '누가, 어떻게 하는가'라는 측면에서 조명해 보기로 한다. 앞에서 대법관 선출 절차에 대해 초점을 둔 사법적 선택에 대해 논의 했다. 헌법을 해석할 사람이 누구인지가 중요하기 때문이다. 예를 들어 레이건 대통령은 1987년 Robert Bork를 대법관으로 추천하였는데, 진보주의자들은 그가 임명될 경우 사생활 보호에 대한 해석을 어떻게 할 것인지에 대해 크게 걱정하였다. Bork는 그의 인간성보다 그가 대법관으로서 어떻게 판결을 할 것인가에 의해 의회의 승인을 받지 못했는데, 그가 승인을 받지 못한 데에는 위 두 가지 요소가 모두 고려되었다.

어떻게 헌법을 해석하는가는 사법심사의 다른 측면을 고려하게 한다. 왜냐하면 사법심사는 법관들로 하여금 법이 무엇인지를 말하도록 하기 때문에 논쟁의 목적이 된다. 대법원의 비판론자들은 사법심사가 법관들로 하여금 자신의 개인적 가치관을 헌법에 투영토록 하고 있다고 주장한다. 헌법은 대법원의 다수파가 사건을 심리하면서 해석되길 희망하는 내용에 불과하다는 것이다. 이러한 비판론자들은 법관이 자신의 가치관을 투영시킬 것이 아니라 단지 헌법제정자들의 의도를 해석하는 데 그쳐야 한다고 주장한다. 다른 학파의 견해는 만일 헌법이 동시대의 법률문제를 해결해야 한다면 헌법은 동시대의 가치로 해석되어야 한다는 것이다. 노예제를 정당한 것으로 받아들인 헌법제정자들의 생각은 21세기를 시작하는 시점에서의 인종간 관계를 설명할 수 없다.

아래에서 헌법 해석의 대표적인 몇 가지 이론 또는 방법을 살펴보고자 한다. 각 이론은 앞으로 밝히겠지만 장·단점을 공히 갖고 있다. 어느 정도까지 각 이론은 사람들이 신봉하는 가치를 반영하고 있다. Robert Bork의 경우는 그가 헌법제정자들의 본래 의도를 따르는 것을 선호함으로써 보수적인 입장을 견지하는 것으로 판정받아 대법관에서 배제되었던 사례에 해당된다.[250] 결과적으로 어떤 이론이 헌법해석을 위한 정당한 방법인가는 개별적으로 결정하고 평가할 문제인 것이다.

2) 본래의 의도(Original Intention)

본래의 의도 이론에 따를 경우 발생하는 곤경은 국기소훼에 관한 오늘날의 논쟁에서 드러난다. 헌법 제정자들이 헌법 증보 제1조에 의해 국기를 불태우는 행위를 보호하려 했는가? 만일 부정적인 답변이 나온다면 어떻게 그것을 알게 되었는가. 헌법 증보 제1조를 만들어 각 주의 인준을 받도록 제출한 제1기 의회구성원 중 다수는 최초의 헌법제정에 조력을 한 대표자들이다. 비록 미국의 성조기가 아닌 영국의 유니온잭기라고 할지라도 아마도 위 구성원 중 일부는 그들 자신이 국기를 불태운 자들일 것이다. 만일 긍정적인 답변이 나온다면 어떻게 그것을 알게 되었는가? 헌법 증보 제1조는 발언의 자유를 보호하고 있는데 국기를 태우는 것은 행위이며 발언이 아니다. 전설적인 LA 다저스 감독인 Tommy Lasorda는 의회 위원회에서 왜 국기를 불태우는 것이 금지되어야 하는지를 설명하면서 "말을 해야 발언의 자유를 인정받는다"[251]고 말했다. 아마도 헌법제정자들은 발언을

---

250) Judith A. Baer, "The Fruitless Search for Constitution", Critical Essays on Judicial Lawmaking, Boston: Scott Foresman, 1989, p. 63.

251) "Perspectives," Newsweek 132, 3(20 July 1998) p. 21.

보호하려 했지, 발언에 동반된 행위를 보호하려 하지는 않았을 것이다. 대법원에서도 이 문제가 논란이 되었다. Texas v. Johnson 사건252)에서 대법관들은 헌법상 정부의 근본정신과 관련된 사안에 대해 결정을 해야 했다. 그 사건은 낙태, 학교 내 종교 활동, 인종간 분리금지 등 이전의 결정들과 같이 뜨거운 논쟁을 불러일으켰고 여전히 논란이 계속되고 있는 중이다.

'본래의 의도' 원칙이란 헌법을 정당하게 해석할 수 있는 유일한 방법은 헌법제정자들의 의도와 일치시키는 것이라는 주장에 대해 붙여진 이름이다. 지지자들은 헌법제정자들의 본래 의도를 헌법상의 간명한 언어들 자체나 제정자들의 논쟁과 문헌 등에서 확인될 수 있다고 주장한다. 예를 들어 James Madison은 헌법 토론회의 논쟁에 관한 많은 글을 남겼다. 역사적 연구를 확대시켜 편지, 일기 및 헌법 토론회의 실제 참가자와 관람자들이 기재한 당시 신문들의 설명기사를 밝혀냈다. Madison, Hamilton, 그리고 Jay가 만든 '연방주의자 신문'은 헌법제정자들의 생각을 읽을 수 있는 또 다른 가치가 있는 핵심자료이다.

본래 의도에 따른 해석을 지지하는 자들은 한번 헌법 조문의 의미가 결정되면 법관들은 단지 이에 따라 결정해야 한다고 주장한다. 예를 들어 사형이 헌법 증보 제8조에서 규정하고 있는 잔인하고 비정상적인 형벌이라고 해석되길 원한다면 헌법제정자들의 입장만을 취해 결정할 필요가 있다. 헌법 제정 당시에 13개 주 모두 사형을 허용했던 점을 보면 헌법제정자들이 사형을 '잔인'한 형벌이라고 생각했

252) Texas v. Johnson, 491 U. S. 397(1989).

다고 보기는 어렵고, 더군다나 사형이 '비정상'적이라고 생각하지는 않았을 것임이 분명하다.

'본래의 의도 해석론' 지지자들은 헌법 해석이론에 몇 가지 이유를 제시한다. 첫째, 헌법을 만든 사람들의 의도에 비중을 두는 것이 상식에 부합한다는 것이다. 헌법제정자들은 사형이 당시 널리 받아들여지는 상황에서 이를 부정할 수는 없었을 것이다. 달리 결정하는 것은 비상식적이다. 둘째, 본래의 의도를 따르는 것이 사법심사가 남용되는 것을 막을 수 있었다. 법관들이 본래의 의도를 따르도록 해야 자의적 사법심사와 자신들의 가치관을 헌법에 투영시키는 행위를 금지시킬 수 있다. 셋째, 본래의 의도에 의존하는 것이 상당 기간 헌법해석에 일관성을 기할 수 있다. 헌법의 진정한 의미는 대법원의 구성원이 바뀐다고 해서 변하지 않는다.[253]

종종 본래의 의도 해석원칙에 대한 비판은 동시대의 법률 쟁점들에 대한 답변을 제공하지 못한다는데 있다. 예를 들면 사형은 명백히 합헌인데, 전기를 이용한 사형집행은 잔인하고 비정상적인 형벌인가? 헌법제정자들은 전기를 이용한 사형집행을 알지 못했기 때문에 이를 사용하는데 대한 제정자들의 입장을 어떻게 알 수 있는가? 본래의 의도 지지자들은 해답이 간단하다고 한다. 헌법은 모든 형벌의 수용가능한 방식에 대해 구체적인 언급을 하려 하지 않았다. 하지만 헌법은 국민의 대표들로 구성된 연방 및 주 의회에 동시대의 쟁점들을 해결하도록 기회를 제공하였다. 헌법제정자들의 견해를 확정할 수 없기 때문에 선출직 공무원들의 집단적 판단으로 쟁점에 대한 결론을

253) Paul Brest, "The Misconceived Quest for the original Understanding", Boston University Law Review, Vol. 60, 1980, pp. 204-210.

내려야 한다. 법관들은 헌법상 명백한 금지조항이 있는 경우에만 전기를 이용한 사형집행을 금지할 수 있다.

본래의 의도에 따른 해석론의 변형으로 '온건한 근본주의'가 거론되기도 한다. 이러한 접근방식은 해석자들이 헌법 조문의 정확한 목적보다 일반적인 목적에 관심을 집중해야 한다는 것이다.[254] 법관들은 잔인하고 비정상적인 형벌 조문의 본질적 목적을 확인하고 그 결과에 따라 판단해야 한다. 만일 이 조문이 비인간적인 처벌을 금지한 것이라면 진정한 쟁점은 전기를 활용하는 것이 비인간적인가에 모아진다고 할 것이다.

비판론자들은 '본래의 의도' 이론이 다음과 같은 이유로 반대한다. 첫째, '본래의 의도'를 찾아내는 것이 불가능하다고 주장한다. 제헌의회의 기록들이 불완전하고 비공식적이라는 점을 지적한다. James Madison이 대표자들의 다양한 입장을 기재하였지만, 대략적으로 언급된 내용의 10분의 1 정도만 기록으로 남겨져 있다.[255] 둘째, 어떤 사람들을 헌법제정자의 범위에 포함시킬 것인가의 문제이다. 본래의 의도를 해석함에 있어 필라델피아 의회에 참석한 자들로 한정할 것인가, 헌법에 서명한 자들로 한정할 것인가, 아니면 두 가지 모두에 해당하는 자들로 할 것인가? 주 차원에서 헌법을 통과시키는 데 참여한 대표들도 포함시킬 것인가? 단지 6개 주만이 과정에 대한 구체적인 기록이 있고 나머지 주는 불완전한 기록만 있거나 아예 없다. 끝으로 제징자들을 구체화시키지 않고 어떻게 헌법제정자들이 헌법을 정함에 있어 의견의 일치를 본 사항을 알 수 있는가? 의회에서의

254) Ibid, pp. 205-210

255) Judith A. Baer, op. cit., p. 53.

논쟁이 밝혀짐에 따라 헌법이 의미하는 내용에 대한 의견의 불일치가 광범위하게 있었다는 사실이 드러나고 있다. 예를 들면 연방주의자 신문에서 Hamilton은 한 주의 시민은 연방법원에서 다른 주를 상대로 소를 제기할 수 없다고 확신하였음에도 불구하고 후에 대법원은 정반대로 해석하였다.[256] 이것은 헌법학자들로 하여금 "본래의 의도를 밝힐 방법이 없으므로 본래의 의도에 따른 법률체계라는 것은 가능하지 않다"라는 결론에 이르게 하였다.[257]

본래의 의도에 대한 비판론자들은 그것의 범위가 너무 협소해 헌법해석의 주된 고려요소가 되기는 어렵다고 주장한다. 그들은 사회가 사형제도와 같은 주제에 대한 태도나 여론을 변화시킨다고 주장한다. 그들은 헌법제정자들의 의견을 영원히 따라야 하는지 묻는다. 사회적 가치의 변화에 맞춰 개헌하는 것은 가능하지만, 그러한 접근방식은 시간이 많이 걸리고 비실용적이다. 끝으로 많은 비판론자들은 본래의 의도에 의존하는 것은 단지 현재 보수파들이 대법원의 다수파이기 때문에 보수적인 의견을 실현하기 위한 보수주의자들의 연막전술에 불과하다고 한다.[258]

본래의 의도가 우리의 헌법적 뿌리로 돌아가는 정직한 시도인가 아니면 보수적 의견을 실현시키기 위한 위장된 시도인가에 대한 논란이 많다. 따라서 헌법적 쟁점들은 그 결정이 최종적이지 못하다. 법관이 헌법제정자의 본래의 의도에 의존하더라도 아마도 그것이 최

---

256) Chisholm v. Georgia, 2 U. S.(2 Dallas) 419(1793).

257) Judith A. Baer, op. cit., p. 59.

258) Ibid., p. 62; Lief H. Carter, Contemporary Constitution Lawmaking: The Supreme Court and the Art of Politics, New York: Pergamon Press, 1985, p. 42.

종결론을 보기는 어려울 것이다.

3) 해석주의

본래의 의도와 밀접한 관련이 있는 것은 해석주의다. 이 원칙은 헌법을 만들고 통과시킨 사람들이 기본적인 것이라고 생각하는 몇 가지 원리를 선택해 이를 성문헌법에 투영시켰다고 본다.[259] 권리장전과 같은 원리들은 다수결의 원칙으로부터도 보호되어야 하는 기본적인 것으로 간주되었다. 민주주의를 유지하는 데 필수적인 발언의 자유는 단지 다수파의 표결에 근거하여 법적인 제한을 가할 수 없다. 오로지 상당한 다수의 지지를 요하는 개헌, 즉 헌법 증보를 통해서만 이러한 기본적 원리들이 변경될 수 있었다.

따라서 해석주의는 법관으로 하여금 헌법제정자들에 의해 확립된 원칙을 새로운 사실들에 적용하는 임무를 수행토록 한다.[260] 법학자들은 이러한 접근방식이 법관 개인의 가치관을 헌법에 투영하는 것이 아니라고 주장한다. 대신에 헌법제정자들의 추구한 가치를 지지한다는 것이다. 예를 들면 Anthorney Kennedy 대법관은 텍사스의 국기소훼 사건에서 다수의견을 따르면서 "무효인 텍사스의 국기 모독법은 헌법 정신에 반하는 것으로 판단되어야 한다"고 지적했다.[261] Kennedy 대법관의 이러한 언급은 국기소훼에 대한 개인적 견해가 아니라 헌법제정자들의 입장을 반영한 것이 분명하다.

Hugo L. Black 대법관은 해석주의 이론의 최초 지지자 중 한 명

259) John H. Garvey and T. Alexander Aleinikoff, Modern Constitution Reader, Minnesota : West Publishing, 1989, p. 29.

260) Ibid. pp. 29-31

261) Texas v. Johnson, 491 U. S. 397(1989) at 420.

이다. 그는 '발언의 자유'를 '표현의 자유'로 대체하는 것을 결코 받아들이지 않았다. 그는 '상징적인 발언' 으로 일컫는 특정 행위들이 헌법 증보 제1조의 보호를 받아야 한다는 주장에 대해 비판적인 입장을 취했던 것이다. 왜냐하면 그는 베트남 전쟁에 반대하는 것을 나타내기 위해 팔목에 검은색 밴드를 감는 행위가 헌법 증보 제1조의 발언의 자유에 해당되지 않는다고 보았기 때문이다.[262] 따라서 그는 Kennedy 대법관의 국기소훼를 허용하는 것이 헌법의 근본정신이라는 논거에도 동의하지 않았던 것이다. 반대로 국기소훼는 발언이 아닌 행동을 포함하고 있으므로 보호받을 수 없다고 판단했을 것이다. 동시에 그는 헌법을 문자 그대로 해석하였다. 예를 들면 헌법 증보 제1조의 "의회는 발언을 자유를 제한하는 법을 제정할 수 없다"는 것을 문자 그대로 해석하여 모든 발언이 설사 그것이 외설적인 발언이라 할지라도 보호되어야 한다고 해석하였다.

해석주의는 본래의 의도의 해석 이론과 약간의 차이를 보인다. 해석주의 지지자들은 본래의 의도가 항상 명확하지만은 않다는 것을 깨달았다. 하지만 그들은 본래의 의도를 결정 내릴 수 없다고 해서 반드시 관련 법률의 제정이 필요하다고 보지 않았다. 예를 들면 헌법 증보 제8조에 의해 전기에 의한 사형집행을 금지할 것인가 여부에 대해 '본래의 의도' 이론 지지자들은 의회로 미룰 것이다. 반면에 해석주의자들은 전기에 의한 사형집행이 잔인하고 예외적인 처벌의 금지를 규정하는 입법취지에 반하는지 여부를 판단하려고 할 것이다. 즉, 해석주의자들은 사형제도가 합헌이라는 본래의 의도 이론 지지자

262) Tinker v. Des Moines Independent Community School District, 393 U. S. 503(1969).

들에 동조하겠지만, 전기에 의한 사형집행이 합헌인지에 대해서는 반드시 동의하지는 않을 것이다. 결과적으로 해석주의자들은 '본래의 의도' 추종자들에 비해서 판사들의 법이 무엇인지를 판단하는 권한을 축소하는 것에 있어서 보다 덜 적극적이다.

사법심사의 중요한 비판 논거 가운데 하나는 태생적으로 비민주적이라는 점이다. 대법관 9명이 국민의 대표들인 모인 의회를 통과한 법률을 무효화시킬 수 있다는 점이다. 해석주의는 사법적 제약(judicial restraint)의 한 형태로 간주된다. 앞서 본 바와 같이 판사들이 아닌 헌법제정자들이 가졌던 가치들이 존중되어져야 한다. 한 헌법학자는 "해석주의가 갖는 가장 중요한 장점은 이러한 견해가 사법심사가 비민주적이라는 비난에 대해서 답변을 하면서 사법심사를 지지하고 있다는 점이다"라고 말한다.[263]

4) 비해석주의(Noninterpretivism)

비해석주의는 헌법제정자들이 18세기에 하나의 굳어진 헌법을 만들려고 의도하지 않으려 했다는 점을 주목하고 있다. 대신에 오랜 기간 적용될 수 있는 살아 있는 헌법을 만들려고 했을 것이라고 믿는다. 이러한 입장을 취하는 가장 유명한 대법원장은 McCulloch v. Maryland 사건의 판결문을 작성한 John Marshall 인데 그는 "이 조문은 장구한 세월을 견뎌내고 따라서 다양한 인간사의 위기에 적용될 수 있도록 할 의도로 헌법에 규정된 것이다"[264]라고 언급했다. 비해석주의자들은 대법원이 현재를 살아가는 미국인의 요구에 맞출 수

263) John H. Garvey and T. Alexander Aleinikoff,, op. cit., p. 28.
264) McCulloch v. Maryland, 17 U. S. 316(1819).

있도록 헌법을 끊임없이 증보, 개정 및 재해석하기 위해 영속적인 헌법의회로서의 역할을 수행해야 한다고 요구한다.

비해석주의자들은 그들의 접근방식만이 타당하다고 주장한다. 헌법 제정자들을 포함해 그 누구도 200년 뒤의 일을 예상할 수 없을 것이기 때문이다. 헌법은 현대 미국의 급박한 상황에 적용될 수 있도록 탄력성을 갖추어야 한다고 믿는다. Marshall 대법원장의 말을 부연설명하면, 대법원의 결정이 헌법의 정신과 일치하는 한 합헌이라는 것이다.

다음의 사례가 비해석주의자들의 접근방식을 설명해 준다. 헌법 증보 제14조가 헌법에 추가되었을 때 인종간 분리법 및 인종간 결혼금지법은 모든 주에서 당연시되었다. 그러한 사실이 요즘 평등권 보호조항에 위배한다는 이유로 대법원으로 하여금 위와 같은 법들을 무효화시킬 수 없도록 하는가? 물론 아니라고 비해석주의자들은 말한다. 헌법은 정체된 것이 아니라 진화하는 개념인 평등권 보호, 적법절차 및 자유라는 문구들로 구성되어 있다. 이러한 개념들은 지속적으로 오늘날의 관념에 맞춰 재평가되어야 한다. 국민들이 인종 분리 및 인종간 결혼에 대한 인식이 바뀌었다면 헌법도 이에 맞춰 바뀌는 것이 자유로워야 한다. 대법원은 이런 의미에서 국가의 양심과 헌법적 가치의 수호자로서 행동해야 한다.

비해석주의에 대한 비판자들은 모자 속에서 헌법이라는 토끼를 꺼내는 행위보다(즉 새로운 헌법상의 원칙을 만들어 내는 것보다) 기존의 헌법 조문에 대한 창조적인 해석에 대해 덜 염려하고 있다. Griswold v. Connecticut 사건[265]의 예를 들면 사생활 보호에 근거를 두고 기혼자들의 피임을 금지한 법률을 무효화시켰다. 마찬가지로

Roe v. Wade 사건[266]에서는 다수 의견은 사생활보호에 근거해 낙태를 허용하는 입장을 취했다. 사생활보호에 대해서는 common law 상의 권리가 인정되지만 헌법 자체에는 이에 대한 명백한 규정이 없다. 비해석주의를 지지하는 사람들은 행정부의 특권, 연방주의, 권력분립 및 심지어 사법심사 등의 헌법상 원칙들이 헌법에 명시적으로 규정되어 있지는 않다는 점을 지적한다. 그러나 이러한 원칙들이 헌법의 구조 속에 짜여 있다는 점에 대해서는 아무도 부인할 수 없을 것이다.

4. 사법심사권의 내용과 효력

(1) 개설

앞에서 살펴본바와 같이 미국의 사법심사제(judicial review)는 1787년의 연방법원에 명시된 제도가 아니라 1803년의 Marbury v. Madison 사건을 통하여 확립된 제도이다. 헌법 초안자들이 왜 이 제도를 명문화하지 않았는지는 분명하지 않지만, 마샬(Marshall) 대법원장이 당시 복잡한 정치상황에서 묘안으로 생각해 낸 것이었다. 정치기관에서 정상적인 토론을 거쳐 마련한 제도가 아니라 순전히 판결이론에 의하여 출발한 제도였기 때문에 그 정통성(legitimacy)을 둘러싸고 논쟁은 계속되었다. 대법원으로서는 이러한 약점을 의식하지 않을 수 없었고, 자연히 그것은 사법자제적인 태도로 나타났다.

265) Griswold v. Connecticut, 351 U. S. 479(1965).
266) Roe v. Wade, 410 U. S. 113(1973).

이러한 사법부의 신중한 자세는 국민의 신뢰를 받게 되었고, 또 국민의 신뢰 속에서 사법심사제는 성장을 거듭하면서 발전하여 왔고 입헌정부의 기능과 인권보호에 중대한 영향을 미쳤다.

사법심사제는 법률 또는 국가기관의 행위의 위헌여부가 재판의 전제가 되는 경우 이를 심사해 그 효력여부를 가리는 제도이다. 구체적인 사건에 대하여 적용할 법률 또는 국가의 행위가 헌법에 위반되는 경우 그 효력을 부인함으로써 헌법의 내용을 구체화하는 절차라고 할 수 있다. 그렇지만, 이 모두가 판례에 의해 확립된 제도이기 때문에 사법심사의 대상, 기준 효력의 범위 등도 모두가 판례에 의하여 결정된다. 특히 구체적인 사건에서 심사할 기준도 마찬가지다. 합리적이며 타당성을 지니는 심사기준을 마련하기란 결코 쉬운 일이 아니지만, 판례는 이러한 심사기준을 마련해 가면서 꾸준히 발전해 왔다. 오랜 노력과 끊임없는 사법심사기준에 대한 검토와 교정은 그 자체가 미국의 헌정사라고 해도 과언이 아닐 정도이다.

이러한 사법심사의 범위와 제약의 문제는 사법부 스스로가 결정해 왔지만 결국 그 문제는 앞에서 살펴본 바와 같이 헌법해석의 문제로 귀결된다. 헌법입안자들의 본래의 의도(original intention)인 헌법의 취지를 중시하느냐 아니면, 시대상황에 맞추어 헌법전의 의미를 재해석하고 새로운 가치체계를 세워나가야 하는가이다. 법원이 헌법해석에 대하여 어떠한 태도를 취하냐에 따라서 사법심사의 범위는 달라지게 마련이다. 또는 미국의 헌정사는 사법심사에 대하여 대부분 사법자제적인 태도인 사법소극주의가 주류를 이루어 왔지만 전환점은 거의 사법적극주의의 몫이었다. 이하 사법심사의 대상, 기준, 절차 등에 대하여 판례를 중심으로 살펴보고자 한다.

(2) 사법심사의 대상

1) 법률

Marbury v. Madison 사건에서 처음으로 위헌심사대상에 오른 법률로서 법원조직법이 헌법과 충돌돼 재판규범으로 삼을 수 있는 지가 주된 쟁점이었다. 법률의 규정이 헌법에 저촉이 되는 것으로 판단되는 경우 그 법률의 효력을 부인하는 것이 사법심사의 본질인 만큼 사법심사의 주 대상은 법률이다. 이 경우 법률은 연방법률 뿐만 아니라 주 법률까지를 포함하는 광의의 법률이다. 주 법률이라고 해서 언제나 해당 주의 주 법원에서만 사법심사의 대상으로 삼는 것이 아니라 연방법원에 있어서도 그것이 재판절차에서 주 법률을 적용하게 되는 경우에는 심리의 대상이 된다[267] 역으로 주 법에서 연방법을 적용하는 경우에는 그 반대가 된다.

2) 행정행위

미국헌법에는 위임입법에 관한 규정이 없다. 헌법 증보 제10조에서 연방에 부여되지 않은 권한은 주 또는 인민에게 유보된다는 규정을 두기는 하였지만[268] 그것이 위임입법에 대한 직접적인 규정은 아니다. 그 때문에 위임입법에 관한 오랜 논쟁 끝에 위임입법을 허용하고

267) 연방법원의 소송에 있어서 주 법을 적용할 것인가, 연방법을 적용할 것인가는 미국법상 Conflicts of Law의 기본문제이다. 이에 관하여서는 Maurice Rosenberg and Hans Smit, Rochelle Cooper Dreyfuss, Elements of Civil Procedure, New York: Foundation Press, 1984, pp. 382-425; 손용근, "미국의 헌법재판제도와 재판에 관한 근본이론", 헌법논총 제1집, 헌법재판소, 1990, 246면.

268) 위임입법이 합헌이라는 최초의 연방대법원 판결은 1813년 The Cargo of the Brig Aurora Burnside v. United States, 11 U. S. 328(1813).

있다.[269] 행정입법을 미국에서는 '규칙(Rule)이라는 용어를 사용하지만, 그 의미는 대륙법계에서 말하는 법규명령을 포함하는 광의의 개념으로 이해된다.[270] 그 규칙을 제정·개정·폐지하는 절차가 바로 규칙개폐절차(Rule-Making)이다. 이에 반해서 우리의 행정처분의 개념과 유사한 명령(Order) 및 재결(Adjudication) 등이 있다. 이러한 행정입법을 포함한 행정행위에 대하여 사법심사의 대상이 되는 것은 미국식 사법심사제도하에서 매우 당연한 일이다.[271] 행정행위 역시 소송대상이 되기 때문에 자연스럽게 사법심사대상이 되는 것이다.

일반적으로 행정행위는 기속행위와 재량행위로 구분할 수 있는데 이 중 기속행위는 글자 그대로 법에 엄격하게 기속되어 발하는 행정행위이기 때문에 이에 대한 사법심사에는 별 어려움이 없다. 그러나 일정범위의 행정작용에 상당한 재량권을 부여하고 있는 재량행위에 대한 사법심사에 있어서는 실제재판에서 어떤 기준으로 심사를 해야 할지 어려운 문제이다. 이 같은 이유에서 미국에서는 행정사건에 대한 사법심사라고 하면 재량행위에 대한 사법심사로 여겨 왔던 것이다.

미국에서 재량이라는 개념에 관해서는 오래 전부터 많은 논의가 있었다. 특히 데이비스(Davis) 교수는 "법이 존재하지 않는 곳에서부터 행정청의 재량이 시작되는 것이라고 하면서 이런 재량권의 행사를 시민에게 자선이 아니면 횡포, 정의가 아니면 불의, 합리성이 아니면 자의성을 가져다 줄 위험이 크다"[272]고 지적하였다. 상당히 의

269) 행정입법을 허용하지 않을 수 없는 이유에 관하여는 박영도, "위임입법에 관한 연구", 한국법제연구원, 1999, 50면 참조.

270) 박영도, 위의 논문, 51면 참조.

271) 규칙이 적정절차의 위반으로 무효가 된 사례 Panama Refining Co. v. Ryan, 293 U. S. 388(1935).

미 있는 표현이라고 생각된다. 또한 Koch교수가 "행정법이라고 하는 것은 주로 재량이라는 용어에 의해 지배된다. 행정청은 도저히 시민들이 생각할 두도 없는 많은 문제들을 재량의 행사를 통해 해결하고 있다"[273]고 하는 지적은 행정청이 현실 행정영역에서 얼마만큼 많은 재량행위를 행하고 있는지를 잘 말해 주고 있는 것이다. 사법심사에서는 이러한 재량의 파악도 중요하지만, 여기에서 더 중요한 문제는 재량행위를 어떻게 적절히 심사하는가에 있다.

흔히 대륙법계에서는 목적위반, 동기의 부정, 평등원칙, 비례원칙, 재량의 자기구속, 공정한 절차의 요청 또는 재량수축이론 등 비교적 추상적이고 일반적인 기준을 사법심사의 기준으로 삼고 있지만[274] 미국에서는 행정사건에 대한 사법심사(judicial review)를 직접 행함으로 인해 누적된 '존중기준'(deference standard), '실체적 증거기준'(substantial evidence standard), '독단·변덕·남용기준'(arbitrariness, capriciousness, abuse standard) 등[275]을 기준으로 삼고 있다. 미국에서도 행정청의 자유재량행위는 사법심사의 한계를 이루고 있다는 점이 우리에게 시사 하는바가 크다.

---

272) Kenneth Culp Davis, Discretionary Justice, Baton Rouge: Louisiana State University Press, 1969, p. 3.

273) Charles H. Koch, "Judicial Review of Administrative Discretion", 54 George Washington Law Review, 1986, p. 469.

274) 배영길, "재량이론의 현대적 정리", 공법연구 제26집 제1호, 한국공법학회, 1998, 174면.

275) Peter L. Strauss and Todd Rakoff and Roy A. Schotland and Cynthia R. Farina, Administrative Law, New York: The Foundation Press, Inc., 1995, p. 520. 이하에서는 Strauss et al.로 표기함.

3) 정치문제

원칙적으로 법률적인 분쟁사건은 사법심사의 대상이 되겠지만 그러한 분쟁사건 중에서도 사법부에서 심사대상으로 하여 재판을 하기에는 적절하지 않은 국가행위를 일컬어 '정치문제'(Political Question Doctrine)[276]라고 한다. 사건을 법원에 제소하였더라도 사안의 성격상 사법부가 최종적인 판단을 내리기에는 적절하지가 않다는 것이다.[277] 이러한 정치문제는 주로 정치기관인 입법부 또는 행정부의 배타적인 심사권한으로 되어 있는 경우에는 삼권분립의 원칙상 사법부에서 심사를 할 수 없는 것이다. 또한 그러한 사항은 아니더라도 사법부에서 적절한 심사기준이 없거나 그러한 심사기준을 마련하기가 쉽지 않은 경우,[278] 또는 법원의 판결에 대하여 집행력을 보증할 수 없는 사건의 경우에도 본질적으로 법원에서 심사를 하기가 적당하지 않는 것이다.[279]

---

276) Doctrine 개념에 관하여 자세한 것은 김선화, "미국 헌법상 정치문제법리에 관한 이론", 미국헌법연구 제15권 제1호, 미국헌법학회, 2004, 213-214면 참조.

277) 세간에 널리 알려진 김대중 정부시절 대북 송금사건에 있어서 그 송금행위를 대법원은 통치행위로 보지 않았다. 대법원 2004. 3. 26. 선고 2003도7878 판결 참조; 헌법재판소의 2003. 12. 13. 선고 2003헌마255, 256(병합)결정사건에서도 이라크 파병행위 역시 통치행위로 보았지만, 이 사건의 별개 의견에서 통치행위의 기준과 요건을 상세히 언급하여 주목을 끌었다.

278) 정당의 전당대회를 둘러싼 대의원 자격과 관련된 분쟁사건에 관한 판례로서 O'brien v. Brown, 409 U. S. 1(1972)가 있다. 이 사건에서 연방대법원은 상고허가를 기각하는 한편 항고심판결의 효력정지를 구하는 판결을 인용하는 판결을 하면서 정당내부의 문제를 사실상 정치문제로 보았다. 양건, "정당내부의 분쟁과 사법심사의 한계", 공법연구 제8권, 한국공법학회, 1980, 111면 이하.

279) 이광윤, "Nixon 판결을 계기로 한 정치문제에 대한 재조명", 미국헌법연구 제9권, 미국헌법학회, 1998, 99-100면 참조.

정치행위는 우리나라에서 일반적으로 논하고 있는 통치행위와 유사한 개념이지만[280] 미국에서 논하고 있는 사법심사대상에서의 정치문제의 핵심은 사법심사대상에서 제외되는 영역으로서 국가행위라는 개념을 인정할 것인가, 또 그러한 개념을 인정한다면 이를 어떻게 정당화할 것인가에 관한 것이다. 법의 지배(Rule of Law)와 관련해서 정치문제의 법리를 어떻게 모순 없이 이해할 수 있는가 하는 점에 관한 문제이다.[281] 정치문제의 법리는 헌법에서 직접 도출된 개념이 아니라 판례에서 그 사안에 맞게 형성하여 왔기 때문에 사실 획일적으로 그 개념을 정하는 것 자체부터가 사실상 불가능한 일이고, 사안별로 유형화 하는 것이 최선의 방법이라고 할 수 있다.

사법심사의 효시인 Marbury v. Madison 사건에서 마샬(Marshall) 대법원장은 사법심사대상이 되지 않는 정치행위를 다음과 같이 판시하였다. "헌법상 대통령에게 일정한 중요 정치권력(political power)이 부여돼 있다. 대통령은 그 권력을 자기 재량(discretion)으로 행사하며 오로지 정치적 특성에 대해서는 국가와 자기양심에만 책임을 진다. 대통령은 또 그 권한을 수행하기 위해서 그를 보좌할 관리를 임명할 수 있다. 이 경우 그 관리는 대통령의 명령에 따라 그 권한을 행사하며, 이 때 그 관리의 행위는 곧 대통령의 행위가 되는 것이다. 대통령이 재량을 행사하는 방법에 있어서 그가 어떠한 의견을 가지든 그 재량을 행사하는 방법을 제한하는 권한은 존재하지도 존재할

280) 통치행위에 대한 국내 학설은 대체적으로 부정설이 통설적인 입장이지만, 정책적·합목적적·현실적 필요성이 있어서 기본권적 가치에 부합하는 경우에는 사법자제적인 통치행위를 인정하고 경향을 보이고 있다. 김선화, 앞의 논문, 213-14면 참조.

281) 김선화, 위의 논문, 213면.

수도 없다. 그 문제는 정치적이며 국가에 관한 문제이고, 개인의 권리(individual right)에 관한 문제가 아니다. 그 문제를 일단 행정부에 위임한 이상, 행정부의 결정은 종국적인 것이다. 그렇기 때문에 공무원의 행위이면서도 대통령의 위임에 의한 행위는 사법심사대상이 될 수 없는 것이다."

즉, 헌법이나 법률상 행정부에 위임된 문제는 법원에서 심사를 할 수 없는 사항으로 선언함으로써 모든 법률사건이 전부가 사법심사의 대상이 되는 것은 아니며, 그러한 문제에 대하여는 오히려 국민에게 직접 책임을 지는 정치기관 스스로가 다른 방법에 의하여 해결할 수 있는 여지를 둠으로써 '정치문제'를 인정하였다. 즉, 정치기관의 재량에 속하는 문제는 정치문제에 속하겠지만, 그것이 정치기관의 재량에 관한 문제인지에 대한 판단은 법원의 권한에 속하는 것이고, 또한 그 판단은 전적으로 그 행위의 성격에 달려 있는 것이다

Baker v. Carr[282] 사건에서 연방대법원은 정치문제를 다음 6가지 유형으로 분류하였다. ① 쟁점사항을 입법부와 동등한 정치기관에 명백하게 헌법상 위임한 경우, ② 판결에 필요한 재량기준(judicially discoverable and manageable standards)이 결여되어 있는 경우, ③ 비사법적 재량(nonjudicial discretion)에 의하여 우선적인 정책적 결정이 선행되지 않고서는 판단이 불가능한 경우, ④ 대등한 정부기관의 위상을 손상하지 않고서는 독립적인 판단을 할 수 없는 경우, ⑤ 이미 행해진 정치적 결정에 따라야 할 특별한 사정(unusual need)이 있는 경우, ⑥ 같은 문제에 대해 동등한 기관이 다른 의사를 표함으로

282) 369 U. S. 186(1962).

써(multifarious pronouncements) 혼란을 야기할 가능성(potentiality of embarrassment)이 있는 경우를 정치문제로 정의하였다.[283] 이렇게 정치문제를 정의하고 나서 얼마 되지 않아 하원의원에서 독직사건으로 물의를 빚은 Powell이 당선되자 의회의 결의로 그의 의원선서와 의원자격의 인준을 거부하고 의원자격을 박탈하였다.[284] 이러한 의회의 조치에 대하여 연방대법원은 앞서의 판결과는 달리 의회의 조치는 헌법에서 의회에 위임한 권한[285]을 벗어난 것이라고 하여 무효로 하였다.

Nixon v. United States 사건[286]에서 지방법원장 닉슨(Walter L. Nixon)이 금품을 받고 주 지방검사에게 한 사업가의 아들을 불기소하도록 청탁을 받았다는 보고에 따라 대배심에서 조사를 하는 과정에서 위증을 하였다는 혐의로 기소되어 징역형을 선고받았다. 이에 하원에서는 세 가지의 이유를 들어 탄핵하고,[287] 그 보고서를 상원에 제출하였다. 상원도 탄핵규정 제11조에 따라 탄핵절차를 진행하고 대배심에서 위증한 두 가지의 이유로 탄핵결정을 하였다. 이에 원고 닉슨(Nixon)은 상원의 탄핵결정의 결의가 탄핵심판규정에 어긋난다는

283) Baker v. Carr 사건에서 제시한 6가지의 기준을 헌법개정과 관련하여 설명한 것으로서는 이광윤, 앞의 논문, 103-104면 참조.

284) Powell v. McCormack, 395 U. S. 486(1969).

285) 헌법 제1조 제5항에 제5항의 규정에 의하면 의원의 선거, 선거결과 및 자격을 심사할 수 있고, 자격에 미달하면 의원을 제명할 수 있다. 그런데 의원자격에 관하여는 제1조 제2항에서 시민권, 거주요건 등에 관하여 규정하고 있었다. Powell의 경우에는 이러한 요건을 모두 갖추었는데 연방대법원에서 이러한 자격요건만을 심사대상으로 본 것이다.

286) 507 U. S. 224(1993).

287) 탄핵사유 3가지 중 2가지는 위증이며, 나머지 하나는 품위손상(misdemeanor)이었다.

것을 이유로 이 사건에 대하여 이의를 제기하였다. 연방대법원은 이에 대하여 Baker 사건에서 밝혔던 6가지의 기준 중 두 가지의 기준에 충족하는 것으로 판시하고 원고의 청구를 기각하였다. 첫째는 탄핵결정권한을 상원에 부여하고 있으므로 ①의 기준인 쟁점사항을 동등한 정치기관에 명백하게 헌법상 위임한 경우에 해당하고, 둘째로 탄핵의 경우에는 판결에 필요한 심사기준을 정립하기 어렵기 때문에 ②의 기준에 해당한다고 보았다.

닉슨(Nixon) 판결에 대하여 연방대법원의 다수의견은 "탄핵심사규정에서 상원만이 모든 탄핵사건을 결정할 권한을 가진다(Senate shall have the sole Power to try all Impeachments)"고 한 규정상에서 'try'와 'sole'의 의미를 실제 탄핵사건에 맞게 풀이하지 않고 사전에 의존하여 기계적으로 새김으로써, 실질적이며 본질적인 검토를 하지 못하였다는 비판과 함께, 이렇게 해서 Baker 사건에서 제시한 두 기준에 끼워 넣게 됨에 따라서 그 기준이 모호해지는 결과를 가져왔고, 몇몇 용어의 의미를 사전에 따라서 풀이함으로서 의회가 결의한 것을 법원에서 심사하지 못하는 것으로 한다면 '정치문제'가 아닌 것이 없다는 비판이 제기 되었다.[288] 그러면서 연방대법원은 또 United States v. Lopez 사건[289]에서 정치문제의 범위를 좁게 보는 듯한 판결을 하였다. 어쨌든 미국에서의 정치문제는 산만하고 정의하기 어려운 점이 있지만, 대체적으로 ① 사법부와 대등한 헌법기관이 헌법과 법률에 따라 배타적인 권한을 행사하는 경우, ② 헌법기관의 행위 중 사법심사대상으로 삼는데 있어서 심사기준을 정립하기 어려운 경우,

288) 이광윤, 앞의 논문, 110-11면.
289) 514 U. S. 549(1995).

③ 헌법기관의 행위 중에서 개인의 권리를 직접적으로 침해하는 경우가 아닌 경우 중에서 사안에 따라서 정치문제로 인정하고 있는 것으로 생각된다.290)

4) 조약문제

법률로서 강제력을 가지는 조약이 의회에서 제정된 법률과 서로 충돌하는 경우에 그 효력관계가 문제된다. 이러한 문제는 헌법과의 관계에서도 나타난다. 조약의 내용이 헌법의 규정에 어긋나는 경우 양자는 어떠한 법률관계를 가지는가 하는 점은 헌법학은 물론 국제법학에서 매우 공통된 중요한 문제이다. 법률체계상 헌법의 한계를 넘어서는 조약은 존재할 수 없기 때문에 종국적으로는 헌법규정이나 헌법적 관행에 의하여 이 문제를 해결해 갈 수밖에 없는 문제이다.291)

권력분립이론에 의할 때 조약과 헌법이 서로 저촉되는 경우 그 판단권한을 입법부나 행정부가 가지는 것은 적절하지 않고 제3자적 기관인 법원에서 그 권한을 행사하는 것은 당연하다. 그러나 오랜 재판실무관행으로 보면 조약에 대한 심사를 법원에서 행한다는 원칙이 확립된 정도는 아니다. 조약을 해석하고 적용함에 있어서는 먼저 조약과 국내법은 합치된다는 '합치의 추정'(Rule of Construction)원칙

---

290) 정치문제에 관한 최근의 국내 자료로서는 김선화, 앞의 논문 211면 이하; 이광윤, 앞의 논문, 99면 이하 참조.

291) 국제조약의 위헌문제를 다룬 논문으로서는 정재황, "조약에 대한 위헌심사의 문제", 법학연구 제1권, 홍익대 법학연구소, 1999, 61면 이하; 김성순·이금옥, "위헌조약의 효력에 관한 소고", 사회과학연구 제5권, 순천대학교 사회과학연구소, 1993.

이 적용되며,[292] 이러한 원칙을 적용한 결과도 위헌인 경우 법원이 이를 심사대상으로 삼을 수 있는 가의 문제는 결국 법률의 위헌심사에 관한 문제로 귀착된다.

그러나 조약에 관한 문제는 통치행위 또는 정치문제에 일괄적으로 포함시켜 위헌심사를 법원에서 분리해 내려는 경향도 있기 때문에 일반 법률의 위헌심사문제와는 성격을 달리한다. 특히 대외정책에 있어서는 법원에서 사법자제적인 태도를 일관되게 보여 왔고, 그 이론적 배경에는 국가행위이론이나 주권면제이론이 이를 뒷받침한 것도 사실이다. 법이 무엇인가를 해석하는 임무를 법원으로부터 분리해서 정치인 또는 외교관에게 전가한 결과가 되었다. 그리하여 외교적 쟁점을 가지는 분쟁사건에 있어서 사법자제가 도움을 주기보다는 재판을 통해 잘 해결될 수 있는 문제까지 정치문제화 하여 정치적 부처의 업무를 가중시켰고, 종국적으로는 법치주의에 대한 국민의 신뢰를 떨어뜨리는 것에 불과한 것으로 인식하게 되었다. 조약과 대외정책에 관한 판례의 흐름을 살펴보면, 우선 조약의 무효결정에 관한 1796년 Ware v. Hylton 사건[293]에서 타방 당사국의 조약위반으로 그 조약을 무효로 하는 경우, 검토해야 할 주요 고려대상은 정책사항이고, 또한 그 중에서 극히 중요한 고려사항은 의회에서 결정할 사항이기 때문

292) 이 원칙은 조약이 국가간의 약속으로서 당사국을 구속한다는 즉 '합의는 구속이다'(pactasunt servanda)라는 법원칙에 기초를 두고 있으며, 동시에 조약의 상호준수는 국제질서를 유지하고 국제적 혼란을 방지하려는 것이기 때문에 당사국은 조약을 준수하여야 한다는 강력한 요청에 의하여 인정되는 것이다. 정용태, "조약의 사법심사", 문홍주박사화갑기념논문집, 공법의 제문제, 해암사, 1978, 290면 참조.

293) 3 U. S. 199(1796).

에 법원의 심사대상이 아니라는 것이었다. Oetjen v. Central Lether Co 사건[294]에서 클라크(Clark) 대법관은 판결문에서 "우리 정부가 담당하는 외교관계문제는 헌법상 정치기관인 입법부와 행정부에 위임하였다. 그리하여 이러한 정치권력(political power)의 권한행사에 대하여는 사법심사(judicial inquiry or decision)의 대상이 되지 않는다"고 판시함으로써 정치문제에 대한 사법심사의 태도를 분명히 하였다. 이러한 판결흐름은 1902년의 Terlinden v. Ames 사건[295]으로 이어져 조약의 종료여부에 대한 결정권한은 정부가 가지고 있으므로 그 결정에 관하여는 사법심사대상이 되지 않는다고 판결하였고, 1947년 Clark v. Allen 사건[296]도 조약을 폐기하고 그 존속을 종료하는 결정권한은 대통령과 상원에게만 있고 법원에는 그러한 결정권이 없다고 판시함으로써 종전의 판례를 따랐다.

조약의 폐기에서와는 달리 조약의 체결권(treaty-making power)의 행사에 관한 Baker v. Carr 사건[297]에서 연방대법원은 외교문제와 관련된 사안(every case or controversy which touches foreign relations)이면 모두가 사법심사의 대상이 되지 않는다는 주장을 배척하였다. 나아가 Dames & Moore v Regan,[298] United States v. Pink,[299] United States v. Belmont 사건[300]에서는 본안판단에서 대통령이 보다 상위의 외무협정을 보충하기 위해 조약 대신 행정협정을 체

294) 246 U. S. 297(1918).
295) 184 U. S. 270(1902).
296) 331 U. S. 503(1947).
297) 369 U. S. 186, 211(1962).
298) 453 U. S. 654(1981).
299) 315 U. S. 203, 229(1942).
300) 301 U. S. 324, 330(1937).

결하는 행위는 합헌이라고 판단하였고, Missouri v. Holland 사건[301]에서 대법원은 철새보호를 위한 영국과의 조약 등과 같이 특정사안에 대한 조약체결권의 행사를 합헌이라고 하였다.

조약의 해석과 관련된 문제로서 1913년 Charlton v. Kelly사건[302]의 판결에서 조약의 해석은 법원에 대하여 결정적인 것은 아니지만 중대한 것이므로 범죄인인도조약의 해석으로서 자국민이라도 인도하여야 한다고 행정부에서 먼저 해석을 하였다면 그것을 인정하는 것이 법원의 의무라고 판시했다. 조약체결과 관련하여 당사국 시민에 대하여 국내 법원에서 소송을 제기할 수 있는 권한을 부여한 경우 국내 법원은 일찍부터 그 조약의 해석권한을 가진다고 하는 것이 De Geofroy v. Riggs 사건[303]의 판결 내용입니다.

법원에서 조약의 해석권한을 가진다면 당연히 그 조약을 해석한 결과 위헌인 경우가 문제된다. 즉 해석의 문제로서 법원이 조약에 대한 위헌심사권을 가지는 지에 관한 문제이다. 위헌심사의 결과 조약이 헌법에 저촉되는 경우에는 무효로 해야 하기 때문에 이는 매우 중대한 문제임에는 틀림이 없다. 따라서 정치문제의 한 부류로서 제약을 받는 것으로 생각되지만 이에 대한 판례는 아직까지 없다.

이와 같이, 외교문제에 있어서 정치문제의 이론은 그 이론적 정당성보다는 주로 실용적 필요성에서 나온 것이다. 외교문제에 관한 조약의 적용에서는 국내법의 경우와는 달리 '합헌성 추정'(Rule of Construction)원칙이 적용되는 등 다른 규범의 세계가 존재하며, 또

---

301) 252 U. S. 416, 433(1920).
302) 229 U. S. 447(1913).
303) 133 U. S. 258(1890).

한 '외교문제'의 특성상 대통령을 중심으로 외교관계의 정보를 독점하면서 그 전문성을 지니는 행정부가 외교문제를 처리하는 것이 타당하고, 다른 한편으로는 외교문제에 관한한 이를 해결하기 위한 적절한 기준도 없거니와, 정책적인 성질이 강하여 너무 정치적이고 복잡하며 전문화되어 있어서 법원이 개입하여 판단하기 어렵다는 점 등이 사법심사 부정론의 근거이다.[304] 이러한 주장은 종래 정치문제 이론의 이론적 근거로서 권력분립설과 사법자제설을 선택적으로 또는 동시에 제시되어 온 흐름과 같은 맥락이라 보인다.

(3) 사법심사의 효력

앞에서 지적한대로 연방대법원 결정은 소송당사자간의 분쟁을 해결하는 기능 외에 국가적으로 객관적 헌법질서를 수호하는 기능을 가지고 있다.

1) 법적 구속력

가. 원칙

특정 국가행위에 대한 연방대법원의 위헌결정은 법적 구속력을 갖는다. 연방대법원의 위헌결정의 법적 구속력은 그 대상을 기준으로 살펴볼 때 다음과 같은 세 가지 측면에서 나타난다. 첫째, 연방대법원의 위헌결정은 소송당사자를 구속한다. 즉 패소한 당사자는 사건에서 문제된 국가행위를 완전히 포기하거나 또는 그것을 합헌적인 방

304) Chicago and Southern Air Lines v. Waterman S. S. Corp., 333 U. S. 103, 111 (1948).

향으로 수정하여야 한다. 여기에서는 1974년 Bakke 사건[305]을 그 예로 연방대법원의 위헌결정에 패소한 당사자에게 미치는 효력을 살펴보기로 한다. 이 사건은 캘리포니아 주립대학이 의과대학 입학전형에서 흑인·소수민족응시자에게 일정한 정도의 입학정원을 할당한 것이 문제된 사건으로 연방대법원은 이러한 주립대학 입학제도가 의도하는 목적에 대해서는 합헌결정을 내렸으나 그 목적을 달성하기 위한 수단, 즉 할당제에 대해서는 위헌결정을 내렸다. 이에 캘리포니아 주립대학은 위헌 결정된 할당제를 폐지하고 다른 수단을 검토할 수 밖에 없었다. 이 사례는 국가행위의 목적과 수단 중 수단에 대해서만 위헌결정이 내려진 사례였으나 이와 유사한 목적의 국가행위를 추진하는 것은 금지된다.

둘째, 연방대법원의 위헌결정은 하급법원을 구속한다. 연방대법원은 미국 사법체계의 정점에 위치한다는 점에서 연방대법원의 결정은 연방과 주의 하급법원에 선례로서의 구속력을 갖는다. 이것은 구체적으로 하급법원에서 연방대법원에 의해 위헌으로 결정된 국가행위와 유사한 국가행위의 위헌성여부가 다투어지는 경우, 그 하급법원의 담당판사에게는 이를 위헌으로 결정해야 할 법적 의무가 있다는 것을 뜻한다. 나아가 헌법이나 연방법률 규정에 대한 해석을 필요로 하는 사건에 있어서도 하급법원은 연방대법원의 헌법과 법률해석을 절대적으로 존중하여야 한다.[306]

---

305) Regents of the University of California v. Bakke, 438 U. S. 265(1978).

306) 이 점에 대해 Learned Hand 판사가 그가 제2 연방순회항소법원의 판사로 재직할 시절에 다음과 같이 말하고 있다. "나는 (헌법과 연방법률의 해석에 관한) 하급법원이 스스로의 의견을 자제하는 것이 마땅하다고 생각해왔다… (헌법과 연방법률에 대한 해석에 있어서도) 나는 해석의 기준을 연방대법원의 기

셋째, 연방대법원의 위헌결정은 다른 국가기관을 구속한다. 연방대법원 결정이 다른 국가기관을 구속하는 범위는 다수의견의 판결이유와 밀접한 관련이 있다. 즉 판결이유의 범위가 넓을수록 판결의 영향을 받는 국가행위의 범위도 넓어진다. 예컨대 과거 학교에서의 인종통합과 관련한 일련의 연방대법원 판결은 이러한 사실을 명확하게 보여주고 있다. 구체적으로 1938년부터 1954년까지 연방대법원은 학교에서의 인종분리제도는 흑인학생들에게 불평등한 교육시설을 제공한다는 점에서 헌법 증보 제14조의 평등보호조항에 위반된다는 내용의 판결을 잇달아 내렸다. 하지만 여기에서의 문제점은 이러한 판결이 이외의 지역에까지 미치지 못했다는 것이다. 이에 1954년 Brown 판결에서 연방대법원은 학교에서의 인종분리제도는 본질적으로 금지된다고 판결하였다. 결국 연방대법원은 이 사건에서 상당히 광범위한 판결이유를 제시함으로써 판결의 효력을 전국적으로 확대할 수 있었다.

한편 연방대법원의 결정이 다른 국가기관을 구속한다 하더라도 연방대법원 결정으로 인해 다른 국가기관이 정확히 어떠한 의무를 부담하는 지에 대해서는 상당한 논란이 있는 것으로 보인다. 한 가지 분명한 사실은 다른 국가기관이 특정한 사건에서 소송당사자인 경우, 그것이 연방대법원의 결정을 정면으로 부인하는 것은 어떠한 경우에도 허용될 수 없다는 점이다. 그렇다면 다른 국가기관은 어느 경우에나 절대적으로 연방대법원의 헌법해석에 구속되는가? 그러나 연방대

준에 맞추기 위하여 노력해왔다. 이러한 나의 태도가 항상 옳은 것은 아니었지만 최소한 나는 이러한 태도를 갖는 것이 하급법원 판사의 1차적 의무라고 생각해왔다." Marvin Schick, Leaned Hand's Court, Connecticut: Greenwood Press Reprint, 1978, p. 167.

법원의 헌법해석이 곧 헌법은 아니라는 점, 그리고 연방대법원의 헌법해석에도 오류가 있을 수 있다는 점에서 다른 국가기관이 언제나 연방대법원의 헌법해석에 구속된다고 보기는 힘들다. 예컨대 노예제를 헌법적으로 인정한 Dred Scott 판결[307]이 내려지자 당시 대통령이었던 Abraham Lincoln은 한편으로 연방대법원에 대한 존중을 표하고 이 판결이 연방대법원 판결로서 갖는 권위를 인정하였지만, 다른 한편으로는 이 사건에서의 연방대법원의 헌법해석은 잘못되었다는 전제하에 자신은 이 판결의 효력을 저지하기 위해 모든 노력을 다할 것임을 밝히기도 하였다. 1973년 Roe v. Wade 사건에서 낙태는 제한된 범위에서 헌법적으로 인정될 수 있다고 결정되자 이 판결에 반대하는 여러 주는 낙태를 제한하기 위한 여러 가지 입법을 단행하였다. 이러한 입법의 목적은 조만간 이러한 입법에 대해서는 선례에 위반된다는 것을 이유로 소송이 제기될 것이라는 예상 하에 이를 통해 연방대법원이 Roe판결을 재검토할 기회를 만들겠다는 것이었다. 결국 이들이 의도한 바대로 1989년 Webster 판결[308]과 1992년 Casey판결[309]에서 연방대법원은 Roe 판결로부터 다소 후퇴하는 내용의 판결을 내렸다.[310]

---

307) Dred Scott v. Sandford, 60 U. S.(19 How.) 393(1857).

308) Webster v. Reproductive Health Services, 492 U. S. 490(1989).

309) Planned parenthood of Southeastern Pennsylvania v. Casey 505 U. S. 833 (1992).

310) 강승식, 앞의 논문, 236면.

나. 예외

(가) 문제의 제기

연방대법원이 특정한 국가행위에 대해 위헌결정을 하게 되면 해당 국가기관은 위헌으로 결정된 국가행위를 중단하거나 또는 그로부터 발생한 기본권침해를 구제해야 할 의무를 부담한다. 대부분의 경우에 연방대법원의 결정은 국가기관으로부터 존중되는 것이 일반적이다. 그러나 연방대법원의 결정에 법적 구속력이 있다고 하여 언제나 그것이 다른 국가기관에 의해 효과적으로 집행되는 것은 아니다. 이하에서는 연방대법원 결정에 다른 국가기관에 의해 제대로 집행되지 못하는 경우를 두 가지로 나누어 살펴본다.

(나) 비자발적 집행장애

연방대법원 결정이 제대로 집행되지 못하는 첫 번째 경우는 해당 국가기관이 스스로의 의지와 관계없는 사유로 사실상 연방대법원의 결정을 효과적으로 집행할 수 없는 경우이다. 이러한 현상은 주로 연방대법원 판결의 내용이 전체적으로 불명확할 때에 나타나고 있다. 일반적으로 헌법재판기관의 결정이 그 의도한 목적을 다하기 위해서는 헌법에 위반되는 국가행위와 위헌결정 이후의 후속조치, 그리고 위헌결정을 집행해야 할 국가기관이 판결문에 구체적으로 명시되어야 한다.

미국의 경우, 연방대법원 판결의 취지나 범위에 관한 불명확성은 대체적으로 다음과 같은 두 가지 상황에서 발생한다. 첫째, 판결문에 주요쟁점에 대한 대법관들간의 의견대립이 극심하게 나타난 경우이다. 예컨대 1960년대에 대법관들은 이 시기의 주요이슈였던 헌법 중보 제1조의 보호를 받는 성적 표현물의 범위에 대해 단 한 번도 다수의견을 형성하지 못했다. 그 결과 연방대법원 판결에는 여러 가지 의견이 난립할 수밖에 없었고 여기에서 대법관들은 시간에서 문제된 영화나 출판물상의 성적 표현이 음란한지 여부에 대해 서로 다른 기준을 제시할 수밖에 없었다. 이것은 결국 연방대법원 결정을 존중해야 함과 동시에 음란규제입법을 시행해야 하는 연방과 주의 공무원들에게 연방대법원이 결정적인 가이드라인을 제시하지 못했다는 것을 의미한다. 둘째, 다수의견은 형성되었으나 그것이 대단히 불명확한 경우이다. 이 문제와 관련한 대표적인 예는 1964년 Escobedo v. Illinois 사건을 들 수 있다. 이 사건에서 연방대법원은 다수의견을 통하여 경찰수사과정에서 형사피의자의 변호인의 조력을 받을 권리를 처음으로 인정하였다. 그러나 이 판결은 다수의견이 권리를 인정하면서도 그 권리의 범위에 대해서는 명확한 정의를 내리지 않았다는 점에서 그 문제점이 있었고 그 결과 하급법원이 연방대법원 판결을 제각각 해석하는 현상이 나타나게 되었다. 그 후 약 18개월에 걸쳐 Escobedo 사건과 유사한 150여건의 사건이 연방대법원에 상고되었고 마침내 1966년 Miranda v. Arizona 사건에서 수사과정상의 피의자의 변호인의 조력을 받을 권리가 구체적으로 정의되었다.[311)]

한편 연방대법원의 결정은 해당 국가기관의 착오로 인해서도 제대로 집행되지 못할 수 있다. 이것은 연방대법원 결정에 다수의견이 형성되고 그것이 명확한 경우에도 얼마든지 발생할 수 있는 문제이다. 이것과 관련한 대표적인 예는 1960년대 형사절차와 관련한 일련의

311) 강승식, 위의 논문, 237면.

연방대법원 결정에서 찾아볼 수 있다. 구체적으로 1966년 Miranda 판결이 내려진 직후에 위스콘신주의 대다수 경찰관들은 이 판결에서 연방대법원이 수사과정상의 피의자의 변호인의 조력을 받을 권리에 대해 구체적인 정의를 내렸음에도 불구하고 이 판결이 요구하는 것을 정확하게 이해하지 못하여 수사과정상의 여러 가지 문제를 야기하였다.[312] 그러나 국가기관의 착오로 인해 연방대법원 집행에 어려움을 겪는 것은 일시적 현상에 불과한 것으로서 그다지 큰 문제로 보기는 힘들다.

(다) 자발적 집행거부

연방대법원의 결정을 집행함에 있어서 가장 큰 어려움을 겪는 경우는 바로 그것에 구속되어야 할 국가기관이 자발적으로 연방대법원 결정에 따르지 않는 경우이다. 예컨대 연방과 주의 하급법원들은 종종 연방대법원의 결정에 구속되기를 거부해왔는데 이들 중 특히 주대법원이 연방대법원의 선례에 따르지 않는 현상이 두드러지고 있다. 그러나 연방대법원의 결정에 있어서 가장 빈번하게 그리고 가장 중대한 문제를 야기하는 경우는 단연 연방과 주의 행정부공무원들이 연방대법원 결정의 집행을 의도적으로 거부하는 경우이다. 연방과 주의 행정부공무원들이 연방대법원 결정에 대한 집행을 거부하는 현상은 첫째, 연방대법원 결정에 대한 여론이 부정적이거나, 둘째, 이것을 집행함으로써 자신들의 권한이 제한되거나 제한될 우려가 있는 경우에 발생한다. 예컨대 미국남부의 여러 학교위원회는 학교에서의 인종

312) Neil A. Milner, The Court and Local Enforcement: The Impact of Miranda, Los Angeles: Sage Publications, 1971, p. 225.

통합을 명하는 연방대법원 결정을 지속적으로 회피한 바 있으며, 1970년대는 북부의 여러 학교위원회 역시 이러한 자세를 취한 바 있다. 또 일부 교육청들은 교내의 종교행사를 위헌으로 결정한 일련의 연방대법원 판결에 정면으로 도전해왔으며, 일부 경찰관들 역시 피의자 수사와 수색에 관한 연방대법원 결정이 범죄의 통제에 방해가 된다고 판단한 경우에는 이를 의도적으로 회피해왔다.

그러나 이러한 연방대법원 결정에 대한 의도적인 집행거부는 그것이 널리 확산될 경우에 사법제도 존립자체에 중대한 위협을 초래한다는 점에서 바람직하지 않다. Alexander Hamilton은 연방주의자 논집 78호를 통하여 사법부는 행정부를 상징하는 칼이나 의회를 상징하는 돈지갑을 가지고 있지 않기 때문에 그 판결의 효력을 확보하기 위해서는 궁극적으로 행정부의 협력에 의존할 수밖에 없음을 지적하고 있다. 그러나 1954년 Brown 판결[313] 직후와 같이 행정부가 연방대법원 결정을 집행하는 데에 협력하기를 강력히 거부한다면 연방대법원이 취할 수 있는 조치는 그러한 집행거부의 위헌성을 문제 삼는 소송을 기다리는 것 외에 아무 것도 없다. 그마저도 하급법원이 이전에 내려졌던 연방대법원 결정을 부인하려한다면 물거품이 되고 만다. 이러한 관점에서 본다면 연방대법원의 진정한 능력은 연방대법원 결정에 따르지 않는 다른 국가기관들을 굴복시키는 데에 있기보다는 스스로 연방대법원 결정에 따르도록 판결을 통해 그들을 설득하는 데에 있다고 보는 것이 타당하다.[314]

---

313) Brown v. Board of Education, 347 U. S. 483(1954).
314) 강승식, 앞의 논문, 238쪽.

2) 정치적 영향력

연방대법원 결정은 법적 구속력 외에 정치적 영향력을 갖는다. 연방대법원 결정이 정치적 영향력을 갖는다는 것은 구체적으로 그것이 국민여론이나 정치권에 일정한 영향을 미침으로써 간접적으로 정부의 정책결정과정에 참여하게 된다는 것을 의미한다. 예컨대 논란이 되고 있는 국가정책에 대해 연방대법원이 합헌결정을 내리게 되면 그 정책을 시행하는 기관은 헌법적 정당성을 확보하게 되어 앞으로 더욱 적극적인 정책추진력을 발휘할 수 있다. 연방대법원 판례를 통하여 이를 보다 구체적으로 살펴보면 과거 연방대법원은 Heart of Atlanta Motel v. United States 사건[315]에서 「1964년 민권법」에서 논란이 되는 일부조항들을 합헌으로 결정함으로써 연방정부에게는 공용시설에서의 인종차별을 규제할 권한이 있음을 인정한 바 있다. 당시 국가적으로 큰 논란이 일고 있었던 이 문제에 대해 연방대법원이 종지부를 찍은 것으로 볼 수 있고 이를 계기로 정부의 인종차별 철폐정책이 더욱 확대되었다. 또 1947년 National Labor Relations Board v. Jones & Laughlin Steel Corporation 사건[316]과 그 후속판결에서 연방대법원은 논란이 되던 여러 가지 뉴딜입법들을 합헌으로 결정한 것도 위와 같은 맥락에서 이해될 수 있다. 결국 이 두 가지 사례는 일정한 연방정부정책에 연방대법원이 결정적인 역할을 하고 있음을 잘 보여주고 있는 사례라고 평가할 수 있다. 한편 연방대법원은 연방정부정책 외에 주 정책에 대한 위헌심사를 통하여 주 정부의

315) Heart of Atlanta Motel Inc. v. United States, 379 U. S. 241(1964).
316) National Labor Relations Board v. Jones and Laughlin Steel Corporation, 301 U. S. 1(1937)

정책결정과정에 간접적으로 참여하기도 한다. 예컨대 1896년 Plessy v. Ferguson 사건[317]에서 연방대법원은 대중교통수단에서의 인종간 분리수용을 인정하고 있었던 루지에나주 법을 합헌으로 결정하였는데, 이러한 연방대법원 결정이 내려지자 전국의 각 주에서는 흑인차별법인 소위 짐크로우입법이 크게 확산되었다.[318]

그러나 판결을 통해 연방대법원이 정부의 정책결정에 참여하는 과정은 항상 순탄하게 진행되는 것은 아니며, 일정한 경우에는 연방대법원 결정의 정책형성 기능이 완전히 부인되기도 한다. 이러한 현상은 대표적으로 연방대법원 결정에 반대하는 세력이 적극적으로 그것에 대한 반대운동을 전개하고 이를 정치권이 수용하는 경우에 나타난다. 예컨대 1980년대에 연방대법원이 인권과 관련한 연방법률들을 매우 제한적으로 해석하는 판결을 잇달아 내리자 여러 민권단체들은 의회를 상대로 적극적으로 로비활동을 벌였고 그 결과 「1991년 민권법」 제정을 보게 되었다. 이것은 이전의 연방대법원 판례들을 근본적으로 부인하는 법률이었다.

3) 무효의 이론

미국에 있어서의 위헌심사는 구체적 사건에 의한 쟁송을 전제로 하여 인정되는 '구체적 규범통제'이다. 이러한 구체적 규범통제는 원래 구체적 사건을 전제로 행하여지는 것이므로 법률에 대한 위헌재판의 효력이 그 사건에만 적용을 거부하는 것인지 아니면 그 법률을

317) Plessy v. Ferguson, 163 U. S. 537(1896).

318) C. Vann Woodward, The Strange Career of Jim Crow, Oxford: Oxford University Press, 2001, pp. 11-31.

전체적으로 무효화시키는 것인지가 문제된다.[319]

가. 무효의 이론

법리상으로 헌법에 반하는 법률은 그 자체가 모순이다. 법률은 원래 헌법에 근거하여 제정되는 것이기 때문이다. 다시 말하면 위반하는 것은 법률이 아닌 것이고, 따라서 법이론적으로는 헌법과 법률이 충돌하는 경우에 법원은 그 법률을 취소하는 것도 아니며 헌법위반이라고 선언하는 것도 아니다. 법원은 법률이 최초부터 없었으니 그 법률을 무시하거나 적용을 거부할 뿐인 것이다.

그러나 이 이론은 형식논리상으로는 타당하지만, 실제 법률이 제정되고 또 그 법률에 기초하여 여러 가지 사회적·경제적 관계가 맺어진 이후에는 이러한 법률을 최초부터 무효라고 보는 경우에 사회의 법적 안정성을 크게 해치게 된다. 이와 같은 법적 문제에 직면하여 위헌심사의 효력에 대한 연방대법원의 판례는 흥미 있는 변천을 보이고 있다.[320]

John Marshall은 Marbury v. Madison 사건에서 "헌법에 저촉되는 법률은 무효이다"라고 선언했으며, Field는 Norton v. Shelby County 사건에서 "위헌인 법률은 법률이 아니다. 그것은 권리를 부여할 수도 없고 의무를 과할 수도 없으며, 보장력도 갖지 못하고 관청을 설립할 수도 없다. 그것은 법적으로 볼 때 아직 제정되지 않았던 것과 마찬가지로 효력을 가지지 아니 한나."는 의견을 표명했다. 이 이론은 위

319) 추상적 규범통제는 구체적 사건을 전제로 하지 않기 때문에 법률의 위헌성을 묻는 것이므로 당연히 '일반적 효력'을 갖게 되며 따라서 이러한 문제는 발생하지 않는다.

320) 배상오, 앞의 논문, 95쪽.

헌법률심사의 초기에 유력했던 이론이라고 할 수 있다.

그러나 1940년 Hughes은 Chicot County Drainage District v. Baxter State Bank 사건에서 소급무효에 대한 제한을 주장하였다.[321] 이러한 그의 주장은 절대적 소급무효의 원칙을 제한해야 할 현실적 필요가 있음을 지적한 것이다. 이 소급무효의 원칙은 그 형식논리적 우수성을 부인할 수 없으나 이 이론은 관철시킨다면 경우에 따라 현저한 법적 불안정이 생길 우려가 있는 것이다. 특히 현대와 같이 입법적 규제의 범위가 점차 확대되고 있는 경우에는 더욱 그러하다. 따라서 그러한 법률은 위헌재판의 시기로부터가 아니라 소급적으로 법률제정의 시기를 기준으로 위헌판결의 효력을 발생시키는 것의 위험성이 있다 하겠다.[322]

법원은 법적 안정성을 유지하기 위해 다른 원리들을 원용하여 그 소급무효로서 생기는 결과를 회피 내지 완화시키려 하였다. 나아가 구체적인 해결책을 얻을 수 있도록 보다 합리적인 원칙을 추구한 것이 '유효성 추정'의 이론이다. 이 이론이 등장함으로써 판례는 소급무효의 원칙을 점차 폐기하게 되었지만 그 과정은 매우 완만하고 점진적이어서 명확한 경계선을 긋기가 곤란하다. 이 이론에 의하면 법률은 법원이 이를 무효로 선언할 때까지 유효한 것으로 추정된다. 즉, 이 원칙은 재판전의 위헌법률에 사실상의 효력을 부여하기 위하여 인정되었던 것이다. 또한 법원은 소급무효원칙의 적용을 회피하기 위

321) 위헌재판에 관한 광범위한 선언은 제한되어야 한다는 것은 명백한 사실이다. 이와 같은 판결에 우선해서 실제적인 성문법의 존재는 유효한 사실이며, 그 존재는 무시하는 것이 정당화 될 수 없는 중대성을 내포할 수 있다.

322) 배상오, 앞의 논문, 96쪽.

하여 '법률의 착오의 원칙' 또는 '금반언의 원칙'을 사용하여 법률의 무효를 고려하지 아니하기도 하고, 혹은 '사실의 이론'을 통해 사실상의 공무원, 사실상의 법인의 개념을 끌어내기도 했다.[323] 이와 같이 소급무효의 원칙은 한 사건을 계기로 실질적으로 폐기되었다.[324] 이 유효성 추정이론의 등장은 사회적으로 크게 법적 안정성을 침해한 소급무효의 원칙을 배제하기 위한 방안이었으며, 소급무효로부터 나오는 사회적 현상의 완화책인 것이다. 즉, 이 이론은 위헌판결 시부터 위헌법률의 효력이 상실되며 위헌판결이전으로 소급하지 않는다는 원칙이다.

나. 개별적 효력의 이론

이러한 유효성 추정의 이론은 위헌판결의 효력을 해당사건에 대한 법률의 적용만을 배제하는 이른바 '개별적 효력'의 이론으로 발전되었다.

이러한 이론은 사법권은 단지 구체적 사건에 적용될 법을 찾아내어, 이의 적용여부만을 판단하는 것이며, 이는 위헌심사에서도 지켜져야 하는 본질적 한계에 근거한다. 예컨대 주 및 연방통제법과 동시에 관련된 사건에서 합헌성의 판단문제는 통제규정의 용어문제가 아니라 연방정부가 이 사건에 관련된 문제를 취급하는 권한이 있느냐의 여부가 될 것이다. 위헌인 주 통제법이 주간 거래를 하는 사회에 적용될 때에는 합헌일수도 있는 것이다. 또 하나의 예로서, 연방소득

323) 한동섭, "사법적 위헌법률심사관(2)", 사법행정, 1963. 3, 38쪽.

324) 유효성 추정의 이론을 보여주는 대표적 판례로서 1953년의 Poulos v. Hampshire, 345 U. S. 359(1953)이 있다.

세법은 대개 합헌이나, 시가 발행한 공채로부터 나온 소득에 대하여 그 법이 적용될 때에는 위헌이 되는 경우도 있다. 결국 동일한 법률이 어떤 조건에서는 합헌이고 또 다른 조건에서는 위헌이며, 또 어떤 개인에 대해서는 합헌이나 다른 개인에 대해서는 위헌 일 수 있다는 것이다. 그러므로 위헌판결은 개별적으로 당해사건만을 구속한다고 보는 것이 타당하다는 판례가 형성되었다.

이러한 개별적 효력이론은 법률의 개폐권이 있는 의회의 권한을 존중하고 있다는 장점은 있지만, 법원에 의하여 위헌 판결된 법률을 다시 법원이 합헌으로 판결·적용하는 경우에 적용이 거부되었던 법률이 다시 적용되는 모순점이 발생한다. 이는 미국의 법원인 '선례구속의 원칙'과 모순되는데, 헌법해석의 분야에서는 예외적으로 선례를 파기할 수 있다.[325]

예컨대 Adkin v. Children Hospital 사건에서 연방대법원은 콜롬비아 특별구의 최저임금법은 헌법 증보 제5조의 적법절차에 위반되는 것이라고 하여 무효로 판결하였는데, 그 후 West Coast Hospital Co. v. Parrish 사건에서는 전의 판결을 번복하여 동법률을 합헌이라고 판결하였던 것이다. 그리하여 이 최저임금법의 효력이 문제되었는데, 이에 대한 1923년 4월 3일 법무부장관의 서한은 앞의 판결에 의하여 당해법률의 집행은 정지되었으나 뒤의 판결에 의하여 당해법률을 소급하여 그 효력이 부활된다는 의견을 진술함으로써 그 문제는 해결되었다.[326] 결국 행정관청은 법률이 위헌판결을 받은 경우에는 되도록 그 법률적용을 자제하여야 할 것이며, 행정부가 그 법률을 개정

325) 배상오, 앞의 논문, 97쪽.
326) 한동섭, 앞의 논문, 39쪽.

또는 폐지하는 것이 바람직할 것이다.

다. 일반무효의 이론

법원은 법률의 적용여부를 심사할 때 법률의 일반은 합헌이고 그 나머지 부분이 위헌인 경우를 발견할 때가 있다. 이와 같은 경우에 그 무효부분을 폐기하더라도 그 나머지 부분이 입법자가 의도한 법률의 목적을 달성할 수 있을 때에는 법원은 그 무효부분만을 분리하여 적용을 거부하게 된다.[327)]

그러나 무효부분과 나머지 부분이 밀접한 관계가 있어서 분리하여서는 법의 목적을 달성할 수 없을 때에는 전부를 무효로 하여야 할 것이다. 실제로 입법부에 있어서도 1910년 이래 법률제정시 가분조항을 첨부하는 관행이 생겨났다. 즉, 법률규정 중에 가분원칙을 삽입하여 어떤 특정 조항의 효력 여하에 불구하고 나머지 조항의 효력은 인정할 것을 결정한 것이다. 그러나 분리된 경우의 나머지 조항의 존속여부는 가분조항과 같은 법률규정의 유무에 불구하고 위헌여부의 판단과 함께 법원이 결정할 사항이라 할 것이다. 예컨대 Carter v. Carter Coal Company 사건에서와 같이 법원은 Guffey Coal Act 제15항에 가분조항이 있음에도 불구하고 법원은 그 법의 노동항목을 무효로 판단하였고, 또한 가격통제조항이 분리되지 않았다는 이유로 전체법률을 위헌으로 선언한 것이다.[328)]

---

327) R. E. Cushman and R. F. Cushman, op. cit., p. 51. 이에 관한 판례로는 의회의 개별회계지출예산법 중 사권법을 부분무효로 한 United States v. Iovett, 328 U. S. 303(1946)사건과 1919년의 예산법 중 소년노동세 조항을 부분무효로 판결한 Bailey v. Brexel Furniturn Company, 259 U. S. 20(1922)사건 등이 있다.

328) 배상오, 앞의 논문, 98쪽.

라. 소결

위헌법률의 적용에 관하여 미국대법원의 판례의 태도는 초기의 소급적 무효에서 출발하여 유효성 추정을 거쳐 오늘날은 개별적 효력의 문제로 변화되어 왔다. 구체적 규범통제를 채택한 미국헌법상 개별적 사건의 당연한 결과 그 사건에 대해서만 적용이 거부되는 이론이 채택된 것이다. 현재의 판례의 태도나 위헌심사의 사법적 성격에 비추어 볼 때에 결국 개별적 효력설을 지지하게 되며, 이 입장이 현재의 통설이기도 하다.[329] 즉, 어느 법률이 위헌으로 판결되었을지라도 그 법률은 당해 구체적 사건에서 적용이 거부될 뿐이라 하겠다. 그러나 같은 사례에 다른 판결이 내려질 경우가 있을 수 있고 법률의 일반적 폐지나 취소가 없어 그로 인한 혼란이 있을 수 있으므로 법적 안정성을 해할 염려가 있기도 하다.

4) 당연무효에 대한 소급적이면서 대인적인 효력

미국식 사법심사제에 의하면 위헌인 법률은 처음부터 당연히 무효이고 판결은 이를 확인하는 것에 지나지 않는다는 논리구조를 갖게 된다.[330] 이것이 바로 마샬 대법원장이 세운 사법심사의 기본논리였다. 처음부터 무효였던 것이므로 판결의 효력은 소급적이다. 단, 원시적·소급적 무효이나 일반적 효력을 갖는 것이 아니고 개별적 효력을 갖는다는 점에 유의하여야 한다. 물론 이러한 개별적 효력은 선례구속의 원칙에 의하여 일반적 효력을 확보하고 있는 것과 실질적으

329) 김철수, 위헌법률심사제도론, 학연사, 1983, 127면.
330) 최고법원이 의회의 법률을 무효라고 선언할 때에는, 보통 그것이 본래 무효라는 것을 의미하고 있다.

로 동일한 결과에 이른다.

이에 비하여 이른바 집중형에 있어서는 위헌법률이 당연무효인 것은 아니고 취소할 수 있는 것에 지나지 않는 것이며, 따라서 설사 위헌법률이라도 헌법재판소의 판결이 선고되기까지는 유효하다는 논리구조를 갖게 된다. 이러한 판결의 장래효는 일반효, 즉 대세적 효력과 연결되어 있다. 여기서 주의해야 할 것은 집중형을 택하고 있는 독일이나 이탈리아에 있어서 위헌판결의 효력은 집중형 국가의 논리적 순수형태인 장래적 효력과 일반적 효력을 갖는 것이 아니고 소급적 효력과 일반적 효력을 갖는 논리적 혼합구조를 가지고 있다는 점이다. 이점 역시 집중형과 비집중형의 통합적 경향의 하나라고 할 수 있을 것이다.

5) 당연무효에 대한 소급적 효력에 대한 극복

당연무효론 내지 소급적 효력에 관한 이론은 미국식 사법심사국가에서 논리적으로 순수하게 받아들여질지는 몰라도, 현실적으로는 큰 문제점을 가지는 한계가 있다. 왜냐하면, 어떤 법률이 위헌이라는 이유로 그 법률을 당연무효라고 보고 그 효력을 소급적으로 부인하게 된다면 그에 기초한 모든 법률행위의 법적효과가 부인되어 법적 안정성을 크게 해치는 현상이 나타나게 된다.[331]

이러한 현실적인 이유 때문에 19세기 중기 이후 그때까지 학설과 판례의 지지를 얻고 있던 당연무효론・소급효설은 점차 변화하게 된

331) 이점이 당연무효론이 안고 있는 가장 큰 문제이다. 역시 소급무효설을 취하고 있는 독일의 경우도 이점은 마찬가지고 이를 극복내지 회피하기 위하여 소위 변형판결이라는 특수한 형태의 결론들이 등장하게 된다. 미국이 이 문제를 극복하여 가는 과정과 대비하면 흥미로운 결과를 얻을 수 있을 것이다.

다. 예컨대, 법률은 법원이 무효라고 판결할 때까지는 일응 유효한 것으로 추정한다는 합헌성추정의 논리를 도입하여 위헌법률이라 할지라도 판결 전에는 사실상의 효력을 인정하기로 한 것이나 위헌법률이라고 판결하는 경우에도 이 법률을 당연무료로 보지 아니하고 법률적용의 거부로 해석하여 선례구속의 원칙상 그러한 판례를 변경하지 아니하는 한 그와 같은 법률을 적용할 수 없다고 한 판례는 위와 같은 변화를 보여주고 있는 좋은 예일 것이다.

오늘날에 있어서는 위와 같은 이론적이고 비현실적인 당연무효론·소급효론이 어느 정도 극복되었다. 미국의 연방대법원은 최근의 판결에서 소급효와 장래효의 문제에 관하여 어느 일방의 이익을 전제로 하기보다는 공공 정책, 즉 공익적 측면과 개인의 권리를 교량하는 입장을 취하고 있는 것으로 보인다. 공공정책과 개인의 권리를 교량하여 개인의 권리구제에 현저히 부당한 결과를 초래하는 경우가 아니면 소급효를 가능한 한 제한하는 입장으로 전환되었다고 볼 수도 있다. 소급효와 관련하여 가장 문제가 되는 것은 후에 위헌으로 선언된 법률에 의해 유죄선고를 받고 복역 중에 있는 자에 대한 경우이다. 미국의 경우 판례법에 의하여 이러한 경우 석방요구를 받아들이고 있으므로[332] 적어도 이러한 문제에까지 소급효이론을 완전히 제한하는 것은 어렵다.[333]

332) 마우리 카펠레티, 앞의 책, 121-122쪽. 참고적으로 언급하자면 우리나라의 경우는 헌법재판소법 제47조 제3항, 독일의 경우는 연방헌법재판소법 제79조 제1항에 따른 재심에 대한 구제가 가능하다.

333) 당연무효론에 따른 소급효인정의 당초입장에서 이를 제한하는 쪽으로 발전하여 왔으나, 형사문제에 관한 한 오히려 이를 다시 확대하는 입장이라고 하는 편이 옳을 것이다.

6) 대인적 효력의 변모

앞에서 설명한 바와 같이 미국식 사법심사의 효력은 대세적이 아니고 대인적이다. 그러나 이러한 대인적 효려의 문제도 점차 변화의 흔적이 보인다. 즉, 미국의 연방대법원은 최근 미국사회에서 일어났던 큰 사건들에 관하여 사회적 영향을 고려하여 스스로 입법적 기능까지를 감안한 대세적 효력을 염두에 둔 판결을 하기 시작하였다. 예를 들면 학교의 인종차별사건, 선거구정원재분배사건 등 소위 집단소송으로서 실제로 당사자가 되어 있는 원고뿐만 아니라 같은 입장에 있는 다른 모든 사람들을 위해서도 동일한 구제가 요구되고 있는 성질을 갖는 소송에 있어서 발생되는 헌법문제에 관해서 연방대법원은 극히 입법적인 판결을 하였던 것이다. 학교는 즉시 차별을 철폐해야 하는 것이 아니고 'with deliberate speed'(적절한 속도)로 철폐해야 한다는 식의 판시는 대세적 효력을 염두에 둔 고려임이 분명하고 이러한 고려는 선거구정원재분배사건의 경우에 있어서도 마찬가지였다. 이것들은 확실히 당사자들 사이의 분쟁 이상의 문제였다.

5. 사법심사 기준

(1) 의의

사법심사에 있어서 핵심과정은 헌법해석 작업이다. 국가행위의 위헌여부는 이러한 헌법해석 작업을 통하여 심사하게 되는 데, 그 위헌여부를 심사하는 기준이 필요하다. 특히, 심사대상이 되는 법률의 위헌여부를 가리는 실체적 기준이 없이는 위헌여부를 판단하기란 사실상 불가능하다. 그러나 그 기준을 구체화하는 일은 쉽지 않다. 연방대법원도 오랜 역사를 통해서 연구하고 발전시킨 나름의 합리적인 기준을 제시하고 그 기준을 사법심사에서 적용하고 있는 것이다. 아래에서는 이러한 여러 기준들을 검토해보도록 한다.

(2) 사법심사 기준

1) Balancing Test

Balancing Test를 우리 식으로 변역하자면 '형량의 원칙'이 될 것이다. 이는 주로 미국 연방대법원이 헌법 증보[334] 제1조 표현의 자유(freedom of expression)와 관련한 심사기준이다.

이는 우리 헌법재판소의 결정들에서는 사익(private interest)과 공익(public interest)의 조화를 꾀하는 것으로 해석되고 있으며, 독일의 과잉금지원칙의 하부원칙인 균형성의 원칙으로 설명되기도 한다.[335]

미국의 연방대법원은 Bridges v. California 사건에서 '개인의 표현의 자유'와 '재판의 운영'이라는 두 가지 이익(interest)을 놓고 어느

---

334) 미국 헌법의 개정방식은 주지하다시피 Amendment 방식이다. 이는 헌법 개정을 할 때 원문을 삭제하지 않고 새로운 조문을 추가하는 방식을 말한다. 그렇다면 현재까지 미국 헌법의 개정조항을 왜 '수정 제1조' 또는 '수정 헌법 제1조' 등의 방식으로 호칭하고 있는 것일까? 아마도 Amendment라는 영어 단어를 형식적으로 해석한데 그 원인이 있는 것으로 사료된다. 이 단어는 분명 잘못된 것을 수정한다는 뜻도 있지만 무엇인가를 보완하고 보충한다는 뜻도 있음을 간과해서는 안 된다. 이런 이유로 필자는 추후 '수정 제1조'라는 말 대신 '증보 제1조'라는 용어를 사용한다.

335) 김대환, 기본권제한의 한계, 법영사, 2001, 4면.

것을 우선해야 하는지 심각하게 고민한 경우가 있었는데 이를 balancing test라고 표현하고 있다.[336] 이 판결에서 Black을 포함한 5명의 대법관들은 '극도로 긴박한 중대한 해악을 피하기 위한 경우가 아니라면 개인의 표현의 자유를 주 정부가 규제할 수 없다'고 판시함으로써 개인의 이익을 중시한 반면, Frankfurter를 비롯한 네 명의 대법관들은 Black과 같이 1919년 Schneck v. U. S. 판결에서 확립된 명백하고 현존하는 위험의 원칙(rule of clear and present danger)을 인정하였지만 정도에 있어서는 개인의 이익보다 공공의 이익(public interest)을 우선해야 한다는 판결을 내렸다. 5대 4로 첨예하게 대립된 이 판결문에서 Frankfurter 대법관은 "표현의 자유도 결코 절대적인 기본권으로 판단할 수는 없기 때문에 중요한 정부의 이익과 대립된다면 그들의 비중을 저울질하여 판단할 수밖에 없다"고 하면서 이익형량의 원칙을 간접적으로 설명해 주었다.

그리고 연방대법원은 미국 공산당(The Cummunist Party of the United States of America)의 조직과 활동을 규정하고 있던 스미스법(Smithe Act)의 위헌여부를 묻는 Dennis v. United States 사건[337]에

336) Bridges v. California, 314 U. S. 252(1941). 이는 LA 소재 어느 노동조합 위원장이었던 Bridges이 자신에게 불리한 결정을 내리려고 하는 법원을 협박하는 내용의 편지를 연방노동부장관에게 발송한 혐의가 인정되어 벌금형을 선고 받았는데, 그는 법원의 이 판결이 자신의 헌법상 표현의 자유를 침해하였다는 이유로 캘리포니아 주 대법원에 상고하였고 여기에서도 패소하자 연방대법원에 상고하게 된 사건이다.

337) Dennis v. United States, 341 U. S. 494(1951). 미국 공산당의 간부인 Dennis와 그의 동료들은 미국내의 정부를 전복하려는 반정부단체인 미국 공산당을 조직하려고 모의하였다는 이유로 기소되었는데, 이들은 이와 같은 사항을 규정하고 있는 스미스법 제2조와 제3조가 미국 연방헌법 증보 제1조 위반이라고 주장하면서 연방대법원에 상고한 사건이다.

서 Vinson 대법원장과 Reed, Burton, Minton 대법관은 "폭력에 의해 정부를 전복하려는 시도는 비록 처음부터 혁명주의자들의 숫자가 적거나 그 힘이 미약하여 실패할 것이 확실해 보인다 하더라도 이는 분명히 미합중국 의회가 방지하기에 충분한 사회적 해악이 아닐 수 없다"라고 판시하면서 합헌을 선언하였다. 그리고 Frankfurter 대법관은 다수의견에 찬성하면서 위헌심사의 기준으로서 명백하고 현존하는 원칙은 합리성이 부족하다고 지적하면서 "민주사회에서 국가안보라는 이익 못지않게 개인의 표현의 자유는 중요한 것이다. 하지만 표현의 자유를 주장하는 그들의 목소리는 항상 절대적으로 보장되는 것이 아니라 엄격한 사법절차의 범위 내에서 상호 대립되는 이익들을 정확하게 형량(weighing)함으로써 보장되는 것"이라고 주장하였다.

위 판례에서 잘 알 수 있듯이 미 연방헌법 증보 제1조와 관련된 법령의 위헌심사에서 표현의 자유의 절대적 측면을 강조한 Black 대법관의 절대주의(absolutism)와 Frankfurter 대법관의 이익형량(balancing test)이 대립되어 왔다. 특히 Black 대법관은 자신의 논문[338)]에서 "나는 미국 헌법과 권리장전을 제정한 자들이 이미 성문헌법을 제정할 때 법익형량을 실행하였다고 판단한다. 그들은 이러한 형량을 하게 되면 당연히 수반되는 위험을 예견하고 있었으며, 결국 이러한 위험에도 불구하고 몇몇 권리들은 보장되고야 한다고 결단하였던 것이다. 우리의 사법부는 결코 이러한 제정자들의 결정을 심사하거나 이러한 권리들을 그들과 다르게 평가할 권리나 권한을 가지고 있지는 않다고 판단한다. 헌법에 의하여 보장되는 기본권분야에서 만약 가치의 대립이 있다면

---

338) Hugo L. Black, "The Bill of Rights", 35 New York University Law Review 879, 1960.

이는 그 헌법이 갈등을 해소할 것" 이라고 주장함으로써 이익형량의 원칙을 비판하면서 정부가 표현의 자유를 제한할 여지가 전혀 없다고 주장하였다.

이에 반해 Frankfurter 대법관은 Dennis사건의 동조의견에서 Black 대법관의 논리나 '명백하고 현존하는 위험의 원칙'이 실효성이 없음을 주장함으로써 위헌심사에서 이익형량의 원칙 적용을 일반적인 개념으로 정립하였던 것이다. 그리고 이후 위 판결들은 사익과 공익을 철저하게 비교하는 balancing test가 적용된 사건으로 평가받고 있다.

2) Less Restrictive Alternatives

Less Restrictive Alternatives를 번역하면 '보다 덜 제한적인 대안'이 될 것이다. 이 원칙도 표현의 자유와 관련되어 적용되어 온 기준으로 알려져 있다.

Less Restrictive Alternatives는 정부가 공무원이나 공무원임용예정자들의 자격을 심사할 때 그들의 인적사항에 관한 정보를 공개하라고 강요할 수 있는지의 여부가 문제가 된 1960년 Shelton v. Tucker 사건[339]이 계기가 되었다. 이 사건의 판결문을 작성한 Stewart 대법관은 "교사에게 거의 모든 사회적 인간관계를 공개하라고 강요하는 것은 헌법상 보장된 교사의 결사의 자유권을 침해하는 것이다. 그렇다고 해서 이 사건의 대상이 되는 제정법에서 그들과 관련된 정보가

---

339) Shelton v. Tucker, 364 U. S. 479(1960). 주립학교의 교사들에게 5년에 한번씩 정기적으로 그들이 사적으로 가입한 어떤 단체이든 간에 그 가입사실을 모두 열거한 서약서를 제출하도록 규정하고 있는 아칸소주법을 5:4의 판결로 위헌선언을 한 사건이다.

반드시 기밀사항이어야 한다고 규정하지는 않는다. 그러나 그 서약서가 실제로 대중에게 공개되지는 않는다고 하더라도, 이는 분명 교사들로 하여금 자신들의 인사권을 가진 자들이 불쾌하게 여길 만한 인간관계를 회피하게 하는 큰 부담으로 작용할 가능성이 많을 것이다. 이런 관점에서 일반 대중에게 공개되지 않더라도, 교사들의 사생활에 관한 자료를 제출하게 하는 것은 혹시 여론이 사회적으로 명망을 얻지 못하거나 소수집단 등에 가입되어 있는 교사들을 해임하라는 압력을 교육위원회에 가할 가능성이 있기 때문에 헌법상 보장된 자유권을 아주 폭넓게 침해할 수도 있다.

… 당 법원은 이러한 문제와 관련해서는 아무리 정부의 규제목적 또는 공익목적이 합법적이고 실체적이라고 하더라도 달성되는 그 목적에 비해 침해되는 국민 개개인의 자유권이 과도하게 침해된다면 이는 합리성을 잃게 될 것이라는 논리를 일관하게 유지해오고 있다"고 하였다.

Stewart 대법관은 추상적이라고 할 수 있는 '보다 덜 제한적인 기준의 원칙'을 구체적인 사건을 통해 비교적 쉽고 간명하게 설명하였다.

그리고 1967년 United States v. Robel 사건[340]에서 연방대법원은 공산당조직의 일원이었던 자가 방위산업체에 고용되는 것을 전면적으로 금지한 '정부전복활동규제법'(the Subversive Activities Control Act)을 연방헌법 증보 제1조 결사의 자유권을 부당하게 침해하는 위

340) United States v. Robel, 389 U. S. 258(1967). 피고인 Robel은 미국 공산당의 일원이었긴 하지만 한 조선소에서 아무런 사고 없이 10년간 성실히 근무해 오고 있었다. 그러나 갑자기 1950년에 제정된 '정부전복활동통제법' 제5조 a항 1호 D항목 위반으로 수사기관에 형사입건 된 사건이다.

헌적 조항이라고 판시하였다. 이 판결에 대해 헌법학자인 Tribe 교수는 “이런 불행한 일이 안 생기려면, 애당초 위 법률을 제정할 때 연방의회가 좀 더 과도하지 않은 방법(less drastic means)으로 법률을 제정했어야만 했다”[341]는 평가를 하였다. 그리고 Gunther 교수는 이를 ‘보다 덜 제한적인 기준’의 다른 측면인 ‘과도하게 광범위한 기준’(overbreadth standard)을 적용한 전형적인 판례라고 소개하고 있다.[342]

위 사건에서 ‘보다 덜 제한적인 기준’은 정부의 이익에는 변함이 없으면서 당사자에게 더 이상 부담을 주지 않는 원칙을 지칭한다. 그래서 이 기준은 경제학에서 논의하는 파레토최적(pareto optimality)처럼 정부의 이익을 보장하면서도 개인의 피해를 최소화하는 현실적인 기준으로 파악될 수 있다.

3) Minimal Scrutiny

연방대법원에서는 오래 전부터 국민의 대의기관인 의회가 제정한 제정법에 대한 위헌심사를 할 때 그 제정법의 ‘명백한 오류’(clear mistake)가 발견되지 않는 한 이를 존중하여야 한다는 원칙이 자리잡고 있었다. 이를 ‘명백한 오류의 원칙’이라고 하는데 이는 미국 사법심사의 대원칙인 ‘합헌성 추정의 원칙’(doctrine of presumption of constitutionality)과도 일맥상통하는 것이다. 이와 같은 의미에서 Thayer 교수는 “위헌심사기관은 입법권자가 단순히 실수를 한 정도

341) Laurence H. Tribe, American Constitutional Law, New York: The Foundation Press, 1988, p. 1038.

342) Gerald Gunther and Kathleen M. Sullivan, Constitutional Law, 13th ed., New Foundation Press Inc, 1997, p. 1070.

에 그치는 것이 아니고 의문의 여지가 없이 명백한 과실을 범한 경우에 한하여 그 제정법의 적용을 배제할 수 있다"라고 주장함으로써 '명백한 오류의 원칙'을 확인하고 있다.[343)]

위 원칙은 과거부터 과거부터 계속되어 오다 White 대법원장, Taft 대법원장이 재임한 이후에 변하기 시작하였다. 대법원의 위헌심사에 있어 재산권의 신성함을 수호하여야 한다는 명분하에 입법부의 사회·경제 분야에 관한 입법조치들을 파기하는 경향을 보이기 시작하였다. 이러한 경향은 특히 1905년 Lochner v. New York 사건[344)]으로 두드러졌기 때문에 이를 'Lochner주의' 라고 지칭되기도 한다.[345)]

그러나 Roosevelt 대통령의 리더쉽이 발휘된 New Deal 정책이 본격화되면서 경제적·사회정책적인 법률의 위헌심사에서 그 법률에 '최소한의 합리성'(minimal rationality)만 발견되면 합헌을 선언하는 경향으로 급선회하게 되었다.[346)] 이러한 방향전환을 주도한 판결이

---

343) James B. Thayer, The Origin and Scope of the American Doctrine of Constitutional Law, in: Robert G. McCloskey, ed., Essays in Constitutional Law, New York: Random House, 1957, p. 71.

344) 198 U. S. 45(1905). 이는 뉴욕 주의 노동법이 헌법상 계약의 자유를 침해하는 것이라고 판시함으로써 재산권의 신성함을 보호한다는 연방대법원의 적극적인 태도를 노골적으로 드러낸 사건이다. 이후 1930년대 후반의 법원개편안(court packing plan)이 출현하기 전까지 연방대법원의 사법적극주의 경향을 대표하는 판결로 알려져 있다.

345) 김형남, "미국 연방대법원의 사법심사 기준", 미국헌법연구 제12호, 미국헌법학회, 2001, 234-235면.

346) Roosevelt 대통령이 보수적인 연방대법원을 자신을 지지하는 개혁적인 대법관들로 채워 넣으려는(pack) 계획(Court-Packing Plan)을 발표하자 연방대법원이 사법자제(judicial self-restraint)로 돌아서면서 발생한 현상이다. 특히 1938년 United States v. Carolene Products Company 사건에서 형성된 이중기준(double standard)과 동의어로 이해해도 된다.

바로 1938년 United States v. Carolene Products Company 사건[347]이다. 이 사건의 판결은 형식적으로는 탈지우유의 주간통상을 금지하고 있는 '탈지우유에 관한 법률'이 연방헌법 증보 제5조에 위반되는지의 여부에 관한 것이지만 실질적으로는 미합중국의 사법심사제도가 시작된 이후 오랫동안 이어져 내려오던 '적극적 보수주의'라는 흐름을 시민권과 헌법상의 기본권 보장, 즉 권리장전을 추구하는 '신적극주의'로 전환된 것이라는 평가를 내릴 수도 있다. 특히 이러한 의미는 Stone 대법관이 작성한 판결문의 각주4번(footnote 4)에 잘 나타난다.

"어떤 법률이 외관상 헌법의 구체적 금지사항, 즉 미 연방헌법 증보 제14조에 포함되는 경우에도 증보 제1조부터 제10조까지의 조항

347) 304 U. S. 144(1938). 이 사건은 1923년 3월 4일 미 연방의회에서 제정된 'The Filled Milk Act'의 위헌여부에 관한 것이었다. 이 법률은 filled milk를 다음과 같이 정의하고 있다. 농축되었건 건조되었건 간에 유지방과 다른 어떤 지방이나 기름이 혼합되어 있지 않은 일반적인 농축 탈지우유의 유사품을 filled milk(탈지우유)라고 정의하였다. 이 법은 탈지우유가 국민건강을 해치는 유해한 식품이라고 규정하면서 이를 판매할 경우 사기죄를 구성한다고 선언한 것이다. 특히 그럼으로써 이를 다른 주에 판매하기 위해 수출용 선박에 선적하는 것 자체도 엄격하게 금지하고 있었다. 그러나 피고인인 Carolene Product Company는 이와 같은 법규정을 무시하고 자기네 탈지우유상품을 다른 주에 수출하기 위해 수출용 선박에 적재를 하다 적발되어 벌금형을 선고받게 되었다. 이에 불복하여 제7순회 연방항소법원에 항소하였으나 동 법원은 관례대로 이 법률이 개인의 주간통상권을 침해하는 위헌적 법률이라고 선언하였다. 이에 불복한 미합중국 정부가 연방대법원에 상고하여 이 판결문이 탄생하게 된 것이다. 판결문을 작성한 Stone 대법관은 지금까지의 관례를 깨고 행정부와 의회의 재량을 인정하여 동 법률의 합헌을 선언하였다. 그는 특히 판결문의 각주 4번(footnote 4)에서 이중기준이라고 해석될만한 문장들을 사용하였는데 이것이 바로 minimal scrutiny와 strict scrutiny의 효시가 되었다.

과 같은 금지조항에 해당하는 것으로 보일 때에는 합헌성추정이 작용할 범위는 더욱 좁아질 것이다. 바람직하지 못한 법률이 반복해서 제정되어질 것으로 예상되는 소수자들이 참여하고자 하는 정치적 과정들을 제한하는 법률은 다른 대다수의 법률들보다 증보 제14조가 규정하는 일반적 금지하의 엄격한 사법심사가 적용됨은 당연하다.

위와 같은 생각이 특정 종교, 국가 또는 소수인종에 관한 법률의 심사에 적용되는 여부와 정치적·사회적으로 격리·고립되어 있는 소수자들에 대한 편견이 일반적으로 소수자보호를 책임질 정치적 과정의 '작용을 위축시키는 경향을 띠는 경우에 상대적으로 고도의 사법심사를 요구하는 조건이 될 수 있는 것이다"[348)]

이러한 뜻에서 "Stone 대법관은 이 각주 4번을 통해 1937년 이후의 연방대법원이 미국의 민주주의를 수호하는 중요한 역할을 할 수 있도록 돕고 있다"고 논평하기도 한다.[349)] Ely 교수는 "각주 4번의 첫 번째 문장은 순수한 사법적극주의 그 자체이고 두 번째 문장은 민주주의를 실천하는 정치적 과정들을 침해하는 행위에는 특별한 사법심사가 필요하다는 뜻이며, 끝으로 세 번째 문장은 이중기준의 직접적인 모태가 되는 문장으로 소수 인종, 소수 종교, 무력한 군소 집단 등을 차별하는 법률들에 대한 사법심사에서 보다 엄격한 심사기준이 적용되어야 한다는 뜻이다.[350)]

Carolene 사건과 각주 4번에서 탄생한 이중기준은 과거에는 정신적 기본권들이 경제적 자유권보다 우월한 지위에 있다는 사실만을

348) 304 U. S. 144(1938) at 152.
349) 김형남, 앞의 논문(각주 345), 238면.
350) John-Hart Ely, Democracy and Distrust, Cambridge: Harvard University Press, 1980, p. 75.

의미하는 것으로만 이해되었으나 최근부터는 이를 더욱 좁게 해석하여 대중민주주의제도가 그 기능을 잘 행사하지 못할 때에 사법적극주의를 더욱 강화하는 근거로서 기능하고 있다고 본다.[351]

과거로부터의 보수적 적극주의 경향을 탈피하려는 강력한 시도가 바로 각주 4번으로 표현되어 있는 이중이준이며, 특히 이 사건의 판결문 속에 담겨져 있는 '최소한의 합리성'이란 표현은 종종 이중기준을 뜻하는 개념으로 인용되어 진다.

4) Strict Scrutiny

경제규제입법의 위헌심사에 있어서는 최소한의 합리성 심사에 비해 기본권들 중에서도 중요하게 인식되는 기본권들인 주간이주(여행)의 권리, 평등권, 참정권 등이 관련된 위헌심사에서는 아주 엄격하게 심사를 해야 한다는 원칙이 '엄격심사의 원칙'(the principle of strict scrutiny)이다. 이러한 엄격심사의 원칙은 판례를 통해 '시민에게 강제할만한 정부의 이익 원칙'(compelling governmental interest doctrine)[352]이라고 표현되기도 한다. 여기서 강제될만한 정부의 이익이란 개인의 기본권을 제한하기 위해서 정부가 강조하고 주장하는 이익을 말하며 또 헌법상 규정된 기본권의 다른 일면을 표현하는 것으로 해석된다.[353] 즉 시민의 중요한 기본권들을 제한하려면 가장 기본적인 정

351) 김형남, 앞의 논문(각주 345), 238-239면.

352) Stephen E. Gottlieb, Compelling Governmental Interests: An Essential But Unanalyzed Term in Constitutional Adjudication, Boston Law Review, Vol. 68, 1988, p. 917.

353) Stephen E. Gottlieb, Compelling Governmental Interests: An Essential But Unanalyzed Term in Constitutional Adjudication, 68 Boston Law Review 917, 1988.

부의 이익(공익)[354]이 존재하여야만 된다는 기준이므로 사실상 지나치게 행정부의 활동영역을 좁히는 결과를 자아내기도 하였다.

엄격심사의 원칙은 '주간이주의 권리'와 같은 헌법상 기본권에 영향을 주는 입법의 위헌심사인 1969년의 Shapiro v. Thomson 사건[355]에서 적용되었다. 이 시간에서 연방대법원의 다수 의견을 대표하여 판결문을 작성한 Brennan 대법관은 위의 제정법 규정들에서는 '강제할만한 정부의 이익'을 찾을 수가 없으므로 복지지원신청자들을 분류하는 것은 헌법상 보장된 자유로운 주 간이주권을 침해하는 것이어서 연방헌법 증보 제14조 평등보호조항을 위반하는 것이라고 판시하였다.

이 판결은 '엄격심사'(strict scrutiny)의 기준을 확립시킨 대표적인 판례중의 하나로 평가된다. 결국 연방대법원에서 엄격심사가 행해진다는 것은 법률의 합헌성에 대한 입증부담은 의회가 지며, 일정한 입법에 대해 '국민의 이익을 강제적으로 제한할 정부의 이익'(compelling interest)'이 있음을 입증해야 한다는 것을 뜻한다.

그리고 많은 법률가들에게 그들이 주 정부의 복지정책이 불평등하다고 느꼈을 때에는 언제든지 소송을 제기할 수 있도록 용기를 북돋운 것이고 사회적으로 소외된 빈민들에게는 희망과 등불이 되었다.

---

354) 이를 한마디로 표현하기는 힘들지만, '국가안전보장'(national security), '경제적인 위기상황'(economic crisis) 등을 그 예로 들 수 있다.

355) 388 U. S. 1(1967). 이 사건은 Connecticut, Pennsylvania 주 그리고 Columbia 특별구의 관할권내에 거주하면서 후생복지지원을 요청하는 거주기간이 적어도 1년이 되지 않은 Thomson을 비롯한 거주자들에게 후생복지지원을 거절하고 있는 이들 주의 법률과 Columbia 특별구의 법률이 위헌이라고 판시한 연방지방법원 합의부의 판결에 대한 3건의 상고심 사건이다.

이런 뜻에서 오랜 시간동안 사법자제론의 대변자였던 Frankfurter 대법관도 이를 연방대법원이 내린 판결들 가운데 가장 생명력 있는 정수라고 평가하였다.

그리고 인종차별 관련하여 Loving v. Virginia 사건[356]에서 적용되었다. 이 사건은 이종의 인종간의 결혼을 금지한 법률의 위헌성을 최종적으로 선언한 판결이라는데 의미가 있으며, 또한 인식의 자유를 다루는 형법 속에 인종분류와 같은 의심스러운 부분이 있다면 연방헌법 증보 제14조 평등보호조항에 입각하여 그 법률의 위헌성을 아주 엄격하게 심사(most rigid scrutiny)해야 한다는 사실을 천명한 것으로 평가된다.[357]

이러한 사실은 Warren 대법원장이 작성한 다음의 판결문에도 잘 나타나 있다. "…Virginia주의 혼혈금지법들이 인종적 차별에 근거하고 있다는 사실에는 의심의 여지가 없다. 그러나 제정법들은 서로 다

356) Loving v. Virginia, 388 U. S. 1(1967). 이 사건은 Virginia 주에 거주하던 백인 남자와 흑인 여자(Loving)가 Columbia 특별구에서 혼인을 하고 다시 Virginia 주로 돌아오게 되었지만, 다른 인종간의 혼인을 규제하고 있던 Virginia 주 혼혈금지법에 의거하여 유죄판결을 받게 된 사건이다. 원심법원은 Loving 부부에게 징역 1년을 선고하면서, Virginia 주를 떠나 25년 간 귀환하지 않는 것을 조건으로 형집행을 유예하였지만 이에 불복한 Loving이 결국 연방대법원에 상고하게 되었다. 연방대법원을 대표하여 판결문을 작성한 Warren 대법원장은 "Virginia 주의 혼혈금지법이 인종적 차별에 근거를 두고 있다는 사실에는 의심의 여지가 없다. 그러한 법률들은 서로 다른 인종에 속하는 사람들이 행하는 폭넓은 행위들을 법의 보호 밖에 누고 있지만 그렇다하더라도 위의 경우처럼 인종을 따로 분류(racial classification)은 반드시 위헌심사기관에 의해 엄격한 심사를 받아야만 한다"고 주장하면서 이 법을 연방헌법 증보 제14조 법의 평등한 보호 위반이라고 선언하였다.

357) Andrew Kull, The Color-Blind Constitution, Massachusetts: Harvard University Press, 1992, p. 170.

른 인종에 속하는 사람들이 행하는 폭넓은 행위들을 법의 보호밖에 두고 있지만 그렇다하더라도 위의 경우처럼 인종을 따로 분류하는 것(racial classification)은 반드시 위헌심사기관에 의해 엄격한 심사를 받아야 하는 것이다. …그러나 이 제정법 어디에도 이러한 분류를 합리화하면서 악의적인 차별과는 거리가 먼 보편타당한 입법목적을 찾아볼 수 없다. 특히 오직 백인이 개입된 인종간의 혼인을 금지하고 있는 Virginia주가 만약 이러한 인종의 분류를 합리화시키려면 먼저 '백인 우월주의'(White Supremacy)를 정당화해야만 할 것이다. 이런 이유로 당 법원은 오래 전부터 줄곧 인종을 이유로 시민들의 권리를 제한하는 조치들의 합헌성을 부인해 왔다. 다시 한 번 강조하지만 오직 인종의 분류를 이유로 혼인의 자유를 제한하는 것은 평등보호조항의 핵심적 의미를 위반하는 것이다."

5) Intermediate Scrutiny

1970년대 이후 연방대법원은 '최소한의 합리성 심사'와 '엄격심사' 기준 사이에 중간적인 심사기준을 개발하였는데, 이것이 바로 'intermediate scrutiny'이다 이는 어떤 법률이 기본적인 것이라고는 말할 수 없지만 중요한 정부의 이익[358]에 부합하여야만 한다는 전제

358) 우리 행정법의 용어인 '종국목적'과 '중간목적'을 '가장 기본적인 정부의 이익'과 '중요한 정부의 이익'이라는 미국 연방대법원의 판례 용어에 비교해 볼 수 있다. 종국목적은 국가가 존립하는데 가장 기본이 되는 '국가안전보장'이나 '자유주의 시장경제질서' 등을 말하는 것이고 중간목적은 '치안과 질서유지', '도로교통의 안정성과 수월성', '물가의 안정', '지방경제의 활성화' 등을 말하는 것으로 되새겨볼 수 있다. 이에 대해서는 박윤흔, 최신 행정법강의(상), 박영사, 1999, 329면 참조.

아래 그 법률이 중요한 정부의 이익에 부합된다면 그 합헌성을 인정하자는 기준이다. 다소 추상적이기는 하지만 이 기준을 적용하게 되면 엄격심사 기준을 적용할 때보다 행정부의 행정작용의 폭이 훨씬 넓어지게 된다.

이 기준은 1976년 Craig v. Boren 사건[359]에서 생성되어 오늘에 이르고 있다. 이 판결은 앞에서 설명한 '최소한의 합리성심사'와 '엄격심사'로만 대변되던 연방대법원의 사법심사기준에 새로이 추가된 심사기준이라는데 그 의의를 찾아볼 수 있다. 특히 이 사건은 성차별을 당하는 남성을 연방대법원이 구제하는 결과가 되었기 때문에 결국 성문제는 일방적으로는 한쪽 성을 보호하자는 것이 아님을 시사하고 있으며, 또한 이는 그 때 그 때의 시대적 상황을 윤리적인 측면을 동시에 고려해서 판단해야만 될 아주 민감한 문제라는 것을 보여준다.

그러나 이 판결에 대해 대체적으로 무감각했던 일반적인 경향과 달리 이를 비판하기도 하였는데, 바로 여성인권 옹호론자이었고 연방대법원의 두 번째 여성대법관이기도 한 Ginsburg이다. 그녀는 이 판

---

359) 429 U. S. 190(1976). 이 사건의 개요는 다음과 같다. Oklahoma주에 거주하던 20세 청년인 Craig는 음주운전을 예방하고 도로교통의 안전을 보장하기 위해 제정된 Oklahoma주 법이 알코올 농도 3.2% 이상인 맥주는 18세 이하의 여성과 21세 이하의 남성에게 판매를 금지하고 있었는바, 이는 18세부터 21세까지의 남성을 여성과 자의적으로 차별하고 있으므로 연방 헌법 증보 제14조 법의 평등한 보호 규정 위반이라고 주장하면서 연방대법원에 상고하게 되었다. 결국 연방대법원을 대표해 판결문을 작성한 Brennan 대법관은 만약 Oklahoma주 법이 성차별 조치를 하지만 않았다면 위헌이라는 판단을 받지 않을 것이라고 설시하면서 음주운전과 도로교통의 안전 등을 위한 대부분의 조치들은 모두 다 합헌이라는 판단을 받을 수밖에 없다고 판시함으로써 추후 사법심사의 기준이 엄격심사 기준보다 다소 완화된 '중간심사 기준'을 탄생시켰다.

결을 두고 "연방대법원이 이 분야에서 만큼은 일관성 있는 원칙을 확립하지 않고, 그 때 그때 상황에 맞추어 문제를 합리적으로 해결해 왔을 뿐"이라고 하였다.[360)]

그러나 사법소극주의와 보수주의로만 대변되던 Burger 대법원장 시대에 사법적극주의의 주요한 골격으로 인식되는 이중기준을 더욱 세분화한 판결이 탄생하게 되었고, 특히 인종문제나 소수자보호의 문제와 같은 의심스러운 차별과 성차별을 다른 기준으로 다루려는 시도를 하였다는 사실은 평가할만하다.[361)]

(3) 사법심사 기준의 변화와 최근의 경향

1) Upgraded Minimal Scrutiny

minimal scrutiny는 크게 실효성이 없었던 심사기준이었다는 것이 미국 헌법학계의 대체적인 평가이다.[362)] 앞에서 설명한 바와 같이 Roosevelt 대통령의 법원개편안(Court-Packing Plan)으로 인한 연방대법원의 태도 변화로 경제규제입법의 위헌심사에서는 최소한의 합리성만 있다면 합헌을 선언하겠다는 기준이 minimal scrutiny인데, 어떻게 보면 경제규제입법의 위헌심사는 아예 심사를 하지 않고 포기를 하겠다는 뜻으로 받아들여질 수도 있어서 많은 논란이 되어 왔었다.

---

360) Ruth-Bader Ginsburg, Gender in the Supreme Court, 1 Supreme Court Review 22-3, 1975.

361) Archibald Cox, The Court and the Constitution, Boston: Houghton Mifflin Company, 1987, pp. 319-320.

362) Jeffrey M. Shaman, Constitutional Interpretation, Connecticut: Greenwood Press, 2001, p. 81.

이런 이유로 연방대법원은 1970년대 중반부터 현재까지 경제규제입법에 대한 위헌 심사에서는 이전과는 달리 정부의 이익(government interest)을 비판적인 시각(critical view)으로 고찰하여야 하며, 경제규제입법의 심사도 제대로 된 심사절차를 거쳐야만 한다는 한 단계 upgrade된 심사기준을 적용하고 있는데, 이를 'upgraded minimal scrutiny'라고 칭한다.

연방대법원은 1982년 Plyler v. Doe 사건에서 이 기준을 자세하게 설명하고 있다.[363)]

2) Weakened Intermediate Scrutiny

Rehnquist 대법원장은 실질적인 사법심사 기준으로 인정받고 있던 intermediate scrutiny를 항상 비판하던 반대자로 유명하다. 그는 꾸준히 인종이나 민족의 차별 등을 제외한 모든 입법적인 차별행위들은 최소한의 합리성 심사기준이 적용되면 그만이지 더 이상의 구체

---

363) 457 U. S. 202(1982). 이 사건의 개요는 다음과 같다. 불법체류자(illegal aliens)의 자녀인 학생들은 공립학교에 입학할 수 없다고 규정하고 있는 Texas 주법을 연방 헌법 증보 제14조 법의 평등한 보호 위반이라고 주장한 사건이다. 불법체류 학생들의 학부모인 Doe 등은 연방 헌법 증보 제14조에 표현된 'person'에 자신들도 당연히 포함된다고 주장하여 다툼 끝에 연방대법원에서 심리하게 되었다. 연방대법원을 대표해 판결문을 작성한 Brennan 대법관은 "Texas 주법에 나타나 있는 차별은 만약 주정부의 실질적인 목적(substantial goal)하에서 행하여 진 것이라는 확증이 없는 한 비합리적인 것이다. 물론 교육이라고 하는 것이 엄격심사의 대상이 되는 가장 기본적인 기본권(fundamental right)은 아니라고 할지라도 그 차별에 대한 실질적인 심사는 이루어져야 한다"고 판시하였다. 이 표현에서 최소한의 합리성 심사가 아니라 '실체적인'(substantial) 정부의 이익이 있는지의 여부를 심사하게 되었기 때문에 한층 업그레이드된 심사기준이라는 용어를 사용할 수 있는 것이다.

적이고 엄격한 심사기준을 적용할 필요가 없다고 주장하였다.[364)]

이와 같이 약화된 intermediate scrutiny는 1996년 United States v. Virginia 사건[365)]에서 잘 나타난다. 연방대법원을 대표해 판결문을 작성한 Ginsburg 대법관은 이 사건에서 'exceedingly persuasive'란 용어를 사용함으로써 intermediate scrutiny를 희석시키고야 말았다. Rehnquist 대법원장 외에도 Scalia 대법관도 intermediate scrutiny를 약화시킨 인물로 유명하다.[366)]

3) Sliding Scale(Spectrum) of Scrutiny

최근 기존의 사법심사 기준들이 너무 단순하고 형식적이라는 비판이 본격화되고 있는데 그 첫 출발은 1970년대 후반에 연방대법원을 주도하던 최초의 흑인 대법관이었던 Thurgood Marshal로 부터이다.[367)]

그는 연방대법원의 판결은 과거부터 적용해 오던 한 가지 혹은 두

---

364) Jeffrey M. Shaman, op. cit., p. 96.

365) 518 U. S. 515(1996). 이 사건의 개요는 다음과 같다. Virginia 주정부가 운영하는 Virginia Military Institute(VMI)는 훈련과정이 매우 혹독하다는 이유로 입학요강에서 여성의 지원을 배제시키고야 말았다. 하지만 이것이 사회적인 문제가 되자 미합중국 정부는 Virginia 주를 상대로 소를 제기하게 되었다. 우여곡절 끝에 연방대법원에서 재판이 진행되었다. 연방대법원을 대표해 판결문을 작성한 Ruth Bader Ginsburg 대법관은 여성을 배제시킨 것은 명백하게 연방헌법 증보 제14조 위반으로 위헌이라고 판시하면서 intermediate scrutiny를 약화시킨 기준을 적용하기에 이르렀다. 즉 그녀는 'important'나 'substantial'이란 용어 대신 'exceedingly persuasive'(극도의 설득력이 있는)란 용어를 사용함으로써 엄격심사 기준을 말하는 'compelling state interest'를 연상하게 함으로써 약화된 중간심사기준을 적용하고 있다.

366) Jeffrey M. Shaman, op. cit., p. 99.

367) Ibid., p. 102.

가지 정도의 심사기준으로 작성되며, 차별화될 수가 없고 스펙트럼처럼 다양한 기준들을 갖추어야만 현실에 잘 적용할 수 있다고 주장하였다. 이러한 개념에 입각한다면, 다양한 스펙트럼 기준들은 여러 가지 요소로 구성되어 있다는 것을 알 수 있다. 즉 상호간에 영향을 줄 수 있는 중요한 헌법상의 이익이나 사회적인 이익, 특정한 차별을 불러일으키는 악의적인 요건, 문제가 된 차별을 합리화 해주는 주 정부의 이익들과 같은 수많은 요소들로 구성되어 그때그때 마다 급변하는 현실에 대응할 수 있게 된다.

더 나아가 Marshall 대법관은 전술한 몇 몇 기준들의 경직성[368] 때문에 정확한 위헌심사가 방해를 받게 된다. 경직된 심사기준들은 그 사건의 핵심적인 주제를 계속 벗어나게 하며, 실질적으로 문제가 된 사안을 검토해보면 엄격심사 기준이 적용되어야 하는 사건이 많은데도 불구하고 이를 전혀 적용할 수가 없는 경우가 생기게 된다.[369]

Marshall 대법관은 최소한의 합리성 심사기준이나 엄격심사의 기준 등의 약점으로 경직성 외에도 '효율적인 분석의 금지효과', '불안정성'[370] 등을 들고 있다.

이렇듯 Marshall로부터 시작된 '스펙트럼 기준'(Spectrum Scrutiny)이 현재까지도 연방대법원에서 적용되고 있는 것은 현저하게 변하는

---

368) 이러한 경직성은 단순한 결론에 도달하게 되는 것을 말한다. 연방대법원이 minimal scrutiny를 채택하게 되면 정부의 행정작용은 자동적으로 지지를 받게 되지만, 연방대법원은 strict scrutiny를 적용하게 되면 정부의 행정작용은 자동적으로 폐기된다.

369) Jeffrey M. Shaman, op. cit., pp. 102-103.

370) Ibid., pp. 103-108.

사회현실과 헌법현실에 과거의 어느 기준들보다 잘 적용되고 있기 때문이다.

(4) 소결

위에서 살펴본바와 같이 연방대법원에서 적용되는 사법심사의 기준들을 일률적으로 그 어떤 무엇이라고 표현하는 것은 쉽지 않다. 앞에서 언급한 바와 같이 그 기준을 구체화하는 작업 또한 어렵다. 먼저 '형량의 원칙'(Balancing Test)은 헌법 증보 제1조 표현의 자유(freedom of expression)에 관련한 심사기준이다. 이 원칙은 연방대법원이 Bridges v. California 사건에서 '개인의 표현의 자유'와 '재판의 운영'이라는 두 가지 이익(interest)을 놓고 심각하게 저울질한 경우가 있었는데 판결문에서 balancing test라고 표현하면서 부터이다. 이 원칙은 우리 헌법재판소의 결정들에서는 사익(private interest)과 공익(public interest)의 조화를 꾀하는 것으로 해석되고 있으며, 독일의 과잉금지원칙의 하부원칙인 균형성의 원칙으로 설명되기도 한다.

Less Restrictive Alternatives 원칙은 '보다 덜 제한적인 대안' 정도로 번역된다. 이 원칙도 표현의 자유와 관련되어 적용되기 시작하였다. 1960년 Shelton v. Tucker 사건이 계기가 되었다. 이 사건의 판결문에서 연방대법원은 아무리 정부의 규제목적 또는 공익목적이 합법적이고 실체적이라고 하더라도 달성되는 그 목적에 비해 국민 개개인의 자유권이 과도하게 침해된다면 이는 합리성을 잃게 될 것이라는 논리를 펼치면서 사법심사의 한 기준으로 자리매김 되고 있다. 이 기준은 경제학에서 논의되는 파레토 최적점(pareto optimality)

처럼 정부의 이익을 보장하면서도 개인의 피해를 최소화하는 현실적인 기준으로 평가된다.

최소한의 합리성(minimal scrutiny)의 원칙은 연방대법원에서는 오래 전부터 국민의 대의기관인 의회가 제정한 제정법에 대한 위헌심사를 할 때 그 제정법의 '명백한 오류'(clear mistake)가 발견되지 않는 한 이를 존중하여야 한다는 인식에 근거하고 있다. 이를 '명백한 오류의 원칙'이라고 하는데 이는 미국 사법심사의 대원칙인 '합헌성 추정의 원칙'(doctrine of presumption of constitutionality)과도 일맥상통한다.

특히 경제대공황을 극복하기 위해 Roosevelt 대통령의 New Deal 정책이 본격화되면서 경제적·사회정책적인 법률의 위헌심사에서 그 법률에 '최소한의 합리성'(minimal rationality)만 발견되면 합헌을 선언하게 되었는데, 이러한 방향전환을 주도한 판결이 바로 1938년 United States v. Carolene Products Company 사건이다. 이 사건의 중요 내용은 판결문 각주 4번(footnote 4)에서 잘 나타난다. 과거로부터의 보수적 적극주의 경향을 탈피하려는 강력한 시도가 바로 각주 4번으로 표현되어 있는 것으로 평가받고 있으며, 특히 이 사건의 판결문 속에 담겨져 있는 '최소한의 합리성'이란 표현은 이중기준을 뜻하는 개념으로 자리 매김 되었다.

'엄격심사의 원칙'(the principle of strict scrutiny)은 경제규제입법의 위헌심사에 있어서는 최소한의 합리성 심사에 비해 기본권 중에서 중요한 기본권들인 주간이주(여행)의 권리, 평등권, 참정권 등이 관련된 위헌심사에서는 아주 엄격하게 심사를 해야 한다는 원칙을 말한다. 이러한 엄격심사의 원칙은 판례를 통해 '시민에게 강제가 필요한 정부의 이익 원칙'(compelling governmental interest doctrine)이라고 표현되기도 한다. 여기서 강제가 필요한 정부의 이익이란 개인의 기본권을 제한하기 위해서 정부가 강조하고 주장하는 이익을 말하며, 또 헌법상 규정된 기본권의 다른 일면을 표현하는 것으로 해석된다.

'중간심사의 원칙'(intermediate scrutiny)은 연방대법원이 1970년대 이후 '최소한의 합리성 심사'와 '엄격심사' 사이의 중간적인 심사기준으로서 개발한 사법심사의 한 기준이다. 이는 어떤 법률이 기본적인 것이라고는 말할 수 없지만 중요한 정부의 이익에 부합하여야만 한다는 전제 아래 그 법률이 중요한 정부의 이익에 부합된다면 그 합헌성을 인정하자는 기준이다. 다소 추상적이기는 하지만 이 기준을 적용하게 되면 엄격심사 기준을 적용할 때보다 행정부의 활동에서 재량이 많아진다.

이후 연방대법원의 사법심사 기준도 시대의 흐름에 따라 변화 하였다. 경제규제입법에 대한 위헌 심사에서 이전과는 달리 정부의 이익을 비판적인 시각으로 고찰하며 경제규제 입법의 심사도 제대로 된 심사절차를 거쳐야만 한다는 한 단계 업그레이드 된 심사기준으로서 'upgrade minimal scrutiny'이 적용되었으며, Rehnquist 대법관의 주장에 의해 인종이나 민족의 차별 등을 제외한 모든 입법적인 차별행위들은 최소한의 합리성 심사기준이면 충분하고 구체적이고 엄격한 심사기준이 적용될 필요가 없다는 'intermediate scrutiny' 원칙이 약화된 'weakened intermediate scrutiny'이 적용되기도 하였다.

이후에는 최초의 흑인 대법관인 Thurgood Marshall에 의해 연방대법원의 판결은 과거부터 적용해 오던 한 가지 혹은 두 가지 정도의 심사기준으로 작성되면 차별화될 수가 없고 스펙트럼처럼 다양한 기준들을 갖추어야만 현실에 잘 적용할 수 있다는 주장에서 시작된 Sliding Scale(Spectrum) of Scrutiny이 사법심사 기준으로 확립되었다. 연방대법원의 이러한 기준의 확립은 현저하게 변하는 사회현실과 헌법현실에서 과거의 어느 기준들보다 합리적인 것으로 국민의 실질적 기본권보장에 기여한 것으로 평가받고 있다.

제4장 미국 연방대법원의 사법심사제가 한국 헌법에 미친 영향

Ⅰ. 미국 헌법이 한국 헌법의 제정에 미친 영향

1. 한국 헌법의 제정과 변천

헌법 제정과 변천과정을 다루는 헌법사에서 제헌헌법 이후 시대구분을 어떻게 할 것인가에 대한 학계의 시각은 다양하다. 구체적으로 제6공화국론으로 보는 견해[371]가 일반적이나, 제5공화국론으로 보는 견해[372]가 있으며, 한태연 교수님은 정부형태를 기준으로 제4공화국론으로 보기도 하며, 권영성 교수님은 우리나라에서는 프랑스에서와 같은 "일관된 기준도 없이 즉흥적으로 때로는 역사변환적인 사건 중심으로 때로는 통치자 중심으로 이루어지고 있다"라고 하면서 학문상 용어로서의 공화국 순차 매김을 부정하고 있다.[373]

위와 같이 공화국의 숫자 매김은 반드시 일의적으로 정의할 수 없는 어려움이 있는 것이 사실이다. 다수의 학자들이 헌법이 형식적으

371) 김철수, 헌법학(상), 박영사, 2008, 113면, 계희열, 헌법학(상), 박영사, 2005, 129면, 양건, 헌법강의Ⅰ, 법문사, 2007, 88면.
372) 허영, 한국헌법론, 박영사, 2010, 122-124면.
373) 권영성, 헌법학원론, 법문사, 2009, 91면.

로 개정의 형식을 취하고 있지만 실질적으로 헌법의 제정에 해당된다는 판단에 따라 일반적으로 받아들여지는 제6공화국론에 따라 시대별로 나누어 헌법의 제정과 변천을 설명하고자 한다.

(1) 제헌헌법

1) 제헌헌법의 이념적 기초

광복이후 헌법제정과정은 우리 민족의 자주적인 독립의사와 미군정당국의 의사가 상호작용한 것으로 처음부터 미국 헌법의 강한 영향을 받았다.

제헌국회는 헌법기초위원회를 구성하여 유진오 안을 기초로 초안을 작성하였다. 내용은 양원제 국회, 의원내각제, 위헌심사권을 법원에 부여한 것 등이었다. 여기의 의원내각제는 영국, 위헌심사권을 법원에 부여한 것은 미국의 제도를 고려한 것으로 보인다. 그러나 토론과정에서 양원제와 의원내각제는 단원제와 대통령제로 바뀌었다.[374) 한국이 대통령제의 정부형태를 도입한 것에 대해 K. Loewenstein은 미국의 군정(미군정 측근의 한국인 일파와 함께)의 책임이며, 의원내각제를 선호했던 지식층에는 아무런 책임이 없다고 평가 하였다.

헌법제정 과정에 이념적으로 미국 헌법의 배후에 있는 정치사상의 영향도 컸다. 독립선언문, 버지니아 권리장전, 연방헌법의 전문, 그리고 링컨 대통령의 연설에 나타난 정치사상이 헌법초안에 뚜렷하게 포함되어 있다.

그리고 전통적인 대륙법인 독일법의 절대적인 지배 아래 있던 일

---

374) 송우, 한국헌법개정사, 집문당, 1980, 32-33면

본법의 영향도 무시할 수 없다. 헌법초안 기초자의 대부분이 일제의 교육을 받은 인사들이었기 때문에 자연히 헌법 전체의 구성이나 편별, 용어 등 형식면에서도 일본의 '명치헌법'과 비슷한 부분이 많았다. 따라서 내용면에서도 영미헌법에 대한 지식부족이 겹쳐져 그것을 바로 받아들일 수는 없었다.

바이마르헌법을 모태로 하는 유럽의 새로운 헌법의 경향도 많은 참고가 되었다. 경제적 민주주의를 비롯하여 사회보장을 헌법에 규정한 것으로도 쉽게 알 수 있다.

그밖에 새로운 국제질서의 근간을 이루는 UN 헌장도 참고가 되었다. 이와 같이 초안의 기초단계에서는 영미헌법을 그대로 이식하지 않고 대륙법과 절충 내지 혼합하고 있다.

2) 제헌헌법의 내용

위와 같은 논의과정에 영미와 대륙법계의 헌법과 정치사상을 바탕으로 제정된 제헌헌법의 내용은 정부형태를 대통령제, 국회를 단원제로 하고 있다. 국회는 임기 4년인 198명의 직선의원으로 구성된 단원제이다. 집행부의 수반이자 국가원수인 대통령은 국회에서 간접선거방식으로 선출되며 중임은 2회에 한하도록 하였다. 대통령제와 부통령제를 두었고 임기 4년의 중임제한규정을 두었다는 점에서 미국식 대통령제와 유사하다. 그러나 대통령과 부통령은 미국식 러닝메이트 시스템에 의하여 동시에 선출되는 것이 아니라 국회에서 각각 선출된다는 점에서 차이가 있다.

그리고 국무원제도를 두고 있다. 국무원은 의장인 대통령과 부의장인 국무총리 및 국무위원으로 구성되는 합의체 의결기관이다. 대통령

유고시 제1순위 권한대행자인 부통령은 국무원의 구성원이 아니다. 국무총리는 대통령이 임명하되 국회의 승인을 얻어야 한다. 또한 국회의원총선거 후에는 반드시 국무총리임명에 대한 승인을 얻어야 한다. 이러한 국무총리제도는 의원내각제적 성질의 제도이다. 따라서 제헌헌법의 권력구조는 이론상 결코 대통령라고 말할 수 없고 오히려 절충형 정부형태로서 이원정부제에 가깝다.

사법제도는 법원은 사법권과, 명령, 규칙과 처분의 위헌여부에 대한 최종적 심사권을 가졌다. 헌법위원회는 법률의 위헌여부를 심사할 수 있는 위헌법률심사권을, 탄핵사건은 탄핵재판소가 담당하였다.[375)]

(2) 제1공화국 헌법

1) 제1차 헌법개정

1950년 5월 30일 제2대 국회의원선거 결과 국회 내 지지 세력이 미미함을 감지한 이승만 대통령이 1951년 11월 30일 정·부통령 직선제 개헌안을 국회에 상정하였으나 19명 찬성에 143명 반대로 개헌안은 부결되었다. 이에 고무된 야당은 1952년 4월 17일 내각책임제 개헌안을 제출하였고, 정부쪽에서는 5월 14일 이미 부결된 대통령직선제·국회양원제 개헌안을 재차 제출하였다. 7월 4일에는 정부측의 대통령직선제 개헌안과 야당측의 국무원불신임개헌안이 절충된 '발췌개헌안'이 비상계엄령이 선포되고 국회가 완전 포위된 상태에서 국회의원의 자유로운 토론이 원천 봉쇄된 가운데 기립투표로 통과되었다. 헌법안은 헌법상 명시되어 있는 헌법개정절차의 하나인 공고절차를

375) 송우, 위의 책, 33, 66-77면.

생략한 절차적 정의의 원리에 위배되는 위헌적인 헌법 개정이다.

제1차 개정헌법은 국회는 민의원과 참의원의 양원제로 구성하며, 민의원의 임기는 4년으로 하고, 참의원의 임기는 6년으로 하되 2년마다 3분의 1을 개선하고, 양원 합동회의의 의장은 참의원 의장이 맡는다. 국회, 국회의 국무원불신임제, 국무위원 임명시 국무총리의 제청권 등을 규정하였다.[376] 그러나 이승만 대통령은 국무총리를 국회의 동의 없이 국무총리서리로 임명하여 의원내각제적인 국무원의 기능을 유명무실하게 만들었으며, 헌법에 명시된 국회의 양원제는 실시되지 않았다.

2) 제2차 헌법개정

'4사5입'이론으로 유명한 제2차 헌법 개정은 의결정족수를 정면으로 위배하여 원칙적으로 무효이다. 내용에 있어서도 부칙에서 초대대통령에 한하여 중임제한을 철폐함으로써 헌법상 기본원칙인 평등원리를 위배한 위헌적 내용이다.[377]

제2차 헌법 개정에서 특이한 점은 한국헌법사에 있어서는 처음으로 국무총리제도를 폐지함으로써 미국식 대통령제에 비교적 근접한 권력구조를 취하고 있으나, 대통령선거와 부통령 선거를 각기 행한다는 점에서는 미국식 대통령제와 구별된다. 그 밖에도 대통령 궐위 시 부통령의 지위승계, 군법회의의 헌법적 근거, 경제 질서에 자유시장 경제적 요소이다.

376) 송우, 위의 책, 114면.
377) 송우, 위의 책, 162면.

(3) 제2공화국 헌법

1) 제3차 헌법개정

의원내각제 개헌으로 불리는 제3차 헌법 개정은 형식적으로는 헌법개정절차를 통한 헌법 개정이라고 볼 수 있지만, 그 실질에 있어서는 자유당정부의 권위주의체제를 무너뜨린 학생들의 고귀한 4월 혁명으로부터 유래된 사실상의 헌법제정이다. 이런 이유로 제3차 개헌헌법을 제2공화국 헌법이라고 한다.

제2공화국 헌법은 권력구조에 있어서 고전적 의원내각제원리에 입각하면서 국회는 양원제를 채택하고 있다. 위헌법률심판·탄핵심판을 위한 헌법재판소의 설치, 대법원장과 대법관의 선거제를 채택하여 권력의 민주적 정당성 확보하고자 하였다. 선거관리의 중립성 보장을 위해 중앙선거관리위원회의 헌법기관화, 경찰의 중립성, 지방자치단체장의 직선제 등을 규정하였다.[378]

2) 제4차 헌법개정

제4차 헌법개정은 시민들의 반민주행위자처벌을 위한 특별법 제정의 요구에 따라 헌법부칙에 반민주행위자처벌을 위한 소급입법의 근거를 마련하기 위한 것이었다.[379]

제4차 헌법개정으로 소급입법의 헌법적 근거가 마련됨에 따라 부정선거관련자처벌법, 반민주행위자공민권제한법, 부정축재자특별처리법, 특별재판소및특별검찰부조직법 등 소급입법이 제정되었다.

---

378) 송우, 위의 책, 182-191면.
379) 송우, 위의 책, 193면.

(4) 제3공화국 헌법

1) 제5차 헌법개정

제5차 헌법개정은 헌법파괴의 상황에서 채택된 헌법이라는 점에서 헌법제정과 마찬가지로 보아 제3공화국 헌법이라고 부른다. 이 헌법은 권력구조에서 대통령중심제적를 취하면서 대통령은 4년 중임제를, 국회를 단원제로 하여 대통령중심제적 정부형태를 취하였다. 동시에 국무총리제도와 국무총리·국무위원해임건의제도를 두고 있어 의원내각제적 요소도 동시에 내포하고 있다.

기본권 부분에서는 인간의 존엄과 가치의 중요성을 처음 언급했고, 정당국가조항을 강화해서 국회의원이 임기 중 당적을 이탈하거나 변경하는 경우에는 의원직을 상실하도록 했고, 헌법재판소 대신에 위헌법률심판권은 대법원에 부여 하였다.[380]

2) 제6차 헌법개정

제6차 헌법개정은 1967년 대통령선거에서 승리함으로써 헌법상 임기 4년 중임제한에 이르게 된 박정희 대통령은 1969년 10월 17일 대통령의 3선재임을 가능하게 하는 내용이다. 이외에도 대통령에 대한 탄핵소추의 발의와 의결을 더욱 엄격하게 했고, 국회의원의 수를 늘리면서 국회의원은 국무위원을 겸할 수 있도록 했다.[381]

---

380) 송우, 위의 책, 216-218면.
381) 송우, 위의 책, 284면.

(5) 제4공화국 헌법

'유신헌법'이라 불리는 제4공화국 헌법의 제정을 위해 1971년 대통령선거에서 3선에 당선된 박정희 대통령은 '국가보위에 관한특별조치법'을 제정하였다. 그 후 1972년 10월 17일 전국에 비상계엄을 선포한 채 새로운 헌법을 만들겠다는 이른바 '10·17비상조치'를 단행했다. 동년 12월 27일 공포·시행된 유신헌법에서 임기 6년의 대통령은 통일주체국민회의 대의원에 의한 간접선거로 선출함으로써 박정희 대통령의 종신집권이 가능하게 되었다. 국회의 3분의 1은 대통령이 일괄 추천하여 통일주체국민회의에서 선출하는 유신정우회 의원으로 구성됨으로써 대통령이 행정부뿐만 아니라 입법부까지도 직접 장악하였다. 대통령은 긴급조치권, 대통령중임제한 삭제, 국회의 회기 단축과 국정감사제 폐지, 대법원장을 비롯한 모든 법관의 대통령이 임명 할 수 있는 권한을 가져, 입법, 행정, 사법의 총조정자로서 총재적 지위를 가지게 되었다.[382)]

사법심사와 관련하여 헌법위원회가 신설되어 위헌법률심사권·위헌정당해산심판권·탄핵심판권을 가졌지만 유명무실하였다. 그밖에도 기본권제한의 사유로서 국가안전보장이 추가되고 자유와 권리의 본질적 내용을 침해할 수 없다는 조항이 삭제되는 등 기본권의 후퇴를 가져온 내용이 대부분이었다.

---

382) 송우, 위의 책, 287면.

(6) 제5공화국 헌법

제5공화국 헌법은 10. 26. 박정희 대통령의 유고로 최규하 국무총리가 대통령에 취임하고 전국에 비상계엄령이 선포된 가운데 전두환 국군보안사령관을 중심으로 한 군부가 새로운 정치세력으로 등장한 가운데 확정되었는데 이것이 제8차 헌법 개정이다.

제5공화국 헌법은 유신헌법의 비판을 회피하기 위하여 국민의 자유와 권리보장 조항을 강화하였다. 유신헌법의 비민주적인 요소를 많이 완화 내지 배제하면서 유신헌법에서 폐지되었던 제도를 부활시키거나 새로운 규정을 적지 않게 신설했다. 행복추구권·형사피고인의 무죄추정·연좌제폐지·사생활의 비밀과 자유의 불가침·근로자의 적정임금보장·환경권 등을 신설하고, 구속적부심사제가 부활되고 긴급구속의 요건이 더욱 강화되고, 자백의 증거능력을 크게 제한했다.

통치구조면에서는 대통령의 간선제도는 그대로 유지하면서 통일주체국민회의를 없애고 대통령선거인단을 두었으며 임기는 7년으로 하였다. 국회의 국정조사권을 다시 인정했다. 사법권의 독립을 위해 대법원장에게 법관임명권을 주었고 징계처분에 의한 법관파면제를 폐지하였다.[383)]

(7) 제6공화국 헌법

1987년 민주주의에 따른 대통령직선제로의 개헌을 요구하는 6월 항쟁에 따라 여야합의에 의하여 8인 정치회담을 통해서 대통령직선

383) 허영, 한국헌법론, 법문사, 2010, 118-119면.

제를 중심으로 하는 헌법개정안이 마련되었다. 이 개정안은 19878년 10월 27일 국민투료를 통하여 확정되었는데 이것이 제9차 헌법 개정이다.

제9차 개정헌법의 구체적인 내용을 보면 기본권 부분에서 적법절차조항을 신설하고 체포·구속시의 고지 및 가족에의 통지의무를 명문화했고, 언론·출판·집회·결사에 대한 허가와 검열을 금지했다. 재산권수용에 대한 정당보상제도를 도입하고, 형사보상청구권을 확대해서 형사피의자와 불기소처분자의 보상청구권을 보장했다. 형사피해자의 재판절차진술권과 국가구조청구권을 신설하고, 최저임금제의 시행을 명문화했다. 그리고 근로자의 단체행동권 제한 사업체의 범위를 축소하고, 생활권적 기본권을 보다 구체화함으로써 여자·모성·노인·청소년·생활무능력자의 권익보호를 강조했다.

통치구조면에서도 대통령의 직선제를 도입하고 그 임기를 5년으로 단축했으며, 대통령의 비상조치권을 폐지하는 등 국가긴급권의 발동요건을 강화하고, 국회해산권을 폐지함으로써 대통령의 권한을 약화시켰다. 국회의 연간회기일수제한을 폐지하고, 국정감사권을 부활시키는 등 국회의 권한을 강화하면서도 국무총리·국무위원에 대한 국회의 해임의결권은 해임건의권으로 대체함으로써 대통령제의 요소를 강화했다. 그리고 대법원판사제를 폐지하고 대법관제를 부활시켰다. 특히, 사법심사와 관련하여 헌법재판제도를 강화를 위해 독일과 같이 헌법재판소를 신설하였다. 여기서는 위헌법률심판, 헌법소원심판, 정당해산심판, 탄핵심판, 권한쟁의 심판을 담당하였다.[384] 형식적인 측

384) 허영, 위의 책, 124-125면.

면뿐만 아니라 실질적 측면에서도 국민의 최후의 기본권 보호기관으로서의 역할을 가능하게 했다.

2. 미국 헌법의 수용

우리 헌법에서 미국 헌법의 영향은 이념뿐만 아니라 구체적인 규정으로 나타나고 있다. 의원내각제적 정부형태를 채택한 제2공화국 헌법을 제외하고는 대통령제 정부형태의 채택과 제3공화국에서의 기본권강화, 일반법원에 위헌법률심사권을 부여한 점 등이 가장 큰 특색이다.

기본권보장을 위한 제도는 제헌헌법 이전부터 있었다. 즉 미군정 당국은 군정법령 제176호를 반포하여 영장제도, 구속적부심사제도, 피의자의 변호인의뢰권, 예심제도의 폐지 등 인신보호에 관한 영미법 제도를 한국에 도입하였다. 미국의 각 주의 헌법은 별도로 하고 연방헌법에 나타난 규정과 유사한 것은 다음과 같다.

적법절차의 보장(한국헌법 제12조 1항=연방헌법 증보 제5조), 자기에게 불리한 진술의 강요금지(동조2항=증보 제5조), 동일한 범죄에 대하여 거듭 처벌받지 아니하는 것(제13조 1항=증보 제5조), 신속한 공개재판을 받을 권리(제27조 3항=증보 제6조), 구속적부심사제도(제12조 6항=증보 제1조 9항) 등이다. 특히 미국의 연방대법원의 판례는 한국은 물론 일본, 서독, 중남미에까지 영향을 미치고 있다. 표현의 자유를 제약하는 「명백하고 현존하는 위험의 원칙」 등은 가장 대표적인 예라고 할 수 있다.

다음에 통치구조 면에서는 대통령제를 채택하고 있는 점에서 매우 유사하나 몇 가지 다른 점이 있다. 미국에서는 국회의원만이 법률안 제출권이 있는데 반하여 한국에서는 정부도 법률안제출권을 가지며, 대통령(정부)의 법률안 거부권도 인정된다. 미국에서는 장관과 국회의원의 겸직이 금지되는데 한국에서는 허용되는 점, 부통령제가 없고 국무총리제도를 두는 점 등을 들 수 있다. 유신헌법상의 대통령제는 프랑스 제5공화국 헌법을 모태로 하고 있으나, 현행 한국 헌법은 기본권이나 통치구조면에서는 미국의 원형에 독일과 프랑스 헌법 등을 혼합하고 있다.

사법부에서는 제3공화국시대에 일반법원에 위헌법률심사권을 부여하였는데 이것은 미국 판례헌법의 영향이다. 기타 대법원을 헌법상의 기관으로 하면서 상급법원의 설치를 법률에 위임한 것(제102조 3항)도 미국 헌법의 내용 그대로이다(증보 제3조 1절). 또한 미국적인 제도라고 할 수 있는 것은 법원의 규칙제정권, 상급법원 법관의 임기제, 법관의 탄핵제도 등도 미국헌법의 영향을 받은 것이다.

3. 미국식 사법심사제의 논의

미국식 사법심사제의 채택 여부를 둘러싼 논의는 헌법제정과 함께 시작한다. 즉 김용무 대법원장은 국회 헌법기초위원회에서 결정한 헌법초안에 대하여 의견서를 제출하고 여기서 다음과 같이 의견을 개진하였다.

헌법초안 제80조 제2항 이하에 의하면 법률이 헌법에 위반되는 여부가 재판의 전제가 되는 때에는 법원은 헌법위원회에 제청하여 그 결정에 의하여 재판하게 되어 있고, 헌법위원회는 부통령을 위원장으로 하고 대법관 5인과 국회의원 5인의 위원으로 구성하게 되어 있다. 그러나 민주주의 국가임을 보장하기 위해 삼권분립제도를 충실히 실현하고 있는 미국연방헌법을 본보기로 하여 사법권은 일절 제한 없이, 환언하면 법률의 위헌심사권까지 법원에 부여하여 법원으로 하여금 호헌호법기관으로서의 임무를 수행하도록 함이 가장 적절하다고 하면서 법원에서 위헌법률심사권을 부여하는 것이 민주주의의 이념에 부합한다고 주장하였다.

이러한 미국식 사법심사제는 제3공화국 헌법에서 도입하였으나 10년을 넘기지 못한 채 유신헌법의 등장으로 종지부를 찍고 말았다. 미국과 같이 일반법원에 위헌법률심사권을 부여하여야 한다는 주장은 1980년과 1987년의 헌법개정시에도 강조되었으나 실현되지 않았다. 그러나 현재 우리나라에서 채택하고 있는 헌법재판제도가 형식상 미국식의 일반법원형 아닌 독일식의 헌법법원형 이더라도, 사법심사제도 자체가 미국의 연방대법원에서 유래하기 때문에 재판과정에서 실질적으로 많은 영향을 받고 있다. 특히 기본권과 관련된 구체적인 사건에서 판단기준으로 미국 연방대법원의 판례는 헌법재판소에 많은 영향을 주었으며, 그것은 앞으로도 계속 될 것으로 예상된다.

Ⅱ. 연방대법원과 헌법재판소의 헌법소송 비교

1. 개관

우리나라는 현행 헌법에서 헌법재판제도를 독립된 헌법법원형을 채택하고 있다. 독립법원형의 일반적 운영형태와 같이 위헌법률심판·탄핵심판·권한쟁의심판·정당해산심판·헌법소원심판을 헌법재판소, 선거소송은 법원에서 담당하고 있다.

미국의 사법심사제도는 우리나라와 달리 일반법원형을 채택하고 있어 관장사항이 다르다. 따라서 미국과 우리의 헌법소송의 평면적 비교는 옳지 않으나 제도적 비교가 아닌 기능적 비교를 통해 구체적으로 미국 사법심사제도와 우리나라의 헌법재판제도를 비교해 보겠다.[385)]

2. 헌법소송의 제기형태

미국의 사법심사와 우리나라의 헌법재판을 소송의 제기형태라는 측면에서 비교한다. 그러나 잘 알려져 있는 바와 같이 미국의 사법심

---

385) 사법심사의 개념에는 행정재판과 헌법재판이 모두 포함되는 개념이라는 지적이 있으므로 이하의 비교에서 사용되는 사법심사의 개념은 특별한 기재가 없는 한 헌법재판에 한정되는 것으로 본다. 또한 헌법소송이라는 개념은 조직과 체계가 다른 우리나라의 헌법재판과 미국의 사법심사를 아우르는 개념으로 사용되었음을 밝혀둔다. 이인호, "미국의 헌법재판절차에 관한 비교고찰," 한국공법학회 「공법연구」, 제30집 제1호(2001), 149면 주1)참고.

사는 정당해산심판과 탄핵심판을 그 대상으로 하지 않고 있다. 따라서 이에 대한 비교는 생략한다. 그리고 종래 미국의 헌법재판을 "위헌법률심사제"라 함에 따라 미국의 헌법재판에는 우리의 "위헌법률심판절차"만 존재하는 듯한 오해를 주었다.

미국에서 연방법률, 주 법률, 지방자치단체의 조례 또는 그 밖의 공권력작용의 합헌성에 관한 헌법문제가 제기되는 구체적인 소송형태는 대체로 다음의 7가지 경우이다.[386] ① 사인간의 민사소송에서 특정 법률이 청구나 항변의 기초가 되는 경우, 그 법률의 합헌성이 다투어질 수 있다. ② 연방이나 주가 법률에 기초해서 민사소송을 제기한 경우, 그 법률에 대한 위헌주장이 피고의 항변으로 제기될 수 있다. ③ 위헌적인 공권력작용으로 인해 피해를 입었다고 주장하는 원고가 손해배상소송에 위헌문제를 제기할 수 있다. ④ 정부가 형사절차를 개시한 경우, 피고인이 항변으로서 법률의 위헌성을 다툴 수 있다. 그리고 1심의 사실재판에서 유죄가 인정된 피고인은 언제나 자신의 유죄가 위헌의 법률에 기초한 것이거나 또는 위헌적인 재판절차로 인한 것임을 주장하여 이를 상소로 다툴 수 있다. 또한 주의 형사절차상 기소 전의 단계에서 피의자가 문제된 주 법률의 연방헌법 위반여부를 별도로 소송으로 연방지방법원에 직접 위헌확인을 청구할 수도 있다. ⑤ 주나 연방의 구금시설에 구속된 자는 인신보호영장(writ of habeas corpus)을 구하는 소송에서 자신에 대한 구속의 위헌성을 다툴 수 있다. ⑥ 행정청의 부작위에 대해 직무이행영장(writ of mandamus)을 구하는 이른바 의무이행소송에서 법률의 위헌여부가 다투어질 수 있

386) William Cohen and Jonathan D. Varat, Constitutional Law: Cases and Materials, Westbury, N. Y.: Foundation Press, 1993, p. 93.

다. ⑦ 누구나 연방법률, 주 법률 또는 지방자치단체의 조례에 대하여 그 위헌확인을 구하는 선언적 판결(declaratory judgment)이나 그 집행의 금지를 구하는 유지명령(injunction)을 민사소송[387]으로 청구할 수 있다. 흔히 이러한 소송은 개인이 당해 법률이나 조례를 위반하는 행위를 하여 그에 따르면 민·형사적 책임을 지는 위험을 무릅쓰지 않고 직접 규범의 합헌성을 다투기 위하여 제기되는 것이 보통이다. 위의 ①~⑥은 법률 등 공권력작용의 위헌여부가 당해소송의 선결문제가 되는 경우이고, ⑦은 위헌여부가 직접적인 심판대상이 되는 경우라 하겠다. 특히 ⑦의 절차는 우리의 헌법소원심판절차와 본질적으로 동일하다. 그리고 우리의 헌법소원에 있어 요구되는 자기관련성, 침해의 현재성, 직접성 등의 적법요건은 위 ⑦의 절차에서도 마찬가지로 요구된다. 나아가 하급심법원이 행사하는 헌법재판은 우리에게는 원칙적으로는 인정되지 않는 이른바 재판소원에 해당한다.[388]

(1) 연방대법원의 사법심사

1) 선언적 판결절차

선언적 판결 또는 확인판결이란 분쟁의 한쪽 당사자가 현실적 피해를 입기 전에 그 분쟁에서의 법적 권리를 확인해 주는 일종의 구제방법을 말한다. 다시 말해 원고가 자신의 권리에 대해 불안을 가질 때, 권리관계나 법적 지위를 선언함으로써 분쟁의 종결을 목표로 하여 행

---

387) 이인호, 앞의 논문, 151면 주 5 : 미국에서는 형사소송(criminal action) 이외에 모든 소송은 'civil action'에 해당된다고 한다.
388) 이인호, 앞의 논문, 153면.

하여지는 의회제정법의 구제방법이다. 선언된 권리관계나 법적 지위에 대해서는 당사자간에 통상의 판결과 동일한 구속력을 갖는다. 위헌적인 공권력작용의 위협을 받고 있는 자는 이 위헌확인 판결을 구하는 소송을 제기하여 구제를 받게 된다. 미국에서는 이러한 선언적 판결이 연방법원의 권한에 속하기 위한 사건성을 갖추고 있는지 문제가 되었지만, 1934년 연방의회는 선언적 판결법(Declaratory Judgement Act)을 제정해 연방법원에 선언적 판결을 내릴 수 있는 권한을 명시적으로 부여하였고, 연방대법원도 1937년에 이 법을 합헌으로 승인하였다.[389]

2) 유지명령절차

유지명령(injunction)이란 피고에게 위헌·위법적인 행위를 하지 말 것을 명령하거나 또는 이미 발생한 위헌·위법상태를 제거시키기 위하여 일정한 행위를 하도록 명하는 법원의 명령으로서 형평법(equity)상의 구제수단을 말한다.[390] 유지명령은 종국적 유지명령과 잠정적 유지명령이 있는데, 전자는 본안에 대해 완전한 사실심리를 행한 이후 분쟁의 종국적 해결을 목적으로 하는 것을 가리킨다. 잠정적 유지명령은 종국적 판결이 내려지기까지 현상유지를 위해 임시적 조치로서 행해지는 법원의 명령을 가리킨다. 우리의 가처분[391]에 해당한다

389) Aetna Life Ins. Co. v. Haworth, 300 U. S. 227(1937).

390) 연방대법원이 209 U. S. 123(1908)판결에서 인정한 이래 활용되기 시작하였다.

391) 일반소송절차규정의 하나로 가처분을 규정하고 있는 독일연방헌법재판소법(제32조)과 달리 우리 법은 정당해산심판(법 제57조)과 권한쟁의심판(법 제65조)에 대해서만 가처분에 관한 규정을 두고 있다. 즉, 법 제57조는 "헌법재판소는 정당해산심판의 청구를 받은 때에는 청구인의 신청 또는 직권으로 종국결정의 선고시 까지 피청구인의 활동을 정지하는 결정을 할 수 있다."고 규정되어 있고, 법 제65조는 "헌법재판소는 권한쟁의심판의 청구를 받은 때에는 직권 또는

고 볼 수 있으나, 이를 위해서 신청인은 승소의 가능성이 높다는 것과 잠정적 유지명령이 인정되지 않을 경우 회복할 수 없는 손해를 입게 된다는 점을 소명하거나, 승소의 가능성은 확언하지 못하나 중대한 헌법문제의 경우에 그 행위를 일시적으로 정지시키지 않으면 회복할 수 없는 손해를 입는다는 점을 소명해야 한다.[392]

청구인의 신청에 의하여 종국결정의 선고시 까지 심판대상이 된 피청구인의 처분의 효력을 정지하는 결정을 할 수 있다."라고 규정하고 있다. 참고로, 법 제42조 제1항 본문에서는 법원이 법률의 위헌여부의 심판을 헌법재판소에 제청한 때에는 당해 소송사건의 재판은 헌법재판소의 위헌여부의 결정이 있을 때까지 정지된다고 규정하고, 법 제50조에서 탄핵소추의 의결을 받은 자는 헌법재판소의 심판이 있을 때까지 그 권한행사가 정지된다고 규정하고 있으나 이들은 사전적인 보전조치로서의 가처분과는 구별된다. 그런데 헌법소원 등 그 외의 심판절차에서는 가처분에 관한 명문의 규정이 없으므로, 이들 심판절차에서 가처분이 허용되는지 의문이 있을 수 있다. 법 제40조에 의하면 헌법재판소의 심판절차에 관하여는 법에 특별한 규정이 있는 경우를 제외하고는 민사소송에 관한 법령의 규정을 준용하고, 특히 권한쟁의심판 및 헌법소원심판의 경우에는 행정소송법을 함께 준용하되 행정소송법이 민사소송에 관한 법령과 저촉될 때에는 민사소송에 관한 법령은 준용하지 아니하도록 규정되어 있다. 위헌임이 명백한 법률에 대하여 본안결정 전에 가처분으로 미리 그 효력을 정지시킬 필요성을 인정할 수 있는 것처럼 정당해산심판이나 권한쟁의심판 외에 헌법소원심판 등에 있어서도 가처분의 필요성은 얼마든지 인정할 수 있을 것이고, 달리 헌법소원심판 등에 있어서의 가처분을 금지할 정당한 이유를 찾아볼 수 없다. 따라서 법상 규정이 있는 정당해산, 권한쟁의심판 외에 다른 심판절차에서도 가처분이 허용되어야 할 것이다. 그러므로 법 제40조에 의하여 민사소송법상의 가처분 규정(민사집행법 제300조 이하)이나 행정소송법상의 집행정지 규정(제23조) 등은 그 성질에 반하지 아니하는 한 헌법소송에 있어서의 모든 가처분에 준용된다고 보아야 할 것이다(헌법재판소, 헌법재판실무제요, 30명 이하 참조).

392) 잠정적 유지명령과 구별되는 개념으로 일시적 제한명령(temporary restraining order)이 있다. 잠정적 유지명령은 상대방에 대해 통지와 신문을 거쳐야 하나, 일시적 제한명령은 그러한 절차가 불요하고 긴급을 요하는 경우에 한하여 10일간과 같이 극히 짧은 기간만 효력을 갖는다.

3) 인신보호영장절차

인신보호영장(habeas corpus)이란 불법적인 구속을 당하고 있다고 의심되는 자의 신병을 법원에 제출시키는 영장을 가리킨다. 법원이 구속의 합헌성을 심사하여 불법이라고 판단하면 즉시 구속을 해제시키고 석방하게 된다. 원래 보통법상의 인신보호영장청구는 수사기관에 의해 구속된 피고인에 한해서만 적용되었는데, 19세기 후반 이후 연방대법원은 유죄가 확정되어 교도소에 복역중인 기결수가 자신의 유죄인정이 위헌적인 법률이나 절차에 의거한 것이라고 주장하는 경우에도 이를 허용하고 있다.[393]

4) 헌법적 손해배상절차

남북전쟁 이후 연방의회는 인종차별을 비롯한 사회적 차별 문제를 해결하기 위해 이른바 시민권법(civil rights legislation)을 제정하여 연방헌법과 연방법률에 의하여 보장되는 시민권이 침해되는 경우에 민사손해배상 및 형사구제를 연방법원의 관할로 인정해 오고 있다. 이러한 연방법원의 재판관할권을 시민권관할권(civil rights jurisdiction)이라고 부르기도 한다.[394] 예컨대 1870년의 시민권법은 연방헌법상 보장되는 선거권을 침해하는 주의 행위 및 헌법상의 권리를 고의로 침해하려는 시도에 대해 형사처벌을 규정하였으며, 1971년의 시민권법은 주 공무원이나 기타 주 법률의 외관을 가지고 행동한 자에 의하여 연방헌법과 연방법률이 보장하는 권리, 특권 또는 면책을 침해당한 자에게 연방법원에 민사소송[395]을 제기할 수 있는 권리를 부여하였다.[396] 연방대법

---

393) Yick Wo v. Hopkins, 118 U. S. 356(1886).
394) 이인호, 앞의 논문, 156면.

원은 Monore v. Pape 사건[397]의 판결에서 가택에 무단 침입하여 불법적으로 수색하고 체포함으로써 연방헌법을 위반한 주 경찰에 대해 손해배상을 인정하였으며, 이러한 헌법적 불법행위에 대한 구제는 공무원을 상대로 한 보상적 손해배상에 그치는 것이 아니고 징벌적 손해배상과 유지명령을 포함한다.

5) 권한쟁의심판절차

미국에서는 우리의 권한쟁의심판절차와 같은 별도의 소송형태는 존재하지 않으나, 국가기관간의 실질적인 권한분쟁은 대부분 유지명령이나 선언적 판결을 구하는 민사소송형태로 제기된다. 자신의 헌법상의 권한을 침해하는 다른 기관의 권한행사에 대하여 그 집행의 금지를 구하거나 권한행사의 위헌확인을 구하는 소송을 통하여 권한쟁의에 관한 헌법문제가 일반적으로 제기될 수 있다.[398] 다만 권한분쟁의 해결을 구할 원고적격에 대해서는 확립된 선례가 없었으나 몇몇 사건에서는 국회의원이 헌법상 보장되는 구체적 특권을 부인 당했다는 이유로 원고적격을 인정하고 있다.[399] 국회의원에 대해서는 우리의 헌법재판소도 국회의원과 국회의장의 권한쟁의를 인정하고 있다.[400] 반면 연방정부의 한 기관이 다른 기관의 권한을 침해했는지의

395) 이인호, 위의 논문, 151면, 미국에서는 형사소송(criminal action) 이외에 모든 소송은 'civil action'에 해당한다고 한다.
396) 이 법은 현재 그 일부조항이 42 U. S. C. § 1983(Civil action for deprivation of right)에 흡수되어 있다.
397) 365 U. S. 167(1961).
398) 이인호, 앞의 논문, 158면.
399) Kennedy v. Sampson, 511 F. 2d 430(D.C.Dkr. 1974); Pressler v. Simon, 428 F. Supp. 302(D. D. D 1976); Pressler v. Blumenthal, 434 U. S 1028(1978).
400) 헌재 1997. 7.16. 96헌라2.

여부가 쟁점이 된 사건에 대해서는 연방대법원은 정치문제의 이론을 배제하고 적극적으로 판단한 사건이 다수 존재한다.401)

(2) 헌법재판소의 헌법재판

1) 위헌법률심판

위헌법률심판이라 함은 헌법재판기관이 국회가 제정한 법률이 헌법에 위반되는가의 여부를 심사하고, 그 법률이 헌법에 위반되는 경우에 그 효력을 상실하게 하거나 그 적용을 거부하도록 하는 제도를 말한다.

현행 헌법상의 위헌법률심판제도는 구체적 사건에 있어서 법률의 위헌여부가 재판의 전제가 되는 경우에 이루어지는 사후적·구체적인 규범통제를 그 내용으로 하는 것으로 법률에 대한 '위헌제청권'과 '위헌결정권'을 분리해서, 전자는 일반법원이, 후자는 헌법재판소가 이를 담당하고 있다(헌법 제107조 제1항, 제111조 제1항 제1호). 이는 주로 유럽 국가들의 헌법재판제도에서 나타나는 유형으로서 헌법의 특성, 민주주의의 관점, 권력분립의 관점, 법적안정성의 관점, 전문성의 관점 등을 그 이론적인 근거로 하고 있다.

2) 헌법소원심판

현행 헌법은 '법률이 정하는 헌법소원에 관한 심판'을 헌법재판소에 맡김으로써(헌법 제111조 제1항 제5호) 우리 헌정사상 처음으로

---

401) Buckely v. Valeo, 424 U. S. 1(1976); United States v. Nixon, 418 U. S. 683(1974); Meyers v. United States, 272 U. S. 52(1926).

헌법소원제도를 채택했다. 헌법소원제도는 공권력의 남용, 악용으로부터 헌법상 보장된 국민의 기본권을 보호하는 헌법재판제도이기 때문에 통치권의 기본권 기속성을 실현시킬 수 있는 가장 실효적인 권력통제장치에 속한다.

현행 헌법재판소법상의 헌법소원제도는 공권력의 행사 또는 불행사로 인하여 헌법상 보장된 기본권을 침해받은 자가 제기하는 권리구제형 헌법소원(법 제68조 제1항에 의한 헌법소원)과 법률이 헌법에 위반되는 여부가 재판의 전제가 되어 법원에 위헌법률심판제청신청을 하였으나 기각된 자가 헌법재판소에 제기하는 규범통제형(위헌심사형) 헌법소원(법 제68조 제2항에 의한 헌법소원)으로 나누어 규율되고 있다.

3) 권한쟁의

현행 헌법은 '국가기관 상호간, 국가기관과 지방자치단체간 및 지방자치단체 상호간의 권한쟁의에 관한 심판'을 헌법재판소의 관할사항으로 하고 있다(헌법 제111조 제1항 제4호). 우리 헌정사상 1960년 헌법에 이어 두 번째로 권한쟁의제도를 채택하고 있으나, 1960년 헌법의 권한쟁의제도가 국가기간의 권한쟁의심판만을 그 내용으로 했던 것과 달리, 현행헌법상의 권한쟁의제도는 심판사항을 국가기관과 지방자치단체간 및 지방자치단체 상호간의 권한쟁의로까지 확대하고 있다.

3. 위헌결정의 유형

미국과 우리나라 모두 헌법재판에 있어서 단순합헌결정과 단순위헌결정은 공통적이라고 보인다. 다만 미국에서 법령의 위헌성을 다투는 헌법문제가 제기된 경우 위헌심사의 방식에는 적용심사(as applied review)와 문면심사(facial review)의 두 가지 방법이 있다. 적용심사란 법령이 규율하는 사실 내지 행위 그 자체를 직접 헌법적으로 평가하여 그 행위가 헌법상 보호되는 행위인지, 따라서 문제의 법령을 당해 행위에 적용하는 것이 위헌인지의 여부를 판단하는 것을 말한다. 따라서 이 경우 법령에 대한 합헌성 판단은 당해 사건의 해결에 필요한 한도 내에 한정된다. 문면심사는 사건의 구체적 사실 내지 행위가 법률요건에 해당되는지의 여부를 묻지 않고, 법률 그 자체를 직접 헌법적으로 평가하는 것만으로 당해 사건을 해결하는 심사방식을 말한다. 이러한 문면심사는 보통 언론자유의 침해가 문제된 사안에서 명확성의 원칙이나 과도한 광범성의 원칙의 위반여부를 판단하는 경우에 행하여진다. 표현 이외의 영역에서도 문면심사와 문면위헌 판단이 행해진다. 다만 연방대법원은 문면위헌을 선언하는 경우에는 정면에서 의회와의 갈등을 야기하기 때문에 가급적 적용위헌으로써 당해 사건의 해결이 가능할 때에는 그것으로 그치고 더 나아가 문면심사를 통한 문면위헌의 판결을 내리는 것을 자제하려는 경향을 보인다.402)

이하에서는 우리나라 헌법재판과 미국의 사법심사의 위헌결정의 공통형태라 할 수 있는 단순합헌·단순위헌결정을 제외한 결정의 형식에 대해 살펴본다.

---

402) 이인호, 앞의 논문, 161면.

(1) 연방대법원의 위헌결정유형

1) 한정위헌결정 · 한정합헌결정

법령(조항)에 대한 합헌심사의 방식이 문면심사인 경우 그 법령(조항)은 문면위헌 또는 문면합헌으로 선언되고 적용심사인 경우에는 적용위헌 또는 적용합헌으로 선언된다. 전자의 문면위헌은 특정 법령(조항)을 전면위헌이라고 선언하는 것이기 때문에 우리의 단순위헌결정과 유사하다. 적용위헌의 경우는 형식적으로 본다면 우리의 한정위헌과 동일하다고 볼 수 없다. 적용위헌은 당해 사건의 구체적인 당사자의 특정행위에 헌법적 판단의 초점을 맞추어 그것이 헌법적으로 보호받아야 되는지 확인하고 문제의 법률을 그 행위에 적용하는 것이 위헌임을 선언하는 것이며, 우리의 한정위헌은 그 자체 규범통제의 하나로서 규범의 의미 안에 포함되는 일정한 행위유형을 잘라 내어 그 행위유형 전체를 헌법판단의 대상으로 삼아 위헌을 선언하는 것이다.[403] 그러나 적용위헌의 판결은 심판대상규범의 의미영역을 탐구하여 심판의 대상이 되는 부분을 분리해 내야하며, 그런 과정을 통해 내려진 판결은 선례구속의 원칙(doctrine of stare decisis)에 의해 실질적으로 일반적인 효력을 가진다고 볼 수 있으므로 우리의 한정위헌과 다르지 않다. 즉 미국에서는 법령에 대한 적용위헌을 선언함으로 많은 경우가 그 실질은 한정합헌 내지는 한정위헌의 판단으로 행해질 여지가 있다.[404]

---

403) 이인호, 위의 논문, 163면.

404) Scales v. U. S., 360 U. S. 924(1959); Oregon v. Mitchell, 400 U. S. 112 (1970); Bowers v. Hardwick, 478 U. S. 186(1986) 참고.

2) 헌법불합치결정

미국의 법원은 우리의 불합치결정에 해당한다고 볼 수 있는 유형의 위헌결정을 하고 있는 것으로 분석된다. 연방파산법원을 신설하고 그 법원에 광범위한 재판관할권을 부여한 연방법률의 위헌성이 다투어진 사건[405]에서 연방대법원은 연방파산법원에 광범위한 재판관할관을 부여한 법률조항을 위헌이라고 판시하면서 이 위헌결정은 장래에 향해서만 효력을 발생한다고 판시하고, 더 나아가 위헌결정의 효력을 특정시점(1982. 10. 4.)까지 연기하면서 이 기간 동안에 연방의회가 연방파산법원을 재구성하거나 파산사건에 대한 다른 유효한 재판절차를 마련할 수 있는 기회를 제공하여 그 기간 동안 기존 파산법의 집행에 차질이 생기지 않도록 배려하는 판시를 판결이유에서 하였다. 이러한 연방대법원의 결정은 법률의 계속 적용을 명하는 헌법불합치결정과 유사하다.[406]

(2) 헌법재판소의 위헌결정유형

1) 한정위헌결정 · 한정합헌결정

한정위헌 · 한정합헌결정의 경우 모든 국가기관은 위헌으로 판단된 법률의 해석 및 적용례에 근거한 국가행위를 중지하고 헌법재판소가 합헌적으로 해석한 범위 내에서 행동해야 하는 의무를 부담한다.

헌법재판소는 이미 한정합헌결정을 한 법률조항에 대해, 그와 같은

405) Northern Pipeline Co. v. Marathon Pipe Line Co., 458 U. S. 50(1982).

406) Buckley v. Valeo, 424 U. S. 1, 143(1976); Georgia v. United States, 411 U. S. 526, 541(1973); Fortson v. Morris, 385 U. S. 231, 235(1966).

한정합헌결정을 한 후에 그 결정의 논리적 내지 현실적 근거가 된 사실에 근본적인 변화가 있었다고 할 수 없으며, 지금에 이르러 위와 달리 판단해야 할 다른 사정변경이 있다고 인정되지 않는 이유로 다시 한정합헌결정을 하였다.[407]

2) 헌법불합치결정

헌법재판소가 법률이 헌법과 합치되지 아니한다고 결정할 경우 입법자는 불합치결정의 내용에 따라 동 법률의 내용을 즉시 또는 헌법재판소가 명시한 기간 안에 위헌성이 제거된 법률로 개정하여야 한다.[408] 행정관청과 법원은 원칙적으로 현재 계류된 절차를 개선입법이 있을 때까지 중지하여야 하고, 예외적으로 종래의 법적 상태보다 더욱 헌법질서에서 벗어나는 법적 상태의 발생을 방지하기 위하여 위헌법률의 잠정적용(불합치결정의 시점과 개정 법률의 발효시점 사이의 기간)이 허용된다.[409]

---

407) 헌재 1990. 4. 2. 89헌가113; 헌재 1992. 1. 28. 89헌가8; 헌재 1997. 1. 16. 92헌바6등.

408) 헌재 1989. 9. 8. 88헌가6.

409) 헌재 1995. 9. 28. 92헌가11등.

4. 위헌결정의 효력

(1) 연방대법원의 위헌결정효력

1) 인적 효력범위

법령에 대한 적용위헌판결은 당해 사건의 사안에 그 법령을 적용하는 것이 위헌이라는 뜻이기 때문에 그 법령의 위헌적 적용이 배제되는 것에 그치고, 당해 법령은 효력을 그대로 유지된다. 그러나 연방대법원의 법령에 대한 적용위헌판결은 단순히 당해 사건의 당사자들에게만 그 효력이 미치는 것을 의미하지 않는다. 연방대법원의 법정의견에서 제시된 판시이유에는 헌법해석에 관한 하나의 법 준칙이 담겨져 있고, 이 법 준칙은 선례구속성의 원칙에 의하여 동종사안에 대해 사실상 일반적 효력을 갖게 된다. 문면위헌판결은 해당 법령이 위헌이라는 판단이며 마찬가지로 선례구속원칙에 의해 일반적 효력을 갖게 된다.

2) 시간적 효력범위

1886년에 연방대법원은 위헌으로 선언된 법률의 효력은 처음부터 무효라고 판시한 바 있다.[410] 그리하여 연방대법원은 1965년까지 연방대법원의 헌법적 결정의 효력이 소급한다는 일반원칙을 승인해 오면서 아주 제한적인 예외를 두고 있었다.[411] 그러나 이 시기에도 소급효가 헌법원칙은 아니라는 입장이었다. 그 후 1965년 Linkletter v.

410) Noton v. Shelly County, 118 U. S. 425, 442(1886).

411) 예외의 판결은 Chicot County Drainage District v. Baxter State Bank, 308 U. S. 371(1940)이다.

Walker 사건[412]에서는 판례를 소급적용할 것인가의 여부는 폐기된 법준칙의 역사와 목적, 그리고 효과를 살펴 이익형량을 통해 결정할 문제라고 판시하였다. 이 후 형사사건에서는 1987년 Griffth v. Kentucky 사건[413]에서 소급적용의 범위를 확대하였고 민사사건의 경우 1971년 Chevron Oil Co. v. Huson 사건[414]에서 일정한 소급적용의 기준이 제시된 이래 소급적용이 제한적으로 인정되어 오다가 1990년대에 들어 소급적용의 범위가 확대되는 추세를 보이고 있다.[415] 요컨대 미국은 위헌판결의 시간적 효력범위에 관하여 연방헌법이나 법률에 명문의 규정이 없고 판례로 규율하고 있는데, 이 문제를 헌법차원의 문제로 보지 않고 구체적인 사건마다 법적 안정성과 개인의 권리구제 등 제반이익을 비교형량하여 법원이 위헌판결에 소급효를 인정할 것인가를 결정할 수 있는 정책판단의 문제로 보고 있다.[416]

(2) 헌법재판소의 위헌결정효력

헌법재판소의 결정은 헌법규범의 특성, 즉 개방성·불완전성·정치성·역사성 등으로 말미암아 재판의 형성적 성격이 상대적으로 강하게 나타난다. 그리고 헌법재판소의 결정에는 일반재판에서와 같이 확정력이 인정되고, 객관적 법질서를 보호하는 헌법재판의 기능 때문에 다른 국가기관의 행위에는 인정되지 아니하는 특수한 효력으로서 모

---

412) Linkletter v. Walker, 381 U. S. 618(1965).
413) Griffth v. Kentucky, 479 U. S. 314(1987).
414) Chevron Oil Co. v. Huson, 404 U. S. 97(1971).
415) American Trucking Associations, Inc. v. Smith, 496 U. S. 167(1990); James M Beam Distilling Co, v. Georgia, 501 U. S. 529(1991).
416) 이인호, 앞의 논문, 168면.

든 국가기관을 기속하는 기속력과 법규적 효력이 인정된다.

1) 인적 효력범위

법규범에 대한 헌법재판소의 위헌결정에 대하여는 소송당사자를 수범인으로 하는 기판력의 주관적 범위뿐만 아니라 국가기관을 수범인으로 하는 기속력의 주관적 범위를 넘어서 일반 사인에게도 그 효력이 미치는 일반적 구속성을 가진다.

헌법재판소법 제47조 제1항, 제67조 제1항 및 제75조 제1항에 의하면 헌법재판소 결정의 기속력이 미치는 수범자의 범위는 "법원 기타 국가기관 및 지방자치단체"이다. 기속력은 법규적 효력과는 달리 대세적 효력은 없으며, 단지 공권력의 주체에 대하여만 효력을 갖는다. 이러한 관점에서 본다면 기속력은 기판력의 주관적 범위를 확정하고 있다고 볼 수 있다. 여기에서 공권력의 주체는 입법부·사법부·행정부 및 지방자치단체, 기타 공공단체를 모두 포함하며, 국가적 공권을 부여받은 사인(공무수탁사인)도 해당된다(정부조직법 제6조 제3항, 행정권한의 위임 및 위탁에 관한 규정 참조)고 할 것이다.

2) 시간적 효력범위

독일의 경우 기본법 제94조 제2항에서 연방헌법재판소 판결의 법규적 효력에 대하여 연방법률에 위임하였고, 연방헌법재판소법 제31조 제2항은 추상적 규범통제, 구체적 규범통제, 법률에 대한 헌법소원, 연방법의 효력에 관한 사건에서 "연방헌법재판소의 재판은 법률로서의 효력을 가진다."고 규정하여 법규적 효력에 관해 규정하고 있다. 한편 동 조항은 그러한 사건의 경우 "연방법무부장관이 재판주문을 법률관보에 공고하여야 한다."고 한다. 그런데 우리나라의 경우 헌법재판소 결정의 법규적 효력을 명문으로 직접 언급한 헌법규정이나 헌법재판소법의 규정은 없다.

헌법재판소법 제47조 제2항은 "위헌으로 결정된 법률 또는 조항은 그 결정이 있는 날로부터 효력을 상실한다. 다만, 형벌에 관한 법률 또는 법률의 조항은 소급하여 그 효력을 상실한다."라고 규정하고 있으며, 헌법재판소법 제75조 제6항은 동조 제5항의 경우(법 제68조 제1항에 의한 통상의 일반적인 헌법소원을 인용하면서 부수적으로 공권력의 행사 또는 불행사의 근거법률 또는 법률의 조항을 위헌 선언하는 경우) 및 헌법재판소법 제68조 제2항의 헌법소원심판절차에서 법률 또는 법률의 조항이 위헌이라는 인용결정을 하는 경우에는 위 제47조 제2항을 준용하도록 규정하고 있으므로(법 제68조 제1항에 의한 법률소원을 인용하는 경우도 마찬가지로 준용될 것이다) 이들 조항을 법규적 효력의 근거로 볼 수 있다.[417] 헌법재판소는 구체적 규범통제의 실효성을 위해 당해 법률이 재판의 전제가 되어 법원에 계속 중인 사건들에 대하여는 소급효를 인정하고, 나아가 헌법재판소가 구체적 위헌결정 당시 정의와 형평의 관점에서 소급효를 선언할 수 있으며, 그러한 선언이 없을 경우에는 법원이 합리적으로 소급효 문제를 결정할 수 있다고 하였다. 그런데 법원은 직접적인 당해사건 외에도 위헌결정 당시 법원에 계류 중인 동종사건이나 장차 계류될 동종 사건들에게까지 소급효가 미칠 수 있는 것으로 보았다.[418]

417) 헌법재판소, 헌법재판실무제요, 헌법재판소, 2003, 14면.
418) 헌법재판소, 헌법재판소 10년사, 헌법재판소, 1998, 120면.

Ⅲ. 미국 연방대법원의 사법심사제가 헌법재판소에 미친 영향

미국 헌법은 그 규정과 제도뿐만 아니라 판례를 통해서 한국의 사법제도에 영향을 미치고 있다. 특히 헌법재판제도에 있어서 기본권 보장과 관련한 헌법재판소의 판례는 많은 영향을 받고 있다. 이하에서는 이것을 몇 가지 테마로 나누어 논해보기로 한다.

1. 헌법재판제도에 미친 영향

현행 헌법은 제5장에서 대법원과 각급법원으로 조직되는 법원을 설치하고, 제6장에서는 헌법재판소를 따로 설치함으로써 사법기능을 두 개의 기관에 분장시키고 있다. 그런데, 헌법은 헌법재판소와 법원의 관계에 관해 구체적으로 규정하는 바가 없기 때문에 두 기관이 어떠한 관계에 놓이게 되는가의 문제가 발생할 수 있다.

헌법 제101조 제1항에서 "사법권은 법관으로 구성된 법원에 속한다."라고 규정하여 법원에 포괄적인 사법권을 부여하고 있다. 따라서 헌법 기타 법령에 특별한 규정이 없는 한 법원은 사법권을 행사한다. 한편, 헌법은 제111조에서 헌법재판소가 특별히 관장할 심판사항을 규정하고 있으므로 법원은 헌법재판소의 심판사항에 대하여는 사법권을 행사할 수 없다는 제한을 받게 된다.

헌법은 제107조 제1항에서 이를 구체화하여 "법률이 헌법에 위반되는 여부가 재판의 전제가 된 경우에는 법원은 헌법재판소에 제청하여 그 심판에 의하여 재판한다."라고 규정하여, 법률이 헌법에 위반되는지 여부에 관하여는 법원 스스로 판단할 수 없도록 정하고 있다. 따라서 법원의 법률해석권은 법률에 대한 '위헌심판권'이 제외되어 있는 법률해석권을 의미하게 된다. 법원은 구체적인 사건에서 법률을 해석하여 적용함에 있어서 첫째, 법률내용이 헌법에 위반되지 않도록 해석하여 적용할 것이며, 둘째, 법문에 따라 법률을 해석하여 일정한 법률내용을 적용하려고 할 때, 그 법률내용이 위헌이라고 의심되는 경우에는 재판절차를 정지하고 그러한 해석으로 인하여 도출된 법률내용이 헌법에 합치하는지의 여부를 먼저 헌법재판소에 심판제청한 뒤, 헌법재판소의 결정에 따라 재판을 하여야 한다. 헌법재판소가 일단 특정한 법률내용에 대해 위헌이라고 선언한 경우에는 법 제47조에 따라 당해 법률내용이 법률로서의 효력을 상실하고, 법원은 헌법재판소의 위헌결정에 기속되어 위헌 선언된 법률내용을 구체적인 사건에서 적용할 수 없게 된다.

헌법재판소의 권한쟁의심판과 법원의 기관소송과의 관계에 대하여는 행정소송법 제3조 제4호 단서에서 '헌법재판소법 제2조의 규정에 의하여 헌법재판소의 관장사항으로 되는 소송(권한쟁의심판)은 행정소송법상의 기관소송에서 제외된다.'고 명문으로 규정하고 있다. 따라서 법원은 헌법재판소의 권한쟁의심판의 대상이 되는 사항에 대하여는 기관소송 관할권을 행사할 수 없게 된다.

헌법재판소의 헌법소원심판절차는 공권력의 행사 또는 불행사로 인하여 기본권을 침해받은 자를 구제하는 절차이다. 따라서 헌법소원심판은 행정청의 위법한 처분 그밖에 공권력의 행사·불행사 등으로 인한 국민의 권리 또는 이익의 침해를 구제하는 행정소송법상의 소송절차와 마찰을 빚을 가능성이 있다. 이에 법은 제68조 제1항에서,

헌법소원심판을 청구할 때 다른 법률에 구제절차가 있는 경우에는 그 절차를 모두 거친 후가 아니면 청구할 수 없도록 규정하고 있다. 여기에서의 '다른 법률'에 행정소송법이 포함됨은 물론이므로, 행정소송절차에 의하여 구제될 수 있는 공권력의 행사 또는 불행사에 대하여는 먼저 행정소송절차를 통하여 구제받게 된다. 따라서 헌법재판소는 행정소송법 기타 다른 법률에 의하여 구제되지 아니하는 사항에 대하여만 헌법소원심판권을 바로 행사하게 된다. 또한 법은 제68조 제1항에서 '법원의 재판'을 헌법소원심판의 대상에서 제외하고 있으므로, 헌법재판소는 법원의 재판에 대하여도 헌법소원심판권을 행사할 수 없다. 다만, 이때의 법원의 재판에는 헌법재판소가 위헌으로 결정한 법령을 적용함으로써 국민의 기본권을 침해한 재판이 포함되지 아니하므로 헌법재판소는 이러한 한도 내에서 법원의 재판에 대하여 심판할 수 있고, 이러한 범위 안에서 법원의 사법권은 제한을 받게 된다.[419)]

2. 판례에 미친 영향

(1) 형사절차의 원리

형사절차에 관해서는 이미 미군정시대부터 규정되었다. 미국의 경우 형사절차에서의 기본권의 보장은 연방뿐만 아니라 주의 형사절차에서도 권리장전을 보장하려는 노력의 연속이었다. 특히 Warren 시

419) 헌재 1997. 12. 24. 96헌마172등, 헌법재판소판례집 제9권 2집, 842면.

대에는 기본권 보장을 확대하는 경향을 보였으나 Burger 시대에 들어와서는 신중한 경향 내지는 기본권을 제한하는 방향으로 가는 듯하였다. 이와 같은 흐름을 통해 형사절차 조항과 관련한 미국 연방대법원 판례는 계속 발전해 왔다. 형사절차 등의 인권관련 판례를 통해 연방대법원은 ① 개인의 자유와 권리에 영향을 미치는 국가적 행위에 대하여 관계국가기관이 정당한 권한을 가져야 하며, ② 입법과정의 절차는 물론이고 법률의 내용도 구체적이고 명확할 것, ③ 상대방에게 고지·청문의 기회가 제공될 것, ④ 변호인의 조력을 받을 권리와 유리한 증인의 강제소환 등이 보장될 것, ⑤ 판정기관이 공정하게 구성될 것, ⑥ 권리·의무의 판정은 정의의 원칙과 헌법의 기본이념에 합치하고 자의적인 것이 아닐 것 등을 강조하고 있다.[420)]

형사절차에 관한 위와 같은 원리는 절차일반의 적정문제로 전개되어 국민의 자유와 재산에 관련된 모든 공권력행사의 내용·방식·목적 등의 적정성과 합리성의 원리로 발전하고, 최근에 와서는 그것이 공권력행사의 근거가 되는 모든 실체법의 적정문제의 법리로까지 확대되고 있으며, 우리의 헌법재판소도 같은 취지의 판결[421)]을 내놓고 있다. 행정청에 의하여 자유와 권리가 제한되는 경우에도 적법절차의 원칙이 적용되어야 한다고 보고 있다.[422)] 대법원은 체포의 경우에 미국 연방대법원 판례[423)]로 확립된 Miranda 원칙을 적용하여 피의자에 대하여 범죄사실의 요지, 체포의 이유와 변호인을 선임할 수 있음을 알리고 변명할 기회를 준 후가 아니면 체포할 수 없으며, 위의 원칙

420) 권영성, 앞의 책, 422-423면.
421) 헌재 1993. 7. 29. 90헌바35.
422) 헌재 1990. 11. 19. 90헌가48.
423) Miranda v. Arizona, 383 U. S. 436(1996).

을 고지하지 않고 행한 체포행위는 적법하지 않아 거부할 수 있다 하였다.[424] 그리고 헌법재판소는 진술거부권 내지 묵비권의 행사가 문제된 사건[425]에서 위 거부권의 행사는 형사절차 뿐만 아니라 행정절차나 국회에서의 조사절차에 보장된다고 함으로써, 영미의 보통법상의 권리로 확립된 자기부죄거부의 특권을 폭넓게 인정하고 있다.

(2) 법 앞의 평등

우리 헌법은 제11조 제1항에서 근대헌법의 기본원칙인 평등의 원칙과 개인을 위한 주관적 공권으로서 평등권을 규정하고 있다. 헌법재판소도 평등의 원칙에 대해서 평등하게 다루어야 할 것을 불평등하게 다루거나 불평등하게 다루어야 할 것을 평등하게 다루는 것은 정의에 반하고 평등의 원칙에 위배되며,[426] 우리 헌법의 최고원리로서 입법을 하거나 법을 해석 및 집행함에 있어 따라야 할 기준인 동시에 국민의 기본권 중의 기본권으로 이해하고 있다.[427]

평등권에 관한 미국의 판례와 한국의 판례를 비교해 보면 많은 차이점을 발견할 수 있다. 미국의 경우에는 흑인문제를 중심으로 한 인종차별이 주류를 이루고 있으며, 그 밖에 선거구획정에 관한 정치적 평등, 성별에 의한 차별, 경제적 평등 등이 문제가 된다. 특히 경제적 평등에 관한 Warren 법원의 사법적극주의에 관하여는 견해가 상반되고 있다.

---

424) 대법 2002. 5. 10. 2001도300.
425) 헌재 1997. 3. 27. 96헌가11.
426) 헌재 1999. 5. 27. 98헌바26; 2002. 12. 18. 2001헌마549.
427) 헌재 1989. 1. 25. 88헌가7; 2002. 12. 18. 2001헌마546; 2001. 11. 29. 99헌마494.

이에 반하여 한국의 경우는 미국과는 다른 역사적・문화적 배경을 가지고 있으므로 인종문제는 거의 문제가 되지 않는다. 한국에서는 오히려 권위주의적 전통문화로부터 발생하는 성별에 의한 차별, 사회적 신분에 의한 차별이 문제가 된다. 또한 법체제의 면에서도 미국은 연방국가 이므로 적법절차(due process of law)나 국가행위(state action) 이론을 통하여 평등보호조항의 해석을 확대하려고 한다. 그러나 한국은 단일국가이므로 미국에서와 같은 제도상의 문제는 생기지 않는다. 미국의 사법부가 다른 어떠한 국가의 사법부보다도 강력한 이유는 연방의 관할권을 확대하려는 과정에서 생긴 것을 생각할 때 법체제의 차이는 법의 해석에서도 커다란 차이를 가져온다.

전체적으로 볼 때 미국의 연방대법원과 우리의 헌법재판소는 평등권에 관한 헌법조항의 해석에 있어서 합리적인 차별의 기준을 제시하기 위하여 노력하고 있는 것으로 보인다. 미국 연방대법원의 판례를 통하여 경제적・사회적 약자(생활무능력자, 여성, 노약자, 미성년자, 소수민족 등)에 대하여 인도주의적 입장에서 특별대우나 특별급여(생계비지급,・심약작업금지와 생리휴가・복지보조금지급・중노동금지 등)는 우선처우론(theory of preferential treatment)으로 발전하였으나 때때로는 그것에 대하여 역차별론(reverse discrimination)이 제기되기도 하였다. 따라서 미국에서 차별이 정당화 되려면 ① 차별을 통하여 국가가 달성하고자 하는 목적이 합법・정담함에 그치지 아니하고 필요불가결한(compelling) 것이어야 하고, ② 이러한 목적을 달성하기 위하여 국가가 선택한 수단으로서의 차별이 목적의 달성에 직접적으로 기여해야 하며, ③ 목적달성에 필요한 최소한의 범위 내에서 기본권을 제한하는 수단을 선택해야 한다.[428]

우리 헌법재판소도 미국 연방대법원의 판결의 영향을 받아 합리적인 근거가 있는 차별인지의 여부는 그 차별이 인간의 존엄성 존중이라는 헌법원리에 반하지 않으면서 정당한 입법목적을 달성하기 위하여 필요하고도 적정한 것인가를 기준으로 판단하여야 할 것이라고 하고 있다.[429]

(3) 종교 · 양심의 자유

종교의 자유는 신앙의 자유, 종교적 행사의 자유, 종교적 집회·결사의 자유, 선교의 자유로 발현되는데 이중에서 주로 신앙의 자유가 문제되며, 양심의 자유에서는 양심상의 결정을 이유로 병역, 특히 집총을 거부할 수 있는가가 문제된다. 미국 연방대법원은 양심적 병역거부가 인정되려면 병역거부가 무엇이 옳고 틀린 것인가에 대한 도덕적·윤리적 또는 종교적 믿음에서 도출되어야 하며, 이러한 믿음은 전통적인 종교적 신념으로 유지되어야 하고[430] 특정 전쟁에 대한 거부가 아니라 일체의 전쟁에 대한 거부를 의미하는 것이어야 한다.[431]

종교의 자유와 관련하여 미국 연방대법원은 공직취임시 특정의 신앙을 취임조건으로 하거나 종교적 시험을 과할 수 없으며, 국가나 공공단체가 행정상의 필요에서 국민의 종교 실태를 조사하는 경우에도 이를 강요해서는 안 된다[432]고 하고 있다.

---

428) 권영성, 앞의 책, 390면.
429) 헌재 2001. 11. 29. 99헌마494; 1998. 9. 30. 98헌가7.
430) Welsh v. United States, 398 U.S. 333, 340.(1970).
431) Gillette v. United States, 401 U.S. 437(1971). 단 더글라스 대법관은 특정전쟁에 대한 반대도 '양심적 병역거부'로 포함 시킨다.
432) Engel v. Vitale, 370 U. S. 421(1962); Torcaso v. Watkins Clerk, 367 U. S.

그리고 West Virginia State Board of Education v. Barnette 사건[433]의 판결에서 어떠한 방식으로건 국가가 시민에게 말 또는 행동으로 자신의 신념을 고백하도록 강제하는 것은 허용되지 않으며, 다를 수 있다는 자유(freedom to differ)는 사소한 사안에 제한되는 것이 아니며, 기존 질서의 심장을 건드리는 사안에 대하여 다를 수 있다는 자유라고 하여 다수의 지배의 이름 하에 소수자의 양심과 신념의 침해하는 것을 부정하였다.

우리나라에서 종교의 자유에 관한 판결 중 대법원은 '여호와의 증인' 신도들이 종교상의 이유로 국기경례를 거부한 행위에 대하여 학교 당국이 퇴학처분을 한 것은 적법하다고 하였다.[434] 그리고 종교상의 신념으로 비과학적인 질병치료나 재물을 약취하는 것을 금지하고 있다.[435] 그러나 대도시의 경우 국·공립 중·고등학교는 물론 사립 중·고등학교도 본인의 의사와는 관계없이 일방적으로 배정될 경우에 있어서 학교가 특정 종교재단에 의해 설립된 경우에 특정 종교교육 및 종교이념을 일방적으로 수용하여야 한다는 판례[436]는 소극적인 신앙고백의 자유와 소극적 신앙실행의 자유를 침해할 가능성이 크기 때문에 문제가 있다.[437]

종교상의 이유로 병역을 거부하는 행위에 대해 대법원[438]과 헌재[439]는 아직까지 이를 존중하지 않고 있다. 앞에서 살펴본 바와 같

488(1961).

433) 319 U. S. 624(1943).

434) 대판 1976. 4. 27. 75누249.

435) 대판 1980. 9. 24. 79도1387.

436) 헌재 2009. 4. 30. 2005헌마514.

437) 성낙인, 헌법학, 법문사, 2010, 499면.

438) 대판 2007. 12. 27. 2007도7941.

이 이와 동일한 사건에 대한 미국의 연방대법원의 판결은 매우 장문이며, 그 내용도 풍부하며, 대체로 종교인의 행위가 세속적 규율에 저촉되는 경우, 동료시민의 기본적 자유 내지는 인권을 직접 침해하지 아니하는 한 이를 종교의 자유에 근거한 행위로서 존중하고 있다.

미국과 한국은 안보환경이나, 역사적 전통이나 법문화의 체계적인 구조도 다르기 때문에 유사한 사안일지라도 표면에 나타난 가시적인 면만을 가지고 쉽게 단정할 수는 없다. 그러나 우리도 이젠 한반도의 특수한 정치·군사적 상황만을 강조할 것이 아니라 종교·양심의 자유가 민주적인 문명국가에 공통된 정신적 자유권이라는 점에서 이를 보호할 수 있는 방법론적인 노력이 필요하다. 실제적으로 여호와의 사건에서 헌법재판소는 일부 보충의견에서 "우리는 국방의 헌법적 의의와 중요성, 우리나라가 처한 정치적, 사회적 현실에 대하여는 다수의견과 인식을 같이 함에도 불구하고, 입법자가 양심적 병역거부자들의 양심의 자유와 국방의 의무라는 헌법적 가치간의 갈등을 해소하기 위한 대안을 모색하여야 할 단계에 이르렀음에도 필요하고도 가능한 최소한의 노력을 하지 아니하였다"고 주장하고 있으며, 뿐만 아니라 "우리는 양심실현의 자유도 경시되어서는 안된다는 점, 양심적 병역거부를 둘러싼 현행법과 양심과의 갈등의 심각성, 이를 둘러싼 국내외의 축적된 논의와 경험, 이 문제에 관한 입법자의 재량정도에 비추어 볼 때, 입법자에게 대안의 마련 등으로 양심의 자유와 병역의무의 평등한 이행 등의 갈등관계를 해소하여 조화를 도모할 수 있는 방안을 모색할 의무가 생겼으며 현실적으로 그 이행도 충분히

439) 헌재 2004. 8. 26. 2002헌가1; 2004. 10. 28. 2004헌바61, 2004헌바62, 2004헌바75(병합).

가능하다"고 하고 있다.[440]

(4) 사생활의 자유

사생활의 자유(Privacy)의 개념 내지 기능에 관하여는 의견이 다양하다. 미국에서 프라이버시의 권리에 관한 일반적인 견해는 미국 연방대법원의 Olmstead v. United States 사건[441]에서 Brandeis 판사의 반대의견에 나타나 있다. 프라이버시권은 1965년 미국 연방대법원 판례[442]를 통해 헌법 증보 제14조의 보호를 받는 권리로 인정되었다.[443] 1974년에는 개인정보보호를 위해 프라이버시법(Privacy Act)이 제정되었다.

사생활의 자유에 대해서 우리나라에서도 일찍부터 학설로서 인정되고 있으며, 현행 헌법 제17조에서 "모든 국민은 사생활의 비밀과 자유를 침해받지 않는다"고 규정하여 프라이버시 권리의 불가침적 성격을 확인하고 있다.

미국 연방대법원의 판례는 합리적인 수색이라 하더라도 개인에게는 수인할 수 없는 성역이 있으며, 그 성역을 침입하여 음란물의 사적 소지를 금지하기 위해서는 국가가 불가피한 다른 이익의 존재를 입증하여야 한다[444]고 하고 있다. 피임물질 사용을 금한 주법이 문제된 사건[445]에서 혼인의 사생활을 침해하였다고 하여 위헌이라고 하

---

440) 2004. 10. 28. 2004헌바61, 2004헌바62, 2004헌바75(병합).
441) 277 U. S. 438(1928).
442) Griswold v. Connecticut, 381 U. S. 479(1965).
443) 최희경, "미국 헌법상 여성의 프라이버시권리에 관한 연구", 박사학위논문 이화여자대학교 대학원, 2001.
444) Stanley v. Georgia, 394 U. S. 557(1969).

였으며, 낙태를 금지한 주법이 문제된 사건[446]에서 낙태를 금지한 주법은 무효이며, 임신 3개월까지는 의사와 임산부가 자유롭게 낙태시킬 수 있다고 하였다. 그리고 연방대법원은 기혼자와 구별하여 미혼자나 독신자에게 피임약이나 피임도구의 판매를 금지한 매사추세츠주의 법이 문제된 사건[447]에서 프라이버시는 인간의 권리이기 때문에 기혼자와 미혼자간에 차별이 있을 수 없으며, 프라이버시를 침해하는 것으로서 위헌이라고 하였다. 그러나 Kelly v. Johnson 사건[448]에서 연방대법원은 경찰관의 모발을 제한하는 지방자치단체의 규칙(county regulation)은 헌법 증보 제14조에서 보장된 경찰관의 권리를 침해하는 것이 아니라고 하였다.

즉 미국 연방대법원은 사생활의 자유를 단순히 생활의 안전성확보에 머무는 것이 아니라 일반적 행동의 자유까지를 포괄하는 것으로 이해하고 있으며, 그 결과 개개인은 타인의 권리를 침해하지 않고 헌법질서에 반하지 않는 한 자유로이 행동할 수 있다고 보고 있다.

우리의 헌법재판소도 판례를 통해 "사생활의 자유란 사회공동체의 일반적인 생활규범의 범위 내에서 사생활을 자유롭게 형성해 나가고 그 설계 및 내용에 대해서 외부로부터 간섭을 받지 아니할 권리를 말한다"[449]고 밝히고 있으며, 도로교통법 제118조 안전띠의 착용여부가 문제된 사건[450]에서 "생활관계가 개인의 전체적 인격과 생존에

---

445) Griswold v. Connecticut, 381 U. S. 479(1965).
446) Roe v. wade, 410 U. S. 113(1973).
447) Eisenstadt v. Baird, 405 U. S. 438(1972).
448) 425 U. S. 238(1976).
449) 헌재 2004. 8. 26. 2003헌마457.
450) 헌재 2003. 10. 30. 2002헌마518.

관계되는 '사생활의 기본조건'이라거나 자기결정의 핵심적 영역 또는 인격적 핵심과 관련된다고 보기 어려워 더 이상 사생활영역의 문제가 아니므로 운전할 때 운전자가 좌석안전띠를 착용할 의무는 사생활의 비밀과 자유를 침해하는 것이라 할 수 없다"고 하였다.

뿐만 아니라 판례[451]를 통해 개인의 자기정보통제관리권을 인정하고 있으며, 특히 사회적으로 저명한 사람이 자신의 이름이나 사진 혹은 모습 등이 상업적으로 부당하게 이용되는 것을 방지하는 퍼블리시티권도 인정[452] 하는 등 개인의 사생활 보호에 적극적이다.

(5) 언론 · 출판의 자유

표현의 자유[453]는 ① 개인의 인격의 자유로운 형성과 전개, ② 입헌민주주의의 유지형성, ③ 진리에의 도달, ④ 사회의 안정과 변화에서 균형의 기능을 한다.[454] 이러한 표현의 자유의 우월적 지위는 미국 연방대법원 판례를 통하여 형성되었다. 우리 헌법재판소도 "언론의 자유는 민주국가의 존립과 발전을 위한 기초가 되기 때문에 특히 '우월적 지위'를 지니고 있는 것이 현대 헌법의 한 특징이다"[455]라고 하였다. 표현의 자유에 대한 규제가 헌법에 부합하는지의 여부를 판단함에 있어서 요구되는 합헌성판단의 기준을 다른 자유권과 규제보다 엄격하게 요구된다. 미국 연방대법원은 판례를 통해 사전억제

451) 헌재 2005. 5. 26. 99헌마513, 2004헌마190 병합.
452) 2002. 4. 16. 서울고법 2000나42061.
453) 여기서 표현의 자유는 언론・출판・집회・결사의 자유를 총괄하여 통칭하는 개념으로 이해한다. 성낙인, 헌법학, 법문사, 2010. 518면.
454) 성낙인, 위의 책, 520면.
455) 헌재 1991. 9. 16. 89헌마165.

(prior restraint)금지의 이론, 막연하기 때문에 무효의 이론(void for vagueness)과 합헌성추정의 배제원칙, 명백하고 현존하는 위험(clear and present danger)의 원칙, 보다 덜 제한적인 수단(less restrictive alternative)을 선택하여야 한다는 필요최소한의 규제수단의 선택에 관한 원칙, 비교형량(balancing test)의 원칙 또는 이중기준(double standard)의 원칙을 제시하고 있다.[456]

위 원칙은 우리나라에서 언론규제입법의 합헌성판단 기준으로서 원용되고 있다. 이와 관련된 사건에서 헌법재판소는 표현(언론·출판)의 자유를 규제하는 법령은 명확해야 한다[457]고 하고 있으며, 법치주의에서 요구되는 명확성의 원칙은 입법자의 입법의도가 건전한 일반상식을 가진 자에 의하여 일의적으로 파악될 수 있을 정도의 것을 의미하며, 이로써 법률규정의 구성요건적 내용에 따라 국민이 자신의 행위를 결정지울 수 있도록 명확할 것을 의미한다고 하고 있다.[458]

언론·출판의 사전검열은 미국 연방대법원 판례[459]에서 사전억제금지의 이론에 의해 금지되고 있으며, 표현의 자유를 규제하는 법률이 불명확하거나 막역할 경우 미국 연방대법원은 Superior Films v. Department of Education 사건[460]에서 영화검열의 기준으로서 유해하지 않아야 한다든가, 부도덕 또는 도덕을 문란케 하는 등의 용어는 그 개념이 애매하고 명확성과 구체성이 없기 때문에 부당하다고 하

456) 성낙인, 앞의 책, 521면.
457) 헌재 2002. 6. 27. 99헌마480.
458) 헌재 1989. 12. 22. 88헌가13; 1990. 1. 15. 89헌가103.
459) Near v. Minnesota, 283 U. S. 697(1931).
460) 346 U. S. 587(1954).

고 있으며, Winters v. New York 사건[461]에서 법률규정이 막연하고 불확실하여 부당하게도 정상적인 것을 금지된 것처럼 알리는 경우에는 이는 헌법상 적법절차의 보장을 침해하는 것으로 금지된다. 우리 헌법재판소도 전기통신사업법 제53조 등 위헌확인 사건[462]에서 '공공의 안녕 질서 또는 미풍양속을 해하는'이라는 불온통신의 개념은 너무나 불명확하고 애매하다고 하고 있다.

표현의 자유의 사후적 제한에도 미국 연방대법원은 Schenck v. United States 사건[463]에서 홈즈 판사가 주장한 '명백하고 현존하는 위험의 원칙'을 바탕으로 하고 있다. 이 원칙은 이후 Gitlow v. New York 사건[464]에서 '위험경향의 원칙'(dangerous tendency rule)으로 후퇴하였다가, Herndon v. Lowry 사건[465] 및 Dennis v. United States 사건[466]에서 명백하고 현존하는 위험의 원칙으로 복귀되었다. 우리의 헌법재판소도 반국가단체의 활동을 찬양·고무하는 자를 처벌하는 국가보안법 제7조 제1항·제5항은 국가의 존립·안전을 위태롭게 하거나 자유민주적 기본질서에 실질적 해악을 미칠 명백한 위험성이 있는 행위에 대해서만 적용된다고 판시하고 있다.[467]

언론·출판의 자유를 제한하는 경우에도 본질적인 내용은 침해될 수 없다. 언론의 자유는 언론보도와 그 정보를 받는 일반국민의 권리보장이라는 통일적인 보장체제로 이해되어야 하기 때문이다. 특히 국

---

461) 333 U. S. 507(1948).
462) 헌재 2002. 6. 27. 99헌마480.
463) 249 U. S. 47(1919).
464) 268 U. S. 652(1925).
465) 301 U. S. 242(1937).
466) 341 U. S. 494(1951).
467) 헌재 1990. 4. 2. 89헌가113.

가기밀, 사생활의 비밀과 자유, 명예훼손, 선동 등의 영역에서 언론의 자유의 구체적 내용과 한계를 살피는 것이 필요하다. 미국 연방대법원 판례[468]는 재판과정에 대한 언론보도에 관해서 개인의 보호와 언론의 보도기능 및 언론의 자유보장 충돌 문제에 대해 일정한 태도를 나타내지 않고 있다. 우리나라에서는 범죄사건의 보도에 있어서는 익명보도를 원칙으로 한다.[469]

(6) 사법권의 한계

사법권은 법관으로 구성된 법원의 권한에 속하므로, 헌법에 별도의 규정이 없는 한 실질적 의미의 사법에 관한 권한은 원칙적으로 법원이 행사해야 하고 또 행사할 수 있다.[470] 그러나 이러한 사법권행사에는 실정법상, 국제법상, 권력분립상 그리고 사법본질상 일정한 한계가 있다. 특히 미국에서는 정치문제에 대해서 연방대법원은 Luther v. Borden 사건[471]을 시작으로 통치행위이론을 적용하여 정치문제의 사법부 자제(judicial self-restraint) 이론 및 권력분립원리에 따라 사법판단적격을 충족하지 못하는 것으로 이해되고 있다. 최근에는 정치문제에 관한 판례와 이론은 그 범위를 축소시켜가고 있으며, 특히 추

---

468) Cox Broadcasting Corp. v. Cohn, 420 U. S. 469(1975) 사건에서 공개재판기록에서 얻은 강간피해자의 이름을 텔레비전으로 방송하였는데 이를 금지한 조지아주 법률은 언론자유에 위배된다고 하였다: Florida Star v. B. J. F., 491 U. S. 524 (1989) 사건에서 공개된 경찰의 발표에 따라 강간 피해자의 이름을 공개한 것은 증보헌법 제1조에 의하여 보호된다.

469) 대판 1991. 1. 26. 97다10215, 10222.

470) 여기서의 사법권은 넓은 의미로 해석하여 법원과 헌법재판소에 행해지는 사법작용 모두를 포함하는 것으로 이해한다.

471) 7 How 1(1849).

가적·보충적인 기능적 접근이론이 제시되고 있다. 특히 Baker v. Carr 사건[472]에서 연방대법원은 선거구인구획정문제를 사법심사의 대상으로 판단함으로써 통치행위를 축소시켜 나가고 있다. 이 판결은 의회의원선거구에 관한 주 법률은 정치적 문제에 속해 사법심사의 대상에서 제외된다고 판시한 Colegrove v. Green 사건[473]에서의 입장을 바꾼 것으로서 사법적극주의로 이해되고 있다.

우리나라에서 헌법재판소는 '금융실명거래및비밀보장에관한긴급재정경제명령'사건[474]에서 통치행위이론 자체를 인정하면서도 구체적인 요건심리를 하였다. 여기서 헌재는 비록 고도의 정치적 결단에 의하여 행해지는 국가작용이라고 할지라도 그것이 국민의 기본권침해와 직접 관련되는 경우에 당연히 헌법재판소의 심판대상이 될 수 있는 것일 뿐만 아니라, 긴급재정경제명령은 법률의 효력을 갖는 것이므로 마땅히 헌법에 기속되어야 한다고 하면서, 통치해위의 이론적·실제적인 존재를 인정하고 있으면서도 동시에 통치행위에 대해서도 국민의 기본권보호를 위하여 이에 대한 사법심사가 가능하다는 점을 분명히 하고 있다. 그리고 일반사병 이라크 파병 위헌확인 사건[475] 및 2007년 전시증원연습 등 위헌확인 사건[476]에서 국방 및 외교에 관련된 고도의 정치적 결단을 요하는 문제로서 헌법과 법률이 정한 절차를 지켜 이루어진 이상, 대통령과 국회의 판단은 존중되어야 하고 헌법재판소가 사법적 기준만으로 이를 심판하는 것은 자제되어야 한다고 하였다.

---

472) 369 U. S. 186(1962).
473) 328 U. S. 549(1946).
474) 헌재 1996. 6. 29. 93헌마186.
475) 헌재 2004. 4. 29. 2003헌마814.
476) 헌재 2009. 5. 28. 2007헌마369.

3. 소결

이상과 같이 미국 연방대법원이 한국의 헌법재판소에 미친 영향을 제도와 판례로 나누어 살펴보았다. 먼저 판례부분 형사절차에서 미국의 경우 형사절차에서의 기본권의 보장은 연방뿐만 아니라 주의 형사절차에서도 권리장전을 보장하려는 노력의 연속이었다. 판례를 통해 형성된 형사절차에서 국민의 기본권 보장에 관한 원리는 절차일반의 적정문제로 전개되어 국민의 자유와 재산에 관련된 모든 공권력행사의 내용·방식·목적 등의 적정성과 합리성의 원리로 발전하고, 최근에 와서는 그것이 공권력행사의 근거가 되는 모든 실체법의 적정문제의 법리로까지 확대되고 있으며, 우리의 헌법재판소도 같은 취지의 판결을 내놓고 있다.

평등권에 관해서는 미국의 판례와 한국의 판례를 비교해 보면 많은 차이점을 발견할 수 있다. 미국의 경우에는 흑인문제를 중심으로 한 인종차별이 주류를 이루고 있으며, 그 밖에 선거구획정에 관한 정치적 평등, 성별에 의한 차별, 경제적 평등 등이 문제가 된다. 특히 경제적 평등에 관한 Warren 법원의 사법적극주의에 관하여는 견해가 상반되고 있다. 이에 반해 한국의 경우는 미국과는 다른 역사적·문화적 배경을 가지고 있으므로 인종문제는 거의 문제가 되지 아니한다. 한국에서는 오히려 권위주의적 전통문화로부터 발생하는 성별에 의한 차별, 사회적 신분에 의한 차별이 문제가 된다. 전체적으로 볼 때 미국의 연방대법원과 우리의 헌법재판소는 평등권에 관한 헌법조항의 해석에 있어서 합리적인 차별의 기준을 제시하기 위하여 노력하고 있는 것으로 평가되고 있다. 우리 헌법재판소도 미국 연방대법원의 판결의 영향을 받아 합리적인 근거가 있는 차별인지의 여부는 그 차별이 인간의 존엄성 존중이라는 헌법원리에 반하지 않으면서 정당한 입법목적을 달성하기 위하여 필요하고도 적정한 것인가를 기준으로 판단하여야 할 것이라고 하고 있다.

종교·양심의 자유에서는 양심상의 결정을 이유로 병역, 특히 집총을 거부할 수 있는가의 문제에서 미국 연방대법원은 양심적 병역거부가 인정되려면 병역거부가 무엇이 옳고 틀린 것인가에 대한 도덕적·윤리적 또는 종교적 믿음에서 도출되어야 하며, 이러한 믿음은 전통적인 종교적 신념으로 유지되어야 하고 특정 전쟁에 대한 거부가 아니라 일체의 전쟁에 대한 거부를 의미하는 경우에는 인정하고 있다. 그러나 우리는 종교상의 이유로 병역을 거부하는 행위에 대해 대법원과 헌재는 아직까지 이를 인정하고 있지 않고 있다. 그러나 양심실현의 자유도 경시되어서는 안 되고 양심적 병역거부를 둘러싼 현행법과 양심과 갈등의 심각성, 이를 둘러싼 국내외의 축적된 논의와 경험, 이 문제에 관한 입법자의 재량정도에 비추어 볼 때 대안모색도 가능하리라 본다.

사생활의 자유(Privacy)와 관련하여 미국 연방대법원의 판례는 사생활의 자유를 단순히 생활의 안전성확보에 머무는 것이 아니라 일반적 행동의 자유까지를 포괄하는 것으로 이해되는 것으로 보고 있으며, 그 결과 개개인은 타인의 권리를 침해하지 아니하고 헌법질서에 반하지 않는 한 자유로이 행동할 수 있다고 보고 있다. 우리 헌법재판소도 판례를 통해 사생활의 자유란 사회공동체의 일반적인 생활규범의 범위 내에서 사생활을 자유롭게 형성해 나가고 그 설계 및 내용에 대해서 외부로부터 간섭을 받지 아니할 권리를 말한다고 밝히고 있으며 개인의 자기정보통제관리권을 인정하고 있으며, 특히 사회적으로 저명한 사람이 자신의 이름이나 사진 혹은 모습 등이 상업적으로 부당하게 이용되는 것을 방지하는 퍼블리시티권도 인정 하는 등 개인의 사생활 보호에 적극적이다.

언론・출판의 자유, 즉 표현의 자유에 대해서 미국 연방대법원은 우월적 지위를 인정하고 있으며, 우리 헌법재판소도 언론의 자유는 민주국가의 존립과 발전을 위한 기초가 되는 권리이기 때문에 '우월적 지위'를 지닌다고 하였다. 표현의 자유에 대한 합헌성판단은 다른 자유권과 규제보다 엄격한 기준이 요구된다. 미국 연방대법원은 판례를 통해 사전억제(prior restraint)금지의 이론, 막연하기 때문에 무효의 이론(void for vagueness)과 합헌성추정의 배제원칙, 이중기준(double standard)의 원칙 등은 우리나라에서 언론규제입법의 합헌성 판단 기준으로서 원용되고 있다. 언론・출판의 자유를 제한하는 경우에도 본질적인 내용은 침해될 수 없다. 미국 연방대법원 판례는 재판과정에서 대한 언론보도에 관해서는도 개인의 보호와 언론의 보도기능 및 언론의 자유보장에 관해서 논란이 일정한 태도를 나타내지 않고 있다. 우리나라에서는 범죄사건의 보도에 있어서는 익명보도를 원칙으로 한다.

사법권의 한계와 관련하여 미국에서는 정치문제에 대해서 연방대법원은 Luther v. Borden 사건을 시작으로 통치행위이론을 적용하여 정치문제의 사법부의 자제(judicial self-restraint) 이론 및 권력분립 원리에 따라 사법판단적격을 충족하지 못하는 것으로 이해되고 있다. 최근에는 정치문제에 관한 판례와 이론은 그 범위를 축소시켜가고 있으며, 특히 추가적・보충적인 기능적 접근이론이 제시되고 있다.

우리나라에서는 헌법재판소는 '금융실명거래및비밀보장에관한긴급재정경제명령'사건 등에서 통치행위이론 자체를 인정하면서도 구체적인 요건심리를 하였다. 여기서 헌재는 비록 고도의 정치적 결단에 의하여 행해지는 국가작용이라고 할지라도 그것이 국민의 기본권침해와 직접 관련되는 경우에 당연히 헌법재판소의 심판대상이 될 수 있다고 하고 있다.

제도부분에서 미국 연방대법원에 의해 행해지는 사법심사와 우리나라 헌법재판의 가장 큰 절차상의 차이점은 위헌심사가 일반법원에 의하는가 아니면 별도의 기관에 의해 이루어지는가의 차이이다. 이러한 차이로 인해 미국의 사법심사는 연방대법원으로의 상고를 통해 우리나라에서는 인정되지 않는 재판소원까지도 허용하고 있다. 우리나라의 행정소송에 해당하는 부분도 연방대법원에 의해 위헌심사의 대상이 된다. 우리나라의 헌법재판제도에는 존재하지 않는 인신보호영장제도와 헌법적 손해배상제도가 존재하는 점은 차이가 있다. 두 제도는 이러한 점을 제외하고 위헌결정의 유형과 효력에서는 큰 차이가 없으나 미국 사법심사의 경우 판례에 따라 위헌결정의 유형과 효력에 있어서 여러 가지 변형이 나타나며, 따라서 명시적으로 제시된 기준은 찾기 어렵다.

제5장 결 론

이상과 같이 미국 연방대법원의 사법심사제에 대해 살펴보았다. 미국 연방대법원은 오랜 기간 운영되어 오면서 관행과 축적된 판례를 통해 미국 헌법에서 최고의 사법기관으로서의 지위 뿐만 아니라 최고의 정책수립기관의 지위를 차지하고 있다. 이러한 결과는 연방대법원의 대법관을 포함한 모든 법관들의 활발한 연구와 노력의 결과라는 점을 유념하면서 먼저 미국 연방대법원의 판례가 헌법재판소에 미친 영향을 다음과 같이 정리해 보았다.

미국의 형사절차에서 기본권의 보장은 연방뿐만 아니라 주의 형사절차에서도 권리장전을 보장하려는 노력의 연속이었다. 판례를 통해 형성된 형사절차에서 국민의 기본권 보장에 관한 원리는 절차일반의 적정문제로 전개되어 국민의 자유와 재산에 관련된 모든 공권력행사의 내용·방식·목적 등의 적정성과 합리성의 원리로 발전하고, 최근에 와서는 그것이 공권력행사의 근거가 되는 모든 실체법의 적정문제의 법리로까지 확대되고 있으며, 우리 헌법재판소도 같은 취지의 판결을 내놓고 있다.

평등권에 관해서 연방대법원과 헌법재판소의 판례를 비교해 보면 많은 차이점을 발견할 수 있다. 미국에서는 흑·백 문제를 중심으로 한 인종차별이 주류를 이루고 있으며, 그 밖에 선거구획정에 관한 정치적 평등, 성별에 의한 차별, 경제적 평등 등이다. 이에 반하여 한국의 경우는 미국과는 다른 역사적·문화적 배경을 가지고 있으므로 인종문제는 거의 문제가 되지 않으나, 권위주의적 전통문화로부터 발생하는 성별에 의한 차별, 사회적 신분에 의한 차별이 문제가 된다. 구체적 사건에 있어 우리 헌법재판소는 미국 연방대법원의 판결의 영향을 받아 합리적인 근거가 있는 차별인지의 여부를 그 차별이 인간의 존엄성 존중이라는 헌법원리에 반하지 않으면서 정당한 입법목적을 달성하기 위하여 필요하고도 적정한 것인가를 기준으로 판단하여야 할 것이라고 하고 있다. 전체적으로 볼 때 우리 헌법재판소는 연방대법원의 영향을 받아 평등권에 관한 헌법조항의 해석에 있어서 합리적인 차별의 기준을 제시하기 위하여 노력하고 있는 것으로 평가되고 있다.

종교·양심의 자유에서는 양심상의 결정을 이유로 병역, 특히 집총을 거부할 수 있는가가 문제된다. 미국 연방대법원은 양심적 병역거부가 인정되려면 병역거부가 무엇이 옳고 틀린 것인가에 대한 도덕적·윤리적 또는 종교적 믿음에서 도출되어야 하며, 이러한 믿음은 전통적인 종교적 신념으로 유지되어야 하고 특정 전쟁에 대한 거부가 아니라 일체의 전쟁에 대한 거부를 의미하는 경우에 인정하고 있다. 그러나 우리나라에서는 종교상의 이유로 병역을 거부하는 행위에 대해 대법원과 헌재는 아직까지 이를 인정하고 있지 않고 있다. 하지만 양심실현의 자유와 양심적 병역거부를 둘러싼 현행법과 양심과의 갈등의 심각성, 이를 둘러싼 국내외의 축적된 논의와 경험, 이 문제에 관한 입법자의 재량정도에 비추어 볼 때 대안모색이 가능하리라

본다.

사생활의 자유(Privacy)와 관련하여 미국 연방대법원의 판례는 사생활의 자유를 단순히 생활의 안전성 확보에 머무는 것이 아니라 일반적 행동의 자유까지를 포괄하는 것으로 보고 있으며, 그 결과 개개인은 타인의 권리를 침해하지 않고 헌법질서에 반하지 않는 한 자유로이 행동할 수 있다고 보고 있다. 우리 헌법재판소도 판례를 통해 사생활의 자유란 사회공동체의 일반적인 생활규범의 범위 내에서 사생활을 자유롭게 형성해 나가고 그 설계 및 내용에 대해서 외부로부터 간섭을 받지 아니할 권리를 말한다고 밝히고 있으며, 개인의 자기정보통제관리권도 인정하고 있다. 특히 사회적으로 저명한 사람이 자신의 이름이나 사진 혹은 모습 등이 상업적으로 부당하게 이용되는 것을 방지하는 퍼블리시티권도 인정 하는 등 개인의 사생활 보호에 적극적이다.

언론·출판의 자유, 즉 표현의 자유에 대해서 미국 연방대법원은 우월적 지위를 인정하고 있으며, 우리 헌법재판소도 판례를 통해 언론의 자유는 민주국가의 존립과 발전을 위한 기초가 되기 때문에 '우월적 지위'를 지닌다고 하고 있다. 표현의 자유에 대한 합헌성판단은 다른 자유권과 규제보다 엄격한 기준이 요구된다. 미국 연방대법원은 판례를 통해 확립된 사전억제(prior restraint)금지의 이론, 막연하기 때문에 무효의 이론(void for vagueness)과 합헌성추정의 배제원칙, 이중기준(double standard)의 원칙 등이 헌법재판소의 언론규제입법의 합헌성판단 기준으로 원용되고 있다. 언론·출판의 자유를 제한하는 경우에도 본질적인 내용은 침해될 수 없다. 재판과정 대한 언론보도로 발생한 개인의 프라이버시 보호와 언론의 보도기능 및 언론의 자유보장에 관한 논란에서 미국 연방대법원 판례는 일정한 태도를 나타내지 않고 있다. 우리나라에서는 아주 특별한 경우를 제외하고는 범죄사건의 보도에 있어서는 익명보도를 원칙으로 한다.

사법권의 한계에서 미국에서는 정치문제(political question)에 대해서 연방대법원은 Luther v. Borden 사건을 시작으로 통치행위이론을 적용하여 정치문제의 사법부의 자제(judicial self-restraint) 이론 및 권력분립원리에 따라 사법판단적격을 충족하지 못하는 것으로 이해되고 있다. 최근에는 정치문제에 관한 판례와 이론은 그 범위를 축소시켜가고 있으며, 특히 추가적·보충적인 기능적 접근이론이 제시되고 있다. 헌법재판소는 '금융실명거래및비밀보장에관한긴급재정경제명령' 등의 사건에서 통치행위이론을 인정하면서 구체적인 요건심리를 하였다. 여기서 헌법재판소는 비록 고도의 정치적 결단에 의하여 행해지는 국가작용이라고 할지라도 그것이 국민의 기본권침해와 직접 관련되는 경우에 당연히 헌법재판소의 심판대상이 될 수 있다는 적극적 태도를 취하고 있다.

제도적 측면에서는 헌법재판제도 개선을 통해 국민의 기본권 보장이라는 본래적 기능에 보다 충실할 수 있느냐에 중점을 두면서 정리해 보았다. 먼저 대법원이나 국회를 포함한 다른 국가기관이 헌법재판소의 판결을 존중하며 따르느냐가 문제된다. 특히 대법원과 헌법재판소의 갈등이 문제된다. 대법원은 헌법재판소의 한정위헌결정은 영향력이 없는 것으로 판단하고 있다. 국민의 기본권보장을 위한 두 개의 최고 헌법기관의 대립은 헌법적 질서의 통일성 유지와 가치 정립에 큰 장애요소이다.

변형결정의 경우에는 타 국가기관이 따르지 않을 경우 강제할 길이 없어 더욱 큰 문제이다. 법률은 위헌결정에만 소급효를 인정하고 있으며, 한정위헌결정 같은 전형적이지 않은 결정유형의 실효성을 담보할 수 있는 장치가 없다. 그럼에도 불구하고 계속적으로 내려지는 변형결정은 심각한 법적·사회적 문제를 야기할 수 있다.

이외에도 헌법재판소 재판관의 선출과 자격문제, 과도한 지연결정, 사회적 기본권으로서의 생존권보장에 소극적 태도 등이 문제점으로 지적된다.

위의 내용을 바탕으로 현행 헌법재판소의 제도적 문제점의 해결방안을 모색해보면 다음과 같다.

첫째, 우리 헌법재판소의 지위와 위상 정립을 위한 임명방식의 개선이 필요하다. 헌법적 위상 정립을 위한 재판관의 임명방식 변경은 헌법개정을 필요로 하는 사안으로 쉽지 않다. 따라서 현행 선출방식을 그대로 두고 미국변호사협회의 연방사법위원회와 같은 조직을 구성한 후 헌법재판관 후보자의 자질을 객관적으로 평가하게 하고, 임기를 종신직 또는 일정 연령의 정년까지로 한다면 위상정립에 도움이 될 것으로 보인다.

둘째, 변형결정에 대한 헌법재판소와 대법원의 다른 법률적 해석에 대한 통일이 필요하다. 헌법재판소의 확실한 입장표명에도 불구하고 대법원은 여전히 종래의 입장을 반복함으로써 헌법상 최고 사법기관이 서로 충돌하고 있다. 현실적으로 두 기관의 충돌을 중재하거나 해결할 수 있는 기능을 가진 헌법기관이 없으므로 입법을 통해 해결할 수밖에 없으며 최대한 빨리 법률의 개정이 이루어져야 할 것으로 판단된다.

그리고 헌법재판소가 미국 연방대법원과 같은 최고의 사법기관으로 자리매김 하기 위해서는 제도적 보완도 중요하지만 국민의 기본권을 보호하려고 하는 적극적 의지와 스스로의 노력이 필요하다. 미국 연방대법원의 현재의 위상은 하루아침에 이루어진 것이 아니라 오랜 기간 동안 스스로의 부단한 노력의 결과임을 한 번 더 상기할 때 우리의 헌법재판소도 부단한 노력을 통해 헌법상 최고기관으로서의 위상을 공고히 할 수 있을 것이다.

참 고 문 헌

1. 국내문헌

(1) 단행본

강승식, 미국헌법학 강의, 궁리, 2007.

권영성, 헌법학원론, 법문사, 2009.

김대환, 기본권제한의 한계, 법영사, 2001.

김운룡, 위헌심사론, 삼지원, 1998.

김운용, 위헌법률심사의 한계, 일신사, 1976.

김정균, 미국헌법과 사법제도, 연세대학교 출판부, 1991.

김철수, 헌법학, 박영사, 2008.

______, 헌법학신론, 박영사, 2010.

문홍주, 미국헌법과 기본적 인권, 예풍출판사, 2002.

민병로, 일본의 사법심사제, 전남대출판부, 2003.

박남규 역, 법과 사회, 법문사, 1997.

______, 현대헌법과 입헌주의, 창원대학교 출판부, 1999.

______, The Great Rehearsal, 홍익출판사, 2010.

박윤흔, 최신 행정법강의(상), 박영사, 1999.

성낙인, 판례헌법, 법문사, 2009.

______, 헌법학, 법문사, 2010.

송 우, 한국헌법개정사, 집문당, 1980.

이상돈, 미국의 헌법과 연방대법원, 학연사, 1988.

장호순, 미국헌법과 인권의 역사, 개마고원, 2007.

정경희, 중도의 정치: 미국 헌법 제정사, 서울대학교 출판부, 2001.

정만희, 헌법과 통치구조, 법문사, 2003.

정종섭, 헌법과 정치제도, 박영사, 2010.

______, 헌법학신론, 박영사, 2010.

최문기 · 김형남, 미국법 강의, 세종, 2001.

한국공법학회 편, 미국헌법과 한국헌법, 대학출판사, 1989.

허 영, 한국헌법론, 박영사, 2010.

______, 헌법이론과 헌법, 박영사, 2009.

홍성방, 헌법학, 박영사, 2010.

(2) 논문

강윤원, “헌법재판에 의한 정책형성”, 헌법논총 제7집, 헌법재판소, 1996.

김선화, “미국 헌법상 정치문제법리에 관한 이론”, 미국헌법연구 제15권 제1호, 미국헌법학회, 2004.

김성순 · 이금옥, “위헌조약의 효력에 관한 소고”, 사회과학연구 제5권, 순천대학교 사회과학연구소, 1993.

김현태, “독일환경법상의 행정구제제도”, 박사학위논문, 동아대학교 대학원, 1995.

김형남, “미국헌법상 연방대법원의 지위와 역할”, 실보김영수교수화갑기념논문집, 헌법상의 제문제, 학문사, 2000.

______, “헌법재판과 헌법해석의 상호관계에 관한 연구”, 헌법학연구 제9권 제2호 한국헌법학회, 2003.

김형성, “기본권에 대한 미국연방대법원판례의 최근 경향”, 미국헌법연구 제14호, 미국헌법학회, 2003.

김효전, “미국의 위헌법률심사제가 일본과 한국에 미친 영향”, 박사학위논문, 서울대학교 대학원, 1981.

______, “헌법재판소제도의 문제점과 그 개선책”, 공법연구, 제27호 제1권, 한국공법학회, 1998.

박영도, “위임입법에 관한 연구”, 한국법제연구원, 1999.

박홍우, “법률에 대한 위헌심사의 기준”, 금랑김철수교수화갑기념논문집, 현대법의 이론과 실제, 박영사, 1993.

배상오, “미국헌법상의 사법적 위헌심사에 관한 연구”, 박사학위논문, 경희대학교 대학원, 1987.

______, “미국헌법상의 사법적 위헌심사에 관한 연구”, 법학연구 제3권 제1호, 충남대학교 법학연구소, 1992.

배영길, “재량이론의 현대적 정리”, 공법연구 제26집 제1호, 한국공법학회, 1998.

손용근, “미국의 헌법재판제도와 재판에 관한 근본이론”, 헌법논총 제1집, 헌법재판소, 1990.

양 건, “정당내부의 분쟁과 사법심사의 한계”, 공법연구 제8권, 한국공법학회, 1980.

양삼승, “헌법연구관제도의 개선방안”, 헌법논총 제3집, 헌법재판소, 1992.

이광윤, “Nixon 판결을 계기로 한 정치문제에 대한 재조명”, 미국헌법연구 제9권, 미국헌법학회, 1998.
이승문, "미국 연방대법원의 헌법적 지위와 기능에 관한 연구", 박사학위논문, 성균관대학교 대학원, 2004.
전종익, "미국 Law Clerk제도 – 연방대법원을 중심으로 –", 헌법논총 제3집, 헌법재판소 2003.
정용태, "조약의 사법심사", 문홍주박사화갑기념논문집, 공법의 제문제, 해암사, 1978.
정재황, "조약에 대한 위헌심사의 문제", 법학연구 제1권, 홍익대 법학연구소, 1999.
최희경, "미국 헌법상 여성의 프라이버시권리에 관한 연구", 박사학위논문 이화여자대학교 대학원, 2001.
한상희, "헌법재판소의 결정례와 헌법해석", 헌법재판연구 제5권, 헌법재판소, 1994.

2. 국외문헌

(1) 단행본

Abraham, Henry J., The Judiciary, New York: New York University Press, 1996.
Bailyn, Bemard and Garrett, Jane N., Pamphlets of the American Revolution, 1750–1766, Cambridge: Belknap Press of Harvard University Press, 1965.
Ball, Howard, Courts and Politics: The Federal Judicial System,

New Jersey: Prentice Hall, 1987.

Barber, Sotirios A., The Constitution of Judicial Power, Baltimore: The Johns Hopkins University Press, 1993.

Baum, Lawrence, The Supreme Court, Washington D.C.: Congressional Quarterly Press, 1981.

Beard, Charles A., An Economic Interpretation of the Constitution of United States 1935, 양재열·정성일 역, 미국헌법의 경제적 해석, 신서원, 1997.

Bickel, Alexander M., The Least Dangerous Branch: the Supreme Court at the Bar of Politics, Indianapolis: Bobbs-Merrill Educational Publishing, 1962.

Black, J. and Charles, L., Perspectives in Constitutional Law, Prentice Hall, 1963.

Bork, Robert, The Tempting of America: The Political Seduction of the Law, New York: Free Press, 1990.

Carter, Lief H., Contemporary Constitution Lawmaking: The Supreme Court and the Art of Politics, New York: Pergamon Press, 1985.

Chemerinsky, Erwin, Interpreting the Constitution, Connecticut: Praeger Press, 1987.

Corwin, Edward S., The Constitution and What it means today, New Jersey: Princeton University Press, 1973.

Cox, Archibald, The Court and the Constitution, Boston: Houghton Mifflin, 1987.

Dahl, Robert A., A Preface to Democratic Theory, Chicago: University of Chicago, 1956.

Davis, Kenneth Culp, Discretionary Justice, Baton Rouge: Louisiana State University Press, 1969.

Ducat, Craig R., Modes of Constitutional Interpretation, Minnesota: West Publishing, 1978.

Dworkin, Ronald, Taking Rights Seriously, Cambridge: Harvard University Press, 1987.

Ely, John Hart, Democracy and Distrust: A Theory of Judicial Review, Cambridge: Harvard University Press, 1980.

Ensor, R. K. C., Courts and Judges in France, Germany and England, London and toronto: Oxford University Press, 1933.

Federal Judicial Center, Chambers Handbook for Judges' Law Clerks and Secretaries, Washington D. C.: The Center, 1994.

Fisher, Louis, Constitutional Dialogues: interpretation as political process, Princeton: Princeton University Press, 1988.

Fiss, Owen M., The Irony of Free Speech, Cambridge: Harvard University Press, 1996.

Friedman, Lawrence M., American Law, New York: W. W. Norton and Company, 1984.

Friedman, Leon and Israel, Fred L., The justices of the United States Supreme Court, New York: Chelsea House, 1969.

Galloway, Russell W., Justice For All?: the rich and poor in Supreme Court history 1790-1990, 안경환 역, 법은 누구편인

가, 교육과학사, 1995.

Garvey, John H. and Aleinkoff, T. Alexander, Modern Constitution Reader, Minnesota: West Publishing, 1989.

Goldman, Sheldon and Jahnige, Thomas P., The Federal Courts as a Political System, New York: Harper and Row, 1985.

Goldman, Sheldon and Sarat, Austin, American Court System, New York: W. H. Freeman and Company, 1978.

Gottlieb, Stephen E., Compelling Governmental Interests: An Essential But Unanalyzed Term in Constitutional Adjudi- cation, Boston Law Review Vol. 68, 1988.

Gunther, Gerald and Sullivan, Kathleen M., Constitutional Law, New York: Foundation Press, 1997.

Hamilton, Alexander, The Federalist, No. 78, in ed. Fairfield, Roy P., The Federalist Paper, Baltimore: The Johns Hopkins University Press, 1981.

Kelly, Alfred H. and Harbison, Winfred A., The American Constitution, New York: W. W. Norton and Company, 1970.

Kennedy, Duncan, A Critique of Adjudication, Cambridge: Harvard University Press, 1997.

Lawrence, Baum, The Supreme Court, Washington D.C.: Congressional Quarterly Press, 1981.

Leedes, Gary C., The Meaning of the Constitution, New York: Ass- ociated faculty Press, 1986.

Lijphart, Arend, Democracies: Patterns of Majoritarian and

Consensus Government in Twenty-One Countries, New Haven and London: Yale University Press, 1984, 최명 역, 민주국가론, 법문사, 1985.

Loewenstein, Karl, Political Power and the Government Process, 1959, 김기범 역, 현대헌법 교문사, 1976.

Milner, Neil A., The Court and Local Enforcement: The Impact of Miranda, Los Angeles: Sage Publications, 1971.

Nowak, John E. and Ronald D. Rotunda, Constitutional Law, New York: West Group, 1995.

Paul, Arnold M., Conservative and the Rule of Law, New York: Harper Torchbooks, 1960.

Perry, Michael J., The Constitution, The Courts, and Human Rights, New Haver: Yale University Press, 1982.

Pritchett, C. Herman, Constitutional Interpretation and Judical Self Restraint, R. Scigliano, ed., The Courts, 1962.

_______, The American Constitution System, 양승두·최량수 역, 미국헌법제도론, 박영사, 1975.

Redish, Martin H., Abstention, Separation of Powers, and the Limits of the Judical Function, 94 Yale Law J., 1984.

Rosenberg, Maurice and Smit, Hans, Rochelle Cooper Dreyfuss, Elements of Civil Procedure, New York: Foundation Press, 1984.

Rossiter, Clinton, The Federalist Paper, 1961, 김동영 역, 페더랄리스트 페이퍼, 한울아카데미, 1995

Schick, Marvin, Leaned Hand's Court, Connecticut: Greenwood Press Reprint, 1978.

Scigliano, Robert G., The Supreme Court and the Presidency, New York: Free Press, 1971.

Shaman, Jeffrey M., Constitutional Interpretation, Connecticut: Greenwood Press, 2001.

Stanley, Harold W. and Watkins, Harold, Vital statistics on American politics 1999-2000, Congressional Quarterly, 2000.

Stone, Geoffrey R. et al. Constitutional Law, Boston: Aspen Publishers, Inc., 1991, p. 480.

Strauss, Peter L. et al. Administrative Law, New York: The Foundation Press, Inc., 1995.

Sunstein, Cass R., the Partial Constitution, Cambridge: Harvard University Press, 1993.

Sutherland, Arthur E., Constitutionalism in America, New York: Blaisdell Publishing Co., 1965.

Tribe, Laurence H., American Constitutional Law, New York: The Foundation Press, 1988.

Tushnet, M., Constitutional Interpretation, Character and Experience, in Susan J. Brison and Walter Sinnott-Armstrong ed., Contemporary Perspectives on Constitutional Interpretation, New York: Westview Press, 1993.

White, G. Edward, Earl Warren: A Public Life, New York: Oxford University Press, 1982.

Woodward, Bob and Armstrong, Scott, The Brethren: Inside the Supreme Court, New York: Simon and Schuster, 1979, 안경환 역, 판사가 나라를 잡는다, 철학과 현실사, 1995.

Woodward, C. Vann, The Strange Career of Jim Crow, Oxford: Oxford University Press, 2001.

(2) 논문

Amar, Akhil R., "The Bill of Rights as a Constitution", Yale Law J., Vol. 100, 1991.

Baer, Judith A., "The Fruitless Search for Constitution", Critical Essays on Judicial Lawmaking, Boston: Scott Foresman, 1989.

Brennan Jr., William J., "Chief Justice Warren", Harvard Law Rev., Vol. 88, No. 1, 1974.

Brest, Paul, "The Misconceived Quest for the original Understanding", 60 Boston University Law Review, 1980.

Croley, Steven P., "The Majoritarian Difficulty: Elective Judiciaries and the Rule of Law", Chicago Law Rev., Vol. 62, 1995.

Ely, John Hart, "The Chief", Harvard Law Rev., Vol. 88, No. 1, 1974.

Fiss, Owen M., "Objectivity and Interpretation," Interpreting Law and Literature, Illinois: Northwestern University Press, 1988.

Friedman, Barry, "Dialogue and Judicial Review", Michigan Law Rev., Vol. 91, No. 4, 1993.

Ginsburg, Ruth Bader, "Confirming Supreme Court Justices: Thoughts on the Second Opinion Rendered by the Senate", University of Illinois Law Rev., Vol. 101, 1988.

Holmes, Stephen, "Precommitment and the Paradox of Democracy", in Constitutionalism and Democracy, Hohn Elster and Rune Slagstad eds, Cambridge: Cambridge University Press, 1988.

Koch, Charles H., "Judicial Review of Administrative Discretion", George Washington Law Review Vol. 54, 1986.

Langrod, George, "The French Council of State", American Political Science Review XLIX, 1955.

Powell, H. Jefferson, "James Madison's Theory of Constitutional Interpretation", Interpreting Law and Liter- ature, Northwestern University Press, 1988.

Rehnquist, William H., "The Notion of a Living Constitution", Texas Law Review, Vol. 54, No. 4, 1976.

Sandalow, Terrance, "The Supreme Court in Politics", Michigan Law Rev., Vol. 88, 1900.

Stason, E. Blythe, "Judicial Selection around the World", Journal of the American Judicature Society, Bd. 41, 1958.

Totenberg, Nina, "The Confirmation Process and the Public: To Know or Not to Know", Harvard Law Review, Vol. 101, 1988.

von Mehren, Arthur, "The Judicial Process: A Comparative Analysis", The American Journal of Comparative Law, Vol.

5, No. 2, 1956.

Wellington, Harry H., "The Nature of Judicial Review", The Yale Law J., Vol. 91, No. 3, 1982.

3. 웹사이트

http://www.supremecourt.gov

http://www.lawschool.cornell.edu

http://www.ncjrs.gov

℘ Abstract ℘

A Study on the Judicial review of the United States Supreme Court

by Seo, Chang Yuel
Major of Public Law, Dept. of Law
Graduate School, Changwon National University

There are in reality different judicial systems in the United States of America. the federal court system and the court system in each 50 states. but the United State Supreme Court, serving as the court of last resort.

Actually, even though the U. S. Supreme Court receive much attention and adulation as well as much criticism, we might get some advice for development of Korean Constitutional Court system from the U. S. Supreme Court system. especially Judicial review in the U. S. which means that ordinary courts may declare any congressional act void when they violate the Constitution is the backbone of the United State's Constitutional Law. The doctrine of judicial review has been widely admire by lawyers and scholars in the U. S. as well as in foreign countries. Also many countries including Japan, Korean.

This study is intends to analyze various aspects of the constitutional status and role of the U. S. Supreme Court, and problems of its implementation in to the constitutional system of Korea. This study consists of five chapters.

In Chapter 1. Introduction of this study. purpose, scope and methodology of this paper are included here

In Chapter 2. overviews the system of the federal and state judiciary of the United States. All the court systems in the United States, state and federal, have two basic types of courts: trial courts and appellate courts. The two have different functions and characteristics.

In Chapter 3. deals with the Constitutional Role and Judicial review of the United States Supreme Court. The Supreme Court is the only court that is specifically created by the Constitution. However, its composition and jurisdiction are determined by Congress.

There are two routes to review in the Supreme Court: an appeal as a matter of right and the discretionary grant of a writ of certiorari. Very few cases fall into the category of appeals as of right, so as a practical matter certiorari is the only way to gain Supreme Court review. Certiorari means to "bring up the its record", and essential first step for review of a case by an appellate court. By exercising its appellate certiorari jurisdiction over cases involving issues of federal law coming from the lower federal courts and the highest courts of the states, the Court maintains the supremacy and consistency of federal law.

And focusing on the judicial review of governmental action such as legislations. Judicial review was officially recognized in 1803 in Marbury v. Madison. The basic idea behind Marbury is that constitutional judicial review of legislations is nothing extraordinary. As the Court observed, the first "province and duty" of all courts is to determine "what the law is" in any case before them.

The most impartial limit on the federal judicial power is imposed by a series of principles termed "justiciability" doctrines. The justiciability doctrines determine which matters federal courts can hear and decide and which must be dismissed. specifically, justiciability includes the prohibition against advisory opinions, standing, ripeness, mootness, and the political question doctrine, Each of these justciability doctrines was created and articulated by the U. S. Supreme Court. Neither the text of the Constitution, nor the Framers in drafting the document, expressly mentioned any of these limitations on the judicial power.

In the Meanwhile, when the Supreme Court reviews the constitutionality of a legislation, the Court has used the balancing standard, the less restrictive alternatives standard, double standard and so on. These standards could give a correctable direction to Korean Constitutional Adjudication system.

In Chapter 4. Judicial review system of the United States would give some valuable suggestions to Korean constitutional adjudication system, by means of a comparative study between U. S. supreme Court and Korean Constitutional Court in their functions and roles, because although, in its institutional aspect, the Korean Constitutional Court system based on the concept of American judicial review. Therefore, it has many common institutional factors with that of the U. S., and indeed shares in many of the features common to all judicial review systems

In Chapter 5. summaries the author's arguments, as a conclusion of this study, and proposal of the measures to improve and localize the Korean Constitutional Court System. Furthermore, many experiences in the U. S. concerning the scope and limit of judicial review (standard) will be also helpful where the system of Korean Constitutional Court System

❖ **Key Word**: the United States Supreme Court, Constitutional Law Judicial review, Korean Constitutional Court System.

부 록

1. 버지니아권리장전(1776)

버지니아 인민의 대표가 완전하고 자유로운 회의에서 제정한 권리선언. 그 제권리는 정치조직의 기초로서 인민 및 그들 자손에게 속한다.

(1) 모든 사람은 태어날 때부터 자유롭고 독립하고 있고, 일정한 태어날 때부터의 권리를 가진다. 이들 권리는 인민이 사회를 조직함에 있어서 어떠한 계약에 의해서도 인민의 자손으로부터 박탈할 수 없다. 그러한 권리란 재산을 취득·소유하고, 행복과 안녕을 추구·회득하는 수단을 수반해서 생명과 자유를 향유하는 권리이다.
(2) 모든 권력은 인민에게 있고 따라서 인민으로부터 유래하는 것이다. 행정관은 인민의 수탁자이고 또 공복이며 항상 인민에 대하여 책임을 진다.
(3) 정부란 인민·국가 또는 사회의 이익·보호 및 안전을 위해 수립되었고 또 수립되어야 한다. 정부의 형태는 각기 다르지만 최대한의 행복과 안녕을 가져올 수 있고, 또 실정의 위험에 대한 보장이 가장 효과적인 것이 그 최선의 것이다. 어떠한 정부일지라도 그것이 이와 같은 목적에 반하거나 불충분한 것이라고 할 경우에는 사회의 다수인은 이 정부를 개량하고 변혁하고 또는 폐지할 권리를 가진다. 이러한 권리는 의심할 여지없이 양도할 수 없고 또 버릴 수도 없는 것이다. 다만 이 (권리의 행사)방법은 공공의 복리에 가장 이바지할 수 있다고 판단되는 것이어야

한다.

(4) 어떠한 개인 또 개인의 집단일지라도 공직의 보수로서 다른 사회로부터 독점적 내지는 별개의 보수 또는 특권을 부여받을 권리는 없다. 또 그와 같은 공직은 상속할 수 없으며, 행정관, 입법부의 의원, 판사의 직은 세습적이어서는 아니 된다.

(5) 국가의 입법권 및 행정권은 사법권으로부터 분리되고 구별되지 않으면 아니 된다. 입법부 및 행정부의 구성원이 압제정치에 빠지는 것을 막기 위해 그들로 하여금 인민의 부담을 몸소 알고 그것에 함께 관계하도록 그들을 일정한 기간 사인으로서의 지위에 복귀시켜 선출 단계에 돌려보내야 한다. 이 선거에서 재선되느냐 여부는 별도로 규정하여야 한다.

(6) 의회에 있어서 인민의 대표로서 봉사할 사람들의 선거는 자유로 와야 한다. 사회에 대하여 항구적인 공통의 이해를 갖고 또 애착을 갖는 것을 나타낼 만한 충분한 증거를 가진 모든 사람은 선거권이 있다. 그들 자신의 동의 또는 그렇게 선출된 그들의 대표의 동의가 없이는 공공의 용도를 위해 과세하고 또는 그 재산을 박탈할 수 없다. 또 마찬가지로 그들의 공공의 복리를 위해 동의하지 아니하는 한 어떠한 법률에 의지할지라도 속박(구속)할 수 없다.

(7) 어떤 관헌이라도 인민의 대표의 동의 없이 법률을 또 그 집행을 정지할 권한을 가지는 것은 인민의 권리에 유해하며 그러한 권한은 행사되어서는 아니 된다.

(8) 모든 중죄 또는 그 밖의 범죄의 소추에 있어서는 사람은 그 고발의 이유 및 성질을 묻고 소추자 및 증인과 대면하고 자기에게 유리한 증거를 요구하고 또 주위의 공평한 배심원에 의한 신속한 공판을 받고 이들 배심원의 전원일치의 동의에 의하지 않으면 유죄의 판결을 받지 않을 권리를 가진다. 또 누구일지라도 자기에게 불리한 증거의 제출을 강제당

하지 아니한다. 또 국법 내지 배심원의 평결에 의한 이외에는 그 자유를 박탈당하지 아니한다.

(9) 과대한 액수의 보석금을 요구하거나 또는 과중한 벌금을 과해서는 아니 된다. 또 잔혹하고 이상한 형벌을 과해서도 아니 된다.

(10) 관리 또는 그 영장전달자에게 범행의 증거가 없이 혐의 있는 장소의 수색을 명하거나 또 특정의 기명이 없는 또는 그 범죄가 명시되어 있지 아니하거나 증거가 없는 한 사람 내지 많은 사람들의 체포를 명령하는 일반체포영장은 가혹하고 압제적이며 발부되어서는 아니 된다.

(11) 재산에 관한 분쟁 및 개인 간의 소송에 있어서는 고래부터의 배심재판을 가장 우수한 것이고 신성한 것으로 하지 않으면 아니 된다.

(12) 언론·출판의 자유는 자유의 유력한 방벽의 하나이고, 이(자유)를 제한하는 자는 전제적 정부라고 하지 않으면 아니 된다.

(13) 무기의 훈련을 받은 규율이 정연한 민병은 자유국가의 적당하고 안전한 호위이다. 평시에 있어서 상비군은 자유에 대해 위험한 것으로서 피하지 않으면 아니 된다. 어떤 경우에도 군대는 인민의 권한(civil power)에 엄격히 복종하고 그 지배를 받지 않으면 아니 된다.

(14) 인민은 통일된 정부를 가질 권리를 가진다. 따라서 버지니아정부로부터 분리 내지 독립된 어떠한 정부도 그 영역 내에 수립되어서는 아니 된다.

(15) 대체로 자유로운 정치를 또는 자유의 향유를 인민에게 확보함에는 오로지 정의·중용, 절제, 검소 및 청결을 고수하고 인권의 근본적 제원칙을 때때로 상기하는 이외에 방법이 없다.

(16) 종교 또는 창조주에 대한 예배 및 그 양식은 무력이나 폭력에 의해서가 아니라 오로지 이성과 신념에 의해서만 지시될 수 있는 것이다. 그러므로 모든 사람은 양심의 명하는 바에 따라 자유로이 종교를 신앙하

는 평등한 권리를 가진다. 서로가 다른 사람에 대하여 기독교적 인내·애정 및 자비를 베푸는 것은 모든 사람의 의무이다.

2. 미국독립선언(1776)

인류의 발전과정에 일국민이 다른 국민 사이에 결합된 정치적 유대를 끊고 자연의 법과 자연의 신의 법에 의해 부여된 자립·평등의 지위를 세계의 제강국 사이에 차지함이 필요하게 된 경우에 그 국민이 분립하지 않을 수 없게 된 이유를 선언하는 것은 인류의 의견에 대해 품고 있는 상당한 존경의 결과이다.

우리는 다음의 사실을 자명의 진리로 확신한다. 즉 모든 사람은 평등하게 창조되었고, 그들은 조물주에 의하여 일정한 불가양의 천부의 권리를 부여받았으며, 그 중에는 생명·자유 및 행복을 추구할 권리가 포함되어 있다. 또 이러한 제권리를 확보하기 위해 인류 사이에 정부가 조직되었다는 것, 그리고 그(정부의) 정당한 권력은 피치자의 동의에 유래하는 것이다. 그리고 어떠한 정치형태라고 할지라도 이러한 목적을 훼손하기에 이른 경우에는 인민은 그것을 개폐하고 그들의 안전과 행복을 가져올 수 있는 주의를 기초로 하여 또 권한의 기루를 가질 새로운 정부를 조직하는 권리를 가지고 있다.

오랫동안 존속한 정부는 경미한 일시적인 원인으로 말미암아 변혁해서는 아니 된다는 것은 실로 신중한 사려가 명하는 바이다. 따라서 과거의 경험도 모두 인류가 재해를 참을 수 있는 한, 그들은 오래 익숙해 온 형식을 폐지하려고 하지 않고 오히려 참고 견디려는 경향을 보이고 있다. 그러나 연속되는 폭학과 찬탈의 사실이 명확히 일관된 목적 하에 인민을 절대적 폭정 하에 압도하려는 기도를 표시하기에 이를 때에는 그러한 정부를 폐기하고 스스로 장래의 안전을 위해 새로운 보장의 조직을 창설하는 것은 그들의 권리이고 또한 의무이다 - 이들 식민지가 견디어 온 고난은 그들로 하여금 어쩔 수 없이 종전의 정치형태를 변혁해야 할 필요성이 있다. 대영제국의 현국왕의 역사는 이들 제방위에 절대의 폭군제를 수립할 것을 직접적인 목적으로 하여 되풀이해 자행된 가해(악행:injury)와 찬탈의 역사이다. 이것을 증명하기 위해 공정한 세계를 향해 감히 사실을 제시한다.

(이하 영국왕의 폭정을 열거한 것은 생략한다)

3. 미합중국헌법

前 文

우리들 합중국인민들은 더욱 완전한 연합을 형성하고, 정의를 확립하고, 국내안녕을 확보하고, 공동방위를 도모하며, 국민복지를 증진시켜, 우리들과 우리들의 자손만대에 자유의 혜택을 확보하기 위하여 이 미합중국헌법을 제정·확립한다.

〔제1조〕 ① 이 헌법에 의하여 부여되는 모든 입법권은 합중국의회에 귀속한다. 합중국의회는 상원과 하원의 양원으로 구성된다.

② I. 하원은 2년마다 각주의 인민이 선거하는 의원으로 구성된다. 그리고 각주의 선거인은 그 주의회입법부 중 다수의 의원을 가진 원의 선거인에 요구되는 자격을 구비하여야 한다.

II. 누구든지 연령이 만 25세에 미달하고, 7년간 합중국의 시민이 아니고 또한 선거당시에 선출되는 주의 주민이 아닌 자는 하원의원이 될 수 없다.

III. 하원의원과 직접세는 합중국에 가입한 각주의 인구수에 비례하여 이를 각주에 배당한다. 각주의 인구수는 자유인의 총수에 의하여 결정되는데 이에는 장기 군복무자를 포함하고 과세되지 않는 인디언을 제외하고 기타 총인원의 5분의 3을 가한다. 인구수의 산정은 합중국의회의 최초의 개회 후 3년 이내에 행하고 그 후는 10년마다 법률이 정하는 바에 의하여 이를 행한다. 하원의원의 수는 인구 3만인에 대하여 1명을 초과하지 못한다.

단, 각주는 적어도 1명의 하원의원을 가져야 한다. 위의 인구수의 산정이 결정될 때까지 뉴햄퓨셔주는 3명, 매사츄새츠주는 8명, 로드아일랜드와 프로비던스 식민지는 1명, 코네티커트주는 5명, 뉴욕주는 6명, 뉴저지주는 4명, 펜실베이니아주는 8명, 델라웨어주는 1명, 매릴랜드주는 6명, 버지나아주는 10명, 노스캐롤라이나주는 5명, 사우스캐롤라이나주는 5명, 죠지아주는 3명의 의원을 각각 선출한다.

Ⅳ. 어떤 주의 의원에 결원이 생긴 때에는 그 주의 행정부는 보궐선거의 명령을 발하여야 한다.

Ⅴ. 하원은 그 의장과 기타 직원을 선출한다. 그리고 탄핵의 전권을 가진다.

③ Ⅰ. 상원은 각주에서 2명씩 선출되는 상원의원으로 구성된다. 상원의원은 각 주입법부에서 선출되고 6년의 임기를 가진다. 각 상원의원은 1투표권을 가진다.

Ⅱ. 제1회선거의 결과로서 상원의원들이 소집되었을 때는 즉시 그들을 될 수 있는 대로 동수의 3부로 나누어야 한다. 제1부의원의 임기는 2년, 제2부의원의 임기는 4년, 제3의부의원임기는 6년으로 하고 2년마다 그 3분의 1을 개선한다. 만일 주입법부의 폐회 중에 상원의원의 사직 또는 기타 원인으로 인하여 결원이 생겼을 경우에는 그 주의 행정부는 「의회의 다음 회기에서 보궐의원을 선출할 때까지」 임시로 의원을 임명할 수 있다.

Ⅲ. 누구든지 연령 30세에 미달하고 9년간 합중국의 시민이 아니고 또 선거 당시 그 선출되는 주의 주민이 아닌 자는 상원의원이 될 수 없다.

Ⅳ. 합중국의 부통령은 상원의 의장이 된다. 단, 의사에 있어서 가부동수인 경우를 제외하고는 투표권이 없다.

Ⅴ. 상원은 기타의 직원을 선거한다. 또 부통령이 결석하고 또 부통령이

대통령의 직무를 집행하는 경우에는 임시의장을 선거한다.

Ⅵ. 상원은 모든 탄핵을 심판하는 전권을 가진다. 이 목적을 위하여 개회될 때에는 상원의원은 선서 또는 확약을 하여야 한다. 합중국대통령을 심판하는 경우에는 최고재판소장을 의장으로 한다. 누구든지 출석의원 3분의 2이상의 동의가 없으면 유죄의 판결을 받지 아니한다.

Ⅶ. 탄핵재판에 있어서의 판결은 면직이나, 명예, 신임 또는 보수를 수반하는 합중국의 공무에 취임, 재직하는 자격을 박탈하는 이상에 미칠 수 없다. 단, 유죄판결을 받은 자라도 법률의 정하는 바에 의하여 다시 기소, 심리, 판결 및 처벌을 받을 책임을 면하지 못한다.

④ Ⅰ. 상원의원 및 하원의원을 선거한 시기, 장소 및 방법은 각주에서 그 주의 입법부가 이를 정한다. 단, 합중국의회는 언제든지 법률에 의하여 상원의원을 선거할 장소에 관한 것을 제한 외에는 선거에 관한 규칙을 제정 또는 변경할 수 있다.

Ⅱ. 합중국의회는 매년 적어도 2회 집회하여야 한다. 그 집회의 기일은 법률로써 따로 이를 지정하였을 때에는 그 지정에 따르고 그렇지 않은 때에는 12월 제1월요일로 한다.

⑤ Ⅰ. 각 의원은 그 의원의 선거, 당선 및 자격에 대하여 재판한다. 의사 개시는 그 원의 의원의 과반수의 출석이 있어야 한다. 만일 그 정족수에 달하지 아니하는 때에는 출석한 소수 의원은 연일 휴회할 수 있으며 또 각 원에서 정한 방법과 벌칙에 의하여 결석의원의 출석을 강요할 수 있다.

Ⅱ. 각원은 의시규칙을 정하고 원내의 질서를 문란케 한 의원을 징벌하며 의원의 3분의 2 이상의 동의를 얻어 의원을 제명할 수 있다.

Ⅲ. 각원은 의사록을 작성하고 그 원에서 비밀을 요한다고 인정되는 부분을 제외하고는 수시로 공표하여야 한다. 회의는 어떠한 의제에 관하여

도 각원 의원의 표결은 출석의원 5분의 1의 요구가 있을 때에는 의사록 중에 이를 기재하여야 한다.

Ⅳ. 합중국의회의 회기 중 어느 원도 타원의 동의 없이는 3일 이상 휴회하거나 또는 그 의장을 양원이 개회한 장소 이외로 이전할 수 없다.

⑥ Ⅰ. 상원의원과 하원의원은 그 직무에 대하여 보수를 받으며, 그 보수액은 법률로써 정하고 합중국의 국고로부터 이를 지변한다. 양원의 의원은 반역죄, 특별중죄 및 평화교란죄를 제한 외에는 어떠한 경우에 있어서도 그 원의 회의에 출석중이나 또는 그 왕복도중에 체포되지 아니하는 특권이 있다. 양원의 의원은 그 원내에서 한 발언 또는 토의에 관하여 원외에서 문책을 받지 아니한다.

Ⅱ. 상원의원 또는 하원의원은 그 재직 중에 신설되거나 또는 봉급이 증액된 합중국의 어떠한 공직에도 그 선출된 임기 중에는 임명되지 못한다. 합중국의 공직에 있는 자는 누구든지 그 재직 중 양원 중의 어느 일원의 의원으로 될 수 없다.

⑦ Ⅰ. 세입징수에 관한 모든 법률안은 먼저 상원에 제의되어야 한다. 단, 상원은 다른 법률안에 대하여서와 같이 수정안을 제의하거나 또는 수정을 가하여 이에 동의할 수 있다.

Ⅱ. 하원과 상원을 통과한 모든 법률안은 법률로서 성립하기 전에 이를 합중국대통령에게 송부해야 하며, 대통령이 이를 승인하는 경우에는 이에 서명하고 만일 이를 승인하지 아니하는 경우에는 이의서를 첨부하여 이를 발의한 원에 환부하여야 한다. 그 환부를 받은 원은 이의의 대략을 의사록에 기재한 후 이를 다시 심의하여야한다. 재의의 결과 그 원의 의원 3 분의 2 이상으로써 이를 가결하였을 때에는 대통령의 이의서와 함께 이를 다른 원에 송부하고 다른 원에서 이를 재의에 부하여 그 원에서도 의원 3 분의 2 이상으로써 이를 가결하였을 때에는 그 법률안은

법률로서 성립한다. 이 모든 경우에 있어서 양원의 표결은 지명에 대한 찬부성명에 의하여 이를 결정하며 그 법률안에 대한 찬성자와 반대자의 성명을 각원의 의사록에 기재하여야 한다. 만일 법률안이 대통령에게 송부된 후 10일 이내(일요일을 제함)

에 대통령이 이를 환부하지 아니하는 때에는 그 법률안은 대통령이 이에 서명한 경우와 같이 법률로서 성립된다. 단, 합중국의회의 휴회로 안하여 이를 환부할 수 없는 경우에는 법률로서 성립하지 아니한다.

Ⅲ. 상원과 하원의 동의를 필요로 하는 모든 명령, 결의 또는 표결(휴회에 결의를 제외함)은 이를 합중국대통령에게 송부하여야 하며 효력을 발생하기 위하여서는 대통령이 이를 승인하여야 한다. 만일 대통령이 이를 승인하지 아니하는 경우에는 법률안에 관하여서와 같은 규칙과 제한에 따라 상원과 하원의 의원 3분의 2 이상으로써 다시 이를 가결하여야 한다.

⑧ 합중국의회는 다음의 권한을 가진다.

Ⅰ. 합중국의 채무를 지불하고 또 공동방위와 일반복리에 대비하는 목적으로 조세, 관세, 간접세 및 소비세를 부과징수하는 것. 단 모든 관세, 간접세 및 소비세는 전합중국을 통하여 획일적이어야 한다.

Ⅱ. 합중국의 신용으로써 금전을 차입하는 것.

Ⅲ. 외국간, 각주 상호간 및 인디안 종족간의 통상을 규율하는 것.

Ⅳ. 합중국 전체에 공통하는 균일한 귀화규칙과 파산에 관한 균일한 법률을 제정하는 것.

Ⅴ. 화폐를 주조하고, 그 가격과 외국화폐의 가격을 규율하며 도량형의 기준을 정하는 것.

Ⅵ. 합중국의 유가증권과 통화의 위조에 대한 벌칙을 정하는 것.

Ⅶ. 우편관서와 우편도로를 결정하는 것.

Ⅷ. 일정한 기간 저작자와 발명자에게 저작과 발명에 관한 독점권을 보

유하게 함으로써 과학과 유용한 기술의 진보를 촉진하는 것.

Ⅸ. 최고재판소 밑에 하급재판소를 조직하는 것.

Ⅹ. 공해에서 범하는 해적행위 및 기타중죄와 국제법에 대한 범죄를 정의하고 이를 처벌하는 것.

Ⅺ. 전쟁을 선언하고 포획인허장을 수여하고, 육상 및 해상의 포획에 관한 규칙을 정하는 것.

Ⅻ. 육군을 징집하고 이를 유지하는 것. 단, 이 목적을 위한 경비의 예산기간은 2년을 초과하지 못한다.

XIII. 해군을 건설하고 이를 유지하는 것.

XIV. 육해군의 통수 및 기율에 관한 규칙을 정하는 것.

XV. 합중국의 법률을 집행하고 반란을 진압하고 침해를 격퇴하기 위하여 민병을 소집하는 것에 대한 규칙을 정하는 것.

XVI. 민병을 조직, 무장 및 훈련에 관한 규칙을 정하고 민병중 합중국의 군에 복무하는 자를 통수하는 규칙을 정하는 것. 단, 민병의 장교를 임명하고 합중국회의가 정하는 규율에 따라 민병을 훈련하는 권한은 각주에 이를 유보한다.

XVII. 특정한 주로부터 합중국에 양도되어 합중국회의에서 이를 수납하여 합중국정부의 소재지로 한 지역(10평방마일을 초과하지 못함)에 대하여서는 어떠한 사항임을 불문하고 전속적인 입법권을 행사하는 것. 또 요새, 무기고, 조병창, 조선소 및 기타 필요한 건물을 건설하기 위하여 주입법부의 동의를 얻어 구입한 모든 장소에 대하여 동일한 권리를 행사하는 것.

XVIII. 전술한 제권한과 이 헌법에 의하여 합중국정부 또는 그 일부국 또는 그 공무원에게 부여된 모든 다른 권한을 행사함에 필요하고 적당한 일체의 법률을 제정하는 것.

⑨ Ⅰ. 현재의 제주의 어느 주가 허용함이 적당하다고 인정되는 인민의 이주 또는 입국에 관하여 합중국의회는 1808년 이전에 있어서 이를 금지하지 못한다. 단, 이런 사람들의 입국에 대하여서는 1인당 10불을 초과하지 아니하는 한도 내에서 입국세를 부과할 수 있다.

Ⅱ. 인신보호영장에 관한 특권을 반란 또는 침략의 경우에 있어서 공공의 안전이 이를 요구하는 때가 아니면 이를 정지할 수 없다.

Ⅲ. 재판에 의하지 않는 처벌법과 소급법은 이를 통과시킬 수 없다.

Ⅳ. 인두세 기타의 직접세는 전기한인구수의 조사 또는 재산에 비례하지 아니하고는 이를 부과하지 못한다.

Ⅴ. 어떤 주로부터 수출하는 물품에 대하여 조세 또는 관세를 부과하지 못한다.

Ⅵ. 통상 또는 수세에 관한 규칙에 의하여 어느 주의 항구라도 다른 주의 항구보다 우월한 지위를 부여할 수 없다. 또 어느 주를 향하여 도항한 또는 어느 주에서 출항한 선박으로 하여금 강제로 다른 주에 입항시키거나 출항수속을 시키거나 또는 관세를 지불시키지 못한다.

Ⅶ. 국고금은 법률로써 정한 세출예산에 의하지 아니하고는 이를 지출할 수 없다. 모든 공금의 수납과 지불에 관한 정식의 기술과 계산은 수시로 이를 공표하여야 한다.

Ⅷ. 합중국은 귀족의 칭호를 수여하지 아니한다. 합중국 밑에 유급 또는 위임에 의한 관직에 있는 자는 누구든지 합중국의회의 동의 없이는 국왕, 왕족 또는 외국으로부터 어떠한 종류임을 불문하고 증여, 보수, 관직 또는 칭호를 받지 못한다.

⑩ Ⅰ. 어떤 주든지 조약, 동맹 또는 연합을 체결하거나 포획면허장을 수여하거나 화폐를 주조하거나 신용증권을 발행하거나 금·은화 이외의 것으로서 채무반환의 법정수단으로 하거나 재판에 의하지 않는 처벌법

이나 소급법이나 또는 계약상의 채무를 침해하는 법률 등을 제정하거나 또는 귀족의 칭호를 수여할 수 없다.

Ⅱ. 어떤 주든지 합중국의회의 동의 없이는 수입 또는 수출에 대하여 그 검사법의 집행에 절대로 필요할 경우를 제외하고는 간접세 또는 관세를 과하지 못한다. 어느 주에서도 수입 또는 수출에 대하여 부과한 모든 관세 또는 간접세의 순수입은 합중국 국고의 용도에 제공하여야하며 이에 관하 모든 법률은 합중국의회의 수정과 감독을 맡는다.

Ⅲ. 어떤 주든지 합중국의회의 동의 없이는 돈세를 과하거나 평시에 있어서 군대 또는 군함을 보유하거나 다른 주 또는 외국과 협정 또는 협약을 체결하거나 현실적으로 공격을 받고 또는 지체할 수 없는 위험이 있는 때가 아니면 전쟁 행위를 할 수 없다.

〔**제2조**〕 ① Ⅰ. 행정권은 미합중국대통령에게 속한다. 대통령의 임기는 4년으로 하고 동일 임기의 부통령과 함께 다음의 방법에 의하여 선거된다.

Ⅱ. 각 주는 그 주의 입법부가 정하는 방법에 의하여 합중국의회에 그 주가 보내는 상원의원 및 하원의원이 총수와 동수의 선거인을 임명한다. 단, 양원의원 또는 합중국에서 위임에 의한 또는 유급의 관직에 있는 자는 선거인이 될 수 없다.

Ⅲ. 선거인은 각각 그의 주에서 집회하여 비밀투표에 의하여 2인을 선출하여야 한다. 단, 그 중 적어도 1명은 선거인들 자신과 동일한 주의 주민이 아니어야 한다. 선거인은 전득표자의 명부를 작성하고 각 득표자의 득점을 기재하고 이에 서명하여 증명을 한 후 봉함하여 상원의장 앞으로 합중국정부의 소재지로 송부한다. 상원의장은 상원과 하원의원의 면전에서 모든 증명서를 개봉한 후 투표로 계산한다. 최다수의 투표를 획

득한 자로서 그 득표수가 선임된 선거인 총수의 과반수에 달하였을 때에는 대통령으로 당선된다. 만일 2명 이상이 동수의 투표를 획득하고 또 과반수에 달하였을 때에는 하원은 즉시 비밀투표로써 그 중 1명을 대통령으로 선거한다. 만일 과반수의 투표를 획득한 자가 없을 때에는 하원은 동일한 방법에 의하여 최고득표자 5명 중에서 1명을 대통령으로 선거한다. 단, 이 방법에 의하여 대통령을 선거할 때에는 주를 단위로 하고 각주의 대표자는 각 1표의 투표권을 가지며 그 선거에 요하는 정족수는 각 주의 대표자의 3분의 2보다 1명 이상의 의원의 출석에 의하여 성립하고 선거는 각 주 전체의 과반수의 찬성이 있어야 한다. 이 어느 경우에 있어서도 대통령을 선거한 후에 최다수의 득표를 한 자를 부통령으로 한다. 단, 동수의 득표자가 2명 이상 있을 때에는 상원은 비밀투표로써 그 중에서 부통령을 선정한다.

Ⅳ. 합중국의회는 선거인을 선입할 시기와 선거인이 투표할 시일을 정한다. 투표일은 전합중국을 통하여 동일로 하여야 한다.

Ⅴ. 누구든지 출생으로 인한 시민 또는 헌법 제정시에 합중국시민인 자가 아니면 대통령의 직에 선임되지 못한다. 연령 만 35세에 달하고, 14년간 합중국내에 거주하지 아니한 자도 또한 같다.

Ⅵ. 대통령이 면직되거나 사망하거나 사직하거나 또는 그 권한과 직무를 행하지 못하게 된 경우에는 대통령의 직은 부통령에게 귀속한다. 합중국의회는 법률로써 대통령 및 부통령이 동시에 면직, 사망, 사직 또는 집무불능이 된 경우에 어느 관리가 대통령의 직을 행할 것인가를 정할 수 있다. 이 경우에 있어서는 집무불능이 제거되거나 또는 대통령의 선거됨에 이르기까지 그 관리가 대통령의 직무를 행한다.

Ⅶ. 대통령은 그 직무에 대하여 정기로 보수를 받는다. 그 보수는 그 임기 중 증액 또는 감액되지 아니한다. 또 대통령은 그 임기 중 합중국 또

는 어느 주로부터 그 이외의 봉급을 받지 못한다.

Ⅷ. 대통령은 그 직무의 집행을 개시하기 전에 다음과 같은 선서 또는 확약을 하여야 한다. 「나는 성실히 합중국 대통령의 직무를 수행하고 나의 능력의 최선을 다하여 합중국헌법을 지지하고 옹호하고 보위할 것을 엄숙히 선서(또는 확약)한다.」

② Ⅰ. 대통령은 합중국의 육군, 해군 및 현재 합중국의 군역에 복무하는 각 주민병의 총지휘관이 된다. 대통령은 행정각성의 장관으로부터 각 소관직무사항에 관하여 문서에 의한 의견을 요구할 수 있다. 대통령은 합중국에 대한 범죄에 대하여 탄핵의 경우를 제한 경우 외에는 형의 집행정지 또는 은사를 명하는 권한이 있다.

Ⅱ. 대통령은 상원의 조언과 동의에 의하여 조약을 체결하는 권한을 가진다. 단, 그 조언과 동의는 출석의원의 3분의 2 이상의 찬동이 있어야 한다. 대통령은 대사 기타의 외교사절 영사, 최고재판소의 재판관 및 이 헌법에 특별한 규정이 없고 법률에 의하여 정할 기타의 모든 합중국관리를 지명하여 상원의 조언과 동의를 얻어 이를 임명한다. 단, 합중국의회는 법률로써 적당하다고, 인정되는 상급관리의 임명을 대통령에게 인정하고 또 재판소 또는 각성장관에게 위임할 수 있다.

Ⅲ. 대통령은 상원의 폐회 중 발생하는 공무원의 모든 결원의 보충을 할 권한을 가진다. 단 그 임명은 의회의 다음 회기가 만료되는 때에 효력을 상실한다.

③ 대통령은 연방의 상황에 관하여 수시로 합중국의회에 보고하고 또한 필요하고 적절하다고 인정하고 시책의 심의를 합중국의회에 보고하여야 한다. 비상사태에 있어서는 대통령은 양원 또는 양원 중의 일원을 소집할 수 있다. 개회의 시기에 관하여 양원 간에 의견이 일치하지 아니하는 경우에는 대통령은 적당하다고 인정하는 시기까지 양원에 정회를 명할

수 있다. 대통령은 대사 기타의 외교사절을 접수한다. 대통령은 법률이 성실히 집행되는 여부에 유의하고 합중국의 모든 관리에게 그 직무를 위임한다.

④ 대통령, 부통령 및 합중국의 모든 문관은 반역죄, 수뢰죄 또는 기타의 중죄, 경죄에 대하여 탄핵을 받고 또한 유죄의 판결을 받은 때에는 면직 된다.

〔제3조〕 ① 합중국의 사법권은 1개의 최고재판소 및 합중국의회가 수시로 제정, 설치하는 하급재판소에 속한다. 최고재판소 및 하급재판소의 재판관은 그 행상이 선량한 한, 그 직을 보지하고 그 직무에 대하여 정기적으로 보수를 받으며, 그 보수액은 재직 중 감액되지 아니한다.

② Ⅰ. 사법권은 이 헌법, 합중국법률 및 합중국의 권한에 의하여 체결된 또는 장차 체결될 조약에 기하여 발생하는 보통법 및 형평법상의 모든 사건, 대사 기타의 외교사절 및 영사에 관한 모든 사건, 해사재판과 해토관할에 관한 모든 사건, 합중국이 일방의 당사자인 분쟁, 2개 혹은 그 이상의 주간의 분쟁, 주와 타주의 시민간의 분쟁, 상이한 주의 시민간의 분쟁, 같은 주의 시민 간에 다른 주로부터 부여된 토지에 대한 권리에 관하여 발생하는 분쟁 및 1주 또는 그 주민과 외국 또는 그 시민 혹은 시민 간에 발생하는 분쟁에 미친다.

Ⅱ. 대사 기타의 외교사절 및 영사에 관한 모든 사건과 주가 당사자인 사건은 최고재판소가 제 1심의 재판관할권을 가진다. 그 이외의 모든 사건에 있어서는 최고재판소는 의회가 정하는 예외의 경우를 제한 외에는 의회가 정하는 규칙에 따라서 법률문제와 사실문제에 대하여 상소심의 재판관할권을 가진다.

Ⅲ. 탄핵사건을 제한 외의 모든 범죄의 심리는 배심제에 의한다. 그 심

리는 그 범죄가 행하여진 주에서 하여야 한다. 그러나 그 범죄가 어느 주내에서도 행하여지지 아니하였을 때에는 합중국의회가 법률로써 정한 장소에서 이를 심리한다.

③ Ⅰ. 합중국에 대한 반역죄는 단지 합중국에 대하여 전쟁을 일으키거나 또는 적군에 가담하여 이에 원조와 위로를 제공함으로써 성립한다. 누구든지 동일한 범행에 대하여 2인의 증언이 있거나 또는 공개한 법정에서 자백한 경우 이외에는 반역죄의 판결을 받지 아니한다.

Ⅱ. 합중국의회는 반역죄의 형벌을 선고하는 권한을 가진다. 단 반역죄로 인한 권리박탈선고는 그 선언을 받은 자의 생존 중을 제한 외에는 그 혈통을 汚瀆하거나 재산의 몰수에까지 이르지 못한다.

〔제4조〕 ① 각 주는 다른 각 주의 공적 행위, 기록 및 재판절차에 대하여 충분한 성의와 신용을 가져야 한다. 합중국의회는 일반법률에 의하여 이러한 공적 행위기록 및 재판절차의 진실을 증명하는 방법과 그 효과에 대하여 규정할 수 있다.

② Ⅰ. 각주의 시민은 다른 어떤 주에 있어서도 그 주의 시민이 향유하는 모든 특권과 면제를 향유하는 권리를 가진다.

Ⅱ. 어떤 주에서 반역죄, 중죄 기타의 범죄로 인하여 소추를 받은 자가 도피하여 재판을 면하고 타주에서 발견된 때에는 그 도피한 주의 행정관헌의 요구에 의하여 그 범죄의 재판관할권이 있는 주에 이송하기 위하여 인도하여야 한다.

Ⅲ. 주에서 그 주의 법률에 의하여 복무 또는 노동의 의무를 가진 자가 타주에 도피한 경우에는 그 타주의 어떠한 법률 또는 규칙에 의하여서도 그 복무 또는 노동의 의무는 해제되지 아니하며 그 복무 또는 노동을 요구할 권리를 가진 당사자의 청구에 의하여 인도되어야 한다.

③ Ⅰ. 신주는 합중국의회의 결정에 의하여 이 합중국에의 가입이 허용된다. 단 타주의 관할구역 내에서 신주를 구성하거나 또는 설립할 수 없다. 또 관계 각 주의 입법부와 합중국의회의 동의 없이는 2 이상의 주 또는 주의 일부를 결합하여 신주를 형성할 수 없다.
Ⅱ. 합중국의회는 합중국에 속하는 영역 또는 기타 소유물을 처분하고 이에 필요한 모든 규칙을 제정하는 권한을 가진다. 단, 이 헌법의 어떠한 규정에 관하여도 합중국 또는 어떤 1주의 권리를 훼손하는 해석을 할 수 없다.
④ 합중국은 연합 각 주에 대하여 공화정체를 보장하는 각 주의 입법부 또는 (입법부를 소집할 수 없을 때) 행정부의 요구에 의하여 주내의 폭동에 대하여 각주를 보호한다.

〔제5조〕 합중국정부는 양원에서 각 3분의 2 이상으로써 필요하다고 인정할 때에는 이 헌법의 개정을 발의할 수 있고, 또 3분의 2 이상의 각 주 입법부의 요구가 있을 때에는 同改正을 발의하기 위하여 헌법회의를 소집하여야 한다. 어느 경우에 있어서도 그 개정은 합중국의회가 선정하여야 할 비준의 두 방법 중의 하나에 따라 각주의 4분의 3의 입법부에 의하여 비준되든가, 혹은 각 주의 4분의 3의 헌법회의에 있어서 비준되는 때에는 모든 의미와 목적에 있어서 확정되고 이 헌법의 일부로서의 효력을 발생한다. 단, 1808년 이전에 행하여질 개정에 의하여는 어떠한 방법으로든지 제1조 제9항 1과 Ⅳ에 변경을 가져 올 수 없다. 어떤 주도 그의 동의 없이는 상원에서의 균등한 투표권을 박탈당하지 아니한다.

〔제6조〕 Ⅰ. 이 헌법채택 전에 계약한 모든 채무와 체결한 모든 계약은 이 헌법 밑에서도 연합동맹규약 밑에 있어서와 같이 합중국에 의하여

효력을 가진다.

Ⅱ. 이 헌법, 헌법에 의하여 제정되는 합중국 법률 및 합중국의 권한에 의하여 체결될 또는 장차 체결될 모든 조약은 국가의 최고법규이며, 모든 주의 법관은 이에 구속되며 1주의 헌법 또는 법률 중에 背馳되는 규정이 있어서도 그것에 구속되지 아니한다.

Ⅲ. 前記한 상원과 하원의원, 各州 입법부의 의원, 합중국 및 각 주의 행정부 및 사법부의 모든 관리는 선서 또는 확약에 의하여 이 헌법을 지지할 의무를 가진다. 단 종교상의 자격은 합중국의 어떠한 관직 또는 공적 신탁에도 그 자격요건이 될 수 없다.

〔**제7조**〕 이 헌법이 이를 비준하는 각 주간에 확정되기 위하여서는 9주의 헌법회의의 비준이 있으면 된다.

기원 1787년 미합중국독립 제12년 9월 17일 헌법회의에서 각 주의 만장일치의 동의를 얻어 이를 제정한다. 이를 증명하기 위하여 우리들은 이에 서명한다.

의장 겸 버지니아위원 죠지·워싱턴

뉴햄프셔주 죤·랭돈, 니코라스·길맨

메사츄세츠주 나타니엘·고람, 루퍼스킹

코네티커트주 윌리암·사뮬·죤슨, 로져·셔만

뉴욕주 알렉산더·해밀턴

뉴져지주 윌리엄·리빙스턴, 데이비드·브라이얼리, 윌리암·패터슨, 조내단·데이튼

펜실바니아주 벤자민·프랭클린, 토마스·미플린, 로버트·모리스, 죠지·크라이머, 토마스·핏씨몬스, 재레드·잉거솔, 제임스·윌슨, 과비누어·모리스

델라웨어주 죠지·리챠드·베젯트, 제이콥·보룸

매릴랜드주 제임스·맥헨리, 대니얼·오브·센트·토마스·제니퍼, 대니얼·캐롤

버지니아주 죤·부레이어, 제임스·매디슨(쥬니어)

노스·캐롤라이나주 윌리암·불라운트 리차드·도브스·스페이트, 휴·윌리암슨

사우스·캐롤라이나주 죤·랠렛지, 찰스·코스워즈·핑크니, 찰스·핑크니, 피어스·버틀러

죠지아주 윌리암·퓌우, 애브라함·블드윈

1787년 9월 17일, 월요일 헌법회의에서 열석한 다음의 諸州, 즉 뉴햄프셔주, 매사츄세츠주, 코네티커트주, 뉴욕주의 해밀턴씨, 뉴져지주, 펜실바니아주, 델라웨어주, 매릴랜드주, 버지니아주, 노스캐롤리이나주, 사우스캐롤라이아주, 그리고 죠지아주는 다음 사항을 결의하였다.

즉, 상기 헌법초안은 합중국의회에 제출된다. 이 헌법초안은 그 후 각 주의 동의와 비준을 위하여 주입법부의 권고 밑에서 州人民에 의하여 각 주에서 선출된 대의원들로 구성된 주헌법회의에 제출되어야 하며, 이 헌법에 동의하고 비준한 각주의 헌법회의는 그 사실을 합중국연합회의에 보고하여야 한다는 것은 본 헌법회의의 의견이다. 9주의 헌법회의가 이 헌법을 비준하는 즉시로 합중국연합회의는 이 헌법을 비준한 각 주가 선거인단을 정하여야 할 일자와 그리고 선거인단이 대통령을 선거하기 위하여 회합할 일자 및 이 헌법 하에서 의회의 의사를 개시할 시기와 장소를 확정하여야 한다는 것은 본 헌법회의의 의견이다. 이러한 공표가 있은 후에는 선거인단이 정하여지지 않으면 안 되며 상원의원과 하원의원이 선출되어야 한다. 즉 선거인단은 대통령선거일로 확정된 일자에 회합하여 헌법이 요구하는 바에 따라 그들의 투표를 확인, 사인,

밀폐 및 겉봉을 써서 합중국연합회의의 사무장에게 송달하지 않으면 안 된다. 상원의원과 하원의원들은 지정된 기일과 장소에서 집회를 하여야 한다. 그리고 상원의원들은 대통령선거투표를 접수, 개봉 및 그 계표하는 것을 유일을 목적으로 하는 상원의장을 선정하여야 한다.

대통령이 선출되면 의회는 대통령과 더불어 지체 없이 헌법을 계속 시행하여야 한다.

헌법회의의 만장일치의 명령에 의하여

의장 워싱턴

인증서기 윌리암 잭슨

원 헌법 제5조의 규정에 의거하여 합중국의회가 제의하고 각 주 입법부가 비준을 한 미합중국 헌법의 수정과 수정된 조문의 내용은 다음과 같다.

〔**수정 제1조**〕 합중국의회는 종교를 수립하거나 종교의 자유로운 행사를 금지하거나 언론 또는 출판의 자유를 제한하거나 또는 평온하게 집회하고 고통의 구제를 위하여 정부에 청원하는 인간의 권리를 침범하는 법률을 제정할 수 없다.

〔**수정 제2조**〕 규율정연한 민병은 자유국가의 안전에 필요하므로 무기를 소장하고 휴대하는 인민의 권리는 이를 침해하지 못한다.

〔**수정 제3조**〕 평시에 있어서는 군대는 어떠한 家宅에도 그 소유자의 승낙을 받지 아니하고는 사영할 수 없다. 전시에 있어서도 법률의 정하는 바에 의하는 외는 또한 같다.

〔**수정 제4조**〕 부당한 수색, 채포 및 압수에 대하여 신체, 가택, 서류 및 재산의 안전을 보장받는 인민의 권리는 이를 침해할 수 없다. 체포, 수

색 및 압수의 영장은 정당한 이유에 의하고 선서 도는 확약에 의하여 지지되고 특히 수색장소와 피체포자 또는 압수물품을 기재하지 아니하고 이를 發할 수 없다.

〔수정 제5조〕 누구든지 大陪審에 의한 고발 또는 기소가 있지 아니하면 사형에 해당하는 죄 또는 기타의 파렴치죄에 관하여 심리를 받지 아니한다. 단, 육군 또는 해군에서 또는 전시사변에 際하여 복역 중의 의용군에서 발생한 사건에 관하여는 예외로 한다. 누구든지 동일한 행위에 관하여 재차 생명이나 신체에 대한 위협을 받지 아니하며 어떠한 형사사건에 있어서도 자기에게 불리한 증언은 강요받지 아니한다. 누구든지 법률이 정하는 정규의 절차에 의하지 아니하고는 생명, 자유 또는 재산을 박탈당하지 아니하며 또 정당한 보상 없이 그 사유재산을 공공의 목적을 위하여 수용당하지 아니한다.

〔수정 제6조〕 모든 형사소추에 있어서 피고인은 범죄가 행하여진 주와 지구(이 지구는 법률에 의하여 미리 지정한다)의 공정한 배심에 의한 신속한 공개재판을 받을 권리가 있으며, 피고 사건의 성질과 이유에 관한 통고를 받고 자기에게 불리한 증인과 對審고 자기의 이익을 위하여 강제적 절차에 의하여 증인을 요구하고 또 자기 방위를 위하여 변호인의 원조를 요구할 권리가 있다.

〔수정 제7조〕 보통법상의 소송에 있어서 係爭의 가격이 20불을 초과하는 때는 배심에 의하여 심리를 받을 권리가 유보된다. 배심에 의하여 심리를 받을 권리가 유보된다. 배심에 의하여 심리를 받은 사건은 보통법의 규정에 의하는 외 다른 재심을 합중국의 어느 법원에서도 받지 아니한다.

〔수정 제8조〕 과다한 보석금을 요구하거나 과다한 벌금을 과하거나 참혹하고 이상한 형벌을 과하지 못한다.

〔수정 제9조〕 헌법에 어떤 종류의 권리가 열거되어 있다고 하여 인민이

보유하는 기타의 여러 권리를 부인하거나 또는 경시하는 것으로 해석하여서는 안 된다.

〔**수정 제10조**〕 헌법에 의하여 합중국에 위임하지 않고 각 주에 금지하지 않은 권한은 각기 각 주 또는 인민에 유보된다.

〔**수정 제11조**〕[477] 합중국의 사법권을 합중국의 1주에 대하여 타주의 시민 또는 어떤 외국의 시민 또는 신민이 제기한 보통법 또는 형평법상의 소송에 미치는 것으로 해석하지 못한다.

〔**수정 제12조**〕[478] 선거인은 각기 주에 집회하여 대통령과 부통령을 비밀투표로서 투표한다. 양자 중 적어도 1인은 그들 자신과 동일한 주의 주민이 아니어야 한다. 선거인은 투표용지에 대통령으로 투표하려는 자를 기명한다. 선거인은 대통령으로 투표된 모든 사람의 명부와 부통령으로 투표된 모든 사람의 명부를 별개로 작성하여 각 득표자의 득표수를 기입하고 그 명부에 선거인이 서명하고 증명하여 봉감하고 상원의장 앞으로 합중국정부 소재지에 송부한다. 상원의장은 상원과 하원의원의 列席밑에 모든 증명서를 개봉한 후 투표를 계산한다. 대통령으로서의 투표의 최고득표자를 대통령으로 한다. 단, 득표수가 선임된 선거인의 총수의 과반수가 되어야 한다. 만일 이와 같은 과반수득표자가 없을 때에는 대통령으로 투표된 자의 명부 중 3인을 초과하지 않는 최고 득표자 중에서 하원은 즉시 비밀투표로써 대통령을 선정한다. 단, 대통령의 선정에 있어서 투표는 주를 단위로 행하여지고 각 주의 대표자는 각 1표의 권리를 가지며 이 목적을 위한 정족수는 각 주의 3분의 2로부터 1인 또는 수인의 의원이 출석하여야 되며 그 선정에는 全州의 과반수의 찬성이 필요하다. 만일 하원에 선정권이 위임된 때에 다음 3월 4일 이전에 대통

477) 1794. 3. 5 제안1798. 1. 8 효력 발생.
478) 1803. 12. 12 제안 1804. 9. 25 효력 발생.

령을 선정하지 않을 때는 대통령의 사망 또는 기타의 헌법상의 집무불능의 경우와 같이 부통령이 대통령의 직무를 행한다. 부통령으로서의 최고득표자를 부통령으로 한다. 단, 그 득표수가 선임된 선거인의 총수의 과반수가 되어야 한다. 만일 과반수의 득표자가 없으면 득표자 명부 중 최고득표자 2인 중에서 상원이 부통령을 선정한다. 이 목적을 위한 정족수는 상원의원 총수의 3분의 2이고 그 선정에는 의원총수의 과반수가 필요하다. 단 헌법상 대통령의 직에 취임할 자격도 없다.

[수정 제13조][479] ① 노예 또는 강제적 노역은 당사자가 정당하게 유죄판결을 받은 범죄에 대한 처벌이 아니면 합중국 또는 그 관할에 속하는 어떠한 장소에서도 존재할 수 없다.

② 합중국의회는 적당한 입법에 의하여 本條의 규정을 시행할 권한을 가진다.

[수정 제14조][480] ① 합중국에서 출생하고 또는 귀화하고 합중국의 지배권에 복종하는 모든 사람은 합중국 및 그 거주하는 주의 시민이다. 어떠한 주도 합중국 시민의 특권과 면제를 박탈하는 법률을 제정하거나 강행할 수 없다. 어떠한 주도 적법절차에 의하지 아니하고는 어떠한 사람으로부터도 생명, 자유 또는 재산을 박탈할 수 없으며 그 지배권내에 있는 어떠한 사람에 대하여도 법률에 의한 평등한 보호를 거부하지 못한다.

② 하원의원은 각 주의 인구수에 비례하여 각 주에 할당한다. 각주의 인구수는 과세되지 아니하는 토인을 제외한 각기 주의 총인구수이다. 단 합중국 대통령과 부통령의 선거인, 합중국의회의 하원의원, 각 주의 행정관, 사법관 또는 각 주입법부의 의원을 선정하는 어떠한 선거에서도 만 21세에 달하고 합중국의 시민인 그 주의 남자 주민에 대하여 반란에

---

479) 1865. 2. 1 제안 1865. 12. 18 효력 발생.

480) 1866. 6. 16 제안 1868. 7. 28 효력 발생.

참가하거나 기타의 범죄를 범한 경우를 제외하고 투표권이 거부되거나 또는 어떠한 방법으로든지 제한되는 때에는 그 주의 하원의원할당수의 기준은 그러한 남자시민의 수가 그 주의 만 21세에 달한 남자시민의 총수에 대하여 가지는 비율에 따라 감소된다.

③ 과거에 합중국의회 의원, 합중국의 관리, 주입법부의 의원 또는 주행정관 또는 사법관으로서 합중국헌법을 옹호할 것을 선서한 자가 후에 이에 대한 폭동 또는 반란에 가담하거나 그 적에 원조 또는 위안을 제공한 자는 누구든지 합중국의회의 상원 또는 하원의원, 대통령과 부통령의 선거인, 합중국 또는 각 주 밑에서 문무의 관직에 취임할 수 없다. 단, 합중국의회는 각원의 3분의 2의 투표로써 그 실격을 해제할 수 있다.

④ 폭동 또는 반란을 진압하기 위한 근로에 은급과 사금을 지불하기 위하여 起債하는 부채를 포함하여 법률로써 정한 국채는 그 효력이 문제되지 않는다. 그러나 합중국이나 어느 주도 합중국에 대한 폭동 또는 반란을 원조하기 위하여 기채한 부채 또는 재무에 대하여 또는 노예의 상실 또는 해방으로 인한 청구에 대하여서는 채무를 부담하거나 지불하지 않는다. 단 모든 이러한 부채 · 채무 및 청구는 위법이고 무효이다.

⑤ 합중국의회는 적당한 입법에 의하여 본조의 규정을 시행할 권한을 가진다.

〔**수정 제15조**〕[481] ① 합중국시민의 투표권은 인종, 용색 또는 과거의 복종상태에 의하여 합중국 또는 어떤 주도 거부하거나 제한하지 못한다.

② 합중국의회는 적당한 입법에 의하여 본조를 시행할 권한을 가진다.

〔**수정 제16조**〕[482] 합중국의회는 재원의 여하를 불문하고 각 주에 분재하지 아니하고 또한 국세조사나 인구수에 관계없이 소득에 대한 세금을

481) 1869. 2. 27 제안, 1870. 3. 30. 효력 발생.
482) 1909. 7. 12 제안, 1913. 2. 25 효력 발생.

부과 · 징수할 권한을 가진다.

〔수정 제17조〕483) 합중국의 상원은 각주 2명씩의 상원의원으로 구성된다. 상원의원은 그 주의 인민에 의하여 선출되고 6년의 임기를 가진다. 각 상원의원은 1표의 투표권을 가진다. 각 주의 선거인은 주입법부 중 의원수가 많은 1원의 선거인에 요구되는 자격을 가져야 한다.

상원에 있어서 어떤 주의 대표의원에 결원이 생긴 때에는 그 주의 행정부는 결원을 보충하기 위하여 선거명령을 발하여야 한다. 단 주입법부는 주민이 입법부가 정하는 바에 의한 선거에 의하여 결원을 보충할 때까지 그 주의 행정부에게 임시로 임명하는 권한을 부여할 수 있다.

이 수정은 헌법의 일부로서 효력을 발생하기 전에 선출된 상원의원의 선거 또는 임기에 영향을 주는 것으로 해석하지 못한다.

〔수정 제18조〕484) ① 본 조의 비준으로부터 1년을 경과한 후에는 합중국 내와 그 관할에 속하는 모든 영역 내에서 음용할 목적으로 주류를 양조, 판매 또는 운송하고, 이를 수입하고 또는 수출하는 것은 금지한다.

② 합중국의원과 각 주는 적당한 입법에 의하여 본조를 시행할 경합적 권한을 가진다.

③ 본 조는 합중국의회로부터 각 주에 이를 제의한 날부터 7년 이내에 각 주 입법부가 헌법에 규정한 바와 같이 헌법수정으로서 비준하지 아니하면 효력을 발생하지 아니한다.

〔수정 제19조〕485) 합중국시민의 투표권은 성별에 의하여 합중국 또는 어느 주에 의하여도 거부되거나 제한되지 아니한다.

합중국의회는 적당한 입법에 의하여 본조를 시행할 권한을 가진다.

〔수정 제20조〕486) ① 대통령과 부통령의 임기는 본조가 비준되지 아니하

483) 1912. 5. 12 제안, 1913. 5. 31 효력 발생.
484) 1917. 12. 18 제안, 1920. 1. 16 효력 발생.
485) 1919. 6. 4 제안, 1920. 8. 26 효력 발생.

였으면 임기가 만료하였을 해의 1월 20일 정오에 종료하고 상원의원과 하원의원의 임기는 동일한 해의 1월 3일 정오에 종료한다.

그 후임자의 임기는 그 때부터 개시된다.

② 합중국의회는 매년 적어도 1회 집회한다. 그 집회는 의회가 법률로써 별단의 기일을 정하지 아니하는 한 1월 3일 정오부터 개시된다.

③ 대통령임기의 개시기라고 정한 시기에 대통령으로 당선된 자가 사망하면 부통령으로 당선된 자가 대통령이 된다. 대통령 임기의 개시기라 정한 시기까지 대통령이 선정되지 아니하고 또는 대통령으로 당선된 자가 자격을 구비하지 못하였을 때에는 부통령으로 당선된 자가 대통령이 자격을 구비할 때까지 대통령의 직무를 집행한다. 합중국의회는 법률로써 대통령으로 당선되 자와 부통령으로 당선된 자가 다 자격을 구비하지 못한 경우에 대통령의 직무를 행하는 자를 정하거나 또는 대통령의 직무를 행하는 자의 선정방법을 규정할 수 있다. 이 경우에 선임된 자는 대통령 또는 부통령이 자격을 구비할 때까지 적당히 직무를 행한다.

④ 합중국의회는 법률로써 하원에 대통령의 선정권이 위임되었을 때 그 중에서 대통령을 선정할 인원 중에 사망자가 생긴 경우와 상원에 부통령의 선정권이 위임되었을 때 그 중에서 부통령을 선정할 인원 중에 사망자가 생긴 경우에 대비하여 규정할 수 있다.

⑤ 제1항과 제2항은 본조의 비준후의 최초 10월 15일부터 효력을 발생한다.

⑥ 본조는 발의된 날부터 7년 이내에 諸州 입법부의 4분의 3에 의하여 헌법수정으로서 준비되지 아니하면 효력을 발생하지 아니한다.

〔수정 제21조〕[487] ① 미합중국헌법 수정 제18조는 이에 폐지한다.

---

486) 1932. 3. 3 제안, 1933. 2. 6 효력 발생.
487) 1933. 2. 20 제안, 1933. 12. 5 효력 발생.

② 합중국의 주, 영토 또는 속령에 대하여 그 지역의 법률에 위반하여 이들 지역 내에서 주류를 양조 또는 사용할 목적으로 수출 또는 수입하는 것을 금한다.
③ 本條는 합중국의회에 의하여 각주에 발의한 날로부터 7년 이내에 각주에서 헌법에 규정된 바와 같이 헌법회의에 의하여 헌법수정으로 비준되지 아니하면 효력을 발생하지 아니한다.
〔**수정 제22조**〕488) ① 누구든지 2회 이상 대통령의 직에 선출될 수 없으며 누구든지 타인이 대통령으로 당선된 임기 중 2년 이상 대통령의 직에 있거나 또는 대통령의 직무를 집행한 자는 1회 이상 대통령의 직에 당선될 수 없다. 단, 本條는 합중국의회가 이를 제기한 때에 대통령의 직에 있는 자에게는 적용되지 아니하며 또 본조가 효력을 발생하는 동안 대통령의 직에 있거나 또는 대통령의 직무를 집행하는 자가 그 임기의 잔존기간 중 대통령의 직에 있거나 대통령의 직무를 집행함을 방해하지 아니한다.
② 본조는 합중국의회가 각주에 발의한 날로부터 7년 이내에 각주의 4분의 3의 입법부에 의하여 헌법수정으로서 비준되지 아니하면 효력을 발생하지 아니한다.
〔**수정 제23조**〕489) ① 합중국정부소재지를 구성하고 있는 지구는 합중국의회가 다음과 같이 정하는 바에 따라 대통령과 부통령의 선거인을 임명한다. 그 수는 만일 同地區가 주라면 부여받을 수 있는 의회 내의 상원 및 하원의원 수와 같은 수이다. 그러나 어떠한 경우에도 최소의 인구를 가진 주보다 초과하지 못한다.
　그들은 각 주가 임명한 선거인에 첨가된다. 그러나 그들도 대통령과

488) 1947. 1. 3 제안, 1951. 3. 1 효력 발생.
489) 1960. 6. 16 제안, 1961. 4. 3 효력 발생.

부통령의 선거를 위하여 한 주가 선정한 선거인으로 고려된다. 그들은 이 지구에 집합하여 수정 제12조가 규정하고 있는 바와 같이 직무를 수행한다.
② 합중국의회는 적당한 입법에 의하여 본조를 시행할 권한을 가진다.
〔**수정 제24조**〕[490] ① 대통령 또는 부통령 대통령 또는 부통령의 선거인, 합중국의회의 상원의원 또는 하원의원의 예비선거 또는 본 선거에 있어서 투표할 합중국시민의 선거권은 합중국이나 또는 어떠한 주가 인두세나 또는 기타 조세를 지불하지 아니하였다는 이류로 이를 부인하거나 또는 박탈하지 못한다.
② 합중국의회는 적당한 입법에 의하여 본조를 시행할 권한을 가진다.
〔**수정 제25조**〕[491] ① 대통령이 면직, 사망 또는 사임하는 경우에는 부통령이 대통령이 된다.
② 부통령의 직에 궐위가 있을 시에는 언제나 대통령은 부통령을 지명하고 그는 합중국의회양원의 다수결에 의한 추인에 따라 취임한다.
③ 대통령이 상원의 임시의장과 하원의 장에게 그가 대통령직의 권한과 임무를 수행할 수 없다는 것을 문서로써 공한을 발송하는 경우에는 언제나 그리고 대통령이 그들에게 문서로써, 그 역의 공한을 발송할 때까지는 부통령은 대통령 권한대행으로서 그 권한과 임무를 수행한다.
④ 부통령 그리고 행정부의 주요관리들이나 또는 법률에 의하여 공한을 발할 수 있는 의회와 같은 기타 단체의 주요 관직 자들이 그 다수가 상원의 임시의장과 하원의장에게 대통령이 그의 직의 권한을 수행할 수 없다는 것을 문서로써 공한을 발송할 때에는 언제나 부통령이 즉각 대통령권한대행으로서 대통령직의 권한과 임무를 맡는다.

---

490) 1962. 3. 27 제안, 1964. 2. 5 효력 발생.
491) 1965. 2. 19 제안, 1967. 2. 25 효력 발생.

그 이후 대통령이 상원의 임시의장과 하원의장에게 무능력이 존재하지 않는다는 것을 문서로써 공한을 발송할 때에는 부통령 그리고 행정부의 주요 관리들이나 또는 법률에 의하여 공한을 발할 수도 있는 의회와 같은 기타 단체의 주요 관직 자들이 그 다수가 4일 이내에 상원의 임시의장과 하원의 의장에게 대통령이 그의 직의 권한과 임무를 수행할 수 없다는 것을 문서로써 공한을 발송하지 않는 한 대통령은 그의 직의 권한과 임무를 회복한다. 그 경우에 의회는 비회기 중이라 할지라도 이 목적을 위하여 48시간 이내에 회합하여 그 문제를 결정한다. 만일 의회가 후자의 문서로 된 공한을 수령한 후 21일 이내에 또는 비회기 중인 경우일지라도 의회가 소집요구를 받은 후 21일 이내에 양원의 3분의 2의 표결로써 대통령이 그의 직의 권한이나 임무를 수행할 수 없다는 것을 결의한다면 부통령은 계속 대통령 권한대행으로서 동 권한을 수행한다. 그러나 그렇지 않은 경우에는 대통령은 그의 직의 권한과 임무를 회복한다.

〔**수정 제26조**〕492) ① 18세 이상의 합중국 시민의 투표권은 연령을 이유로 부인되거나 제한되지 아니한다.

② 합중국 의회는 적당한 입법으로 본조를 시행할 권한을 가진다.

〔**수정 제27조**〕493) 상원의원과 하원의원의 연봉을 변동시키는 법은 차기 하원의원선거가 지나고 나서 그 효력이 발생한다.

---

492) 1971. 3. 10 제안, 1971. 7. 7 효력 발생.

493) 이 수정조항은 1789. 9. 25. 발의되어 1992. 5. 7.에 비준됨.

미국 연방대법원의 사법심사제

초판발행 / 2011년 5월 20일
재판발행 / 2012년 8월 20일
지은이 / 서 창 열
발행인 / 김 창 석
발행처 / 홍익출판사
대구광역시 중구 삼덕3가 245-2
(053) 421-6700, 427-3627
등록 1987년 11월 26일 제1-107호

정가 14,000원

ISBN 978-89-7826-224-8 93360

◈ 파본은 구입처에서 교환해 드립니다.